会计学专业应用型本科教材

行业会计

（第二版）

HANGYE KUAIJI

尹 群 黄春梅 黄 筱 ◎ 编 著

首都经济贸易大学出版社
Capital University of Economics and Business Press

·北 京·

图书在版编目（CIP）数据

行业会计 / 尹群，黄春梅，黄筱编著. -- 2 版.
北京 : 首都经济贸易大学出版社，2024. 8. -- ISBN
978-7-5638-3729-8

Ⅰ. F235

中国国家版本馆 CIP 数据核字第 2024TZ1569 号

行业会计（第二版）
尹 群 黄春梅 黄 筱 编著

责任编辑	彭 芳	
封面设计	砚祥志远·激光照排 TEL：010-65976003	
出版发行	首都经济贸易大学出版社	
地 址	北京市朝阳区红庙（邮编 100026）	
电 话	（010）65976483 65065761 65071505（传真）	
网 址	http://www.sjmcb.com	
E - mail	publish@cueb.edu.cn	
经 销	全国新华书店	
照 排	北京砚祥志远激光照排技术有限公司	
印 刷	北京市泰锐印刷有限责任公司	
成品尺寸	185 毫米×260 毫米 1/16	
字 数	397 千字	
印 张	16.75	
版 次	2021 年 1 月第 1 版 **2024 年 8 月第 2 版**	
	2024 年 8 月总第 3 次印刷	
书 号	ISBN 978-7-5638-3729-8	
定 价	42.00 元	

第二版前言

为了适应广大读者和教学工作者的需要，更好地服务教学，我们课程组成员对本教材进行了修订。

本次修订删除了"营改增"的内容，对商品流通企业会计、交通运输企业会计和部分课后习题进行了修订，对施工企业会计的部分内容进行了修订和更新，以便更好地服务于教学和实际工作。

本教材在使用过程中受到广大读者和教学工作者的欢迎，他们也在使用过程中提出了宝贵的意见，我们在本次修订中采纳了他们的部分建议，在此表示衷心的感谢，感谢他们的付出和对我们课程组的信任，才使本次修订工作更加完善。

由于编者水平有限，书中难免存在错误和不足之处，恳请广大读者和教学工作者批评指正。

前　言

　　会计学专业是应用型人才培养专业，本教材立足应用型本科的教学，围绕应用型人才培养目标，以就业为导向，产、学、研有机结合，将企业实际案例运用于教学，力争教材的内容更切合企业实际，更好地服务于社会。

　　行业会计学是在会计学原理、中级财务会计、高级财务会计的基础上，对各个行业会计进行优化和整合后形成的一门学科。金融企业会计、预算会计各自为一门课程，其他行业会计如施工企业、商业企业、交通运输企业、房地产开发企业、旅游餐饮服务企业、农业企业等的会计归为一门课程。在财务会计课程的基础上（各行业会计核算中共性的部分作为已知的知识，在财务会计中已经学过，故而省略）开设"行业会计学"课程，其宗旨是让学生对各个行业的独特业务会计核算有一个较为全面的理解和掌握，为将来进入各个行业就业打下坚实的基础。

　　本教材根据财政部制定的《企业会计准则》《企业会计准则——应用指南》等规范性文件编写，参阅了大量有关的资料，充分考虑了应用型本科会计专业的教学需要。本教材在博采众长的基础上，力求体现以下特色：

　　第一，内容翔实，通俗易懂，由浅入深，循序渐进。在内容编排方面避免过多的理论阐述，采用了较多实务案例，方便学生自学，便于教师实施案例教学。

　　第二，重视实践环节，强化案例式教学和实际操作的训练。教材采用了最新的实例及操作性较强的案例，旨在通过实际训练加深学生对理论知识的理解。

　　第三，适当编排例题和习题，便于理论联系实际。习题设计多样化，题型丰富，具备启发性，将"教、学、做"有机融为一体，在教给学生知识的同时，强化对学生实际操作能力的培养。

　　本教材编写以财政部颁发的《企业会计准则》和相关法律法规，以及最新的税法为依据，以企业为依托，充分借鉴和吸收相关教材的理论和实践经验。全书共七章，由黄春梅设计大纲框架。其中，第一、二、六章由黄春梅编写，第三、四、五章由尹群编写，第七章由黄筱编写，尹群负责全书复核。在本书的编写过程中，编者查阅、借鉴了大量文献资料，并得到有关企业财务人员的大力支持，在此表示诚挚的感谢！

　　尽管本书在编写和出版过程中力求精益求精，但由于编者水平有限，书中难免存在错误和不足之处，恳请广大读者批评指正。

目　录

第一章 总 论

知识目标

认识国民经济中存在的行业，不同行业经营活动中存在的特殊情况和管理要求；
了解行业会计核算对象的不同；
了解行业会计特殊业务的比较。

能力目标

能够掌握和运用适当的方法对特殊业务进行比较；
能够正确对产业进行划分。

在我国，行业是指国民经济的各个部门和各个环节。反映和监督不同行业的经济活动的会计就称为行业会计。各种行业在国民经济中发挥着不同的职能和作用，因此它们既有共性，也有个性。其共性体现在行业会计作为一种管理活动，都是以基本会计准则为共同的基本规范的。但是，因为不同行业有着不同的生产技术特点和经营特点，所以各种行业会计反映和监督的内容也不同。因此，行业会计要结合各个行业的特点，对各个行业经济活动中的特殊业务采用特殊的方法进行核算，只有这样才能充分发挥会计在各个行业特殊的经营管理中的重要作用。

第一节　行业会计概述

一、我国行业、产业的划分

（一）行业的划分

随着社会经济的不断发展，出现了不同门类的产业和行业。行业是指从事国民经济中同性质的生产或其他经济活动的经营单位或者个体的组织结构体系，即国民经济的各个部门，包括经济部门和非经济部门。我国经济部门一般分为十类行业：

1. 工业

工业主要包括采掘业、制造业、自来水、电力、煤气等。工业企业是指从事工业性产品（或劳务）生产经营的企业。工业企业在国民经济中起主导作用，承担着国民经济各部门需要的各种技术装备的制造职能，供应着社会生产及人民生活需要的各种物质，是国民经济的物质技术基础。

2. 农业

农业是我国国民经济的基础。农业不仅为人类提供赖以生存的农副产品，而且为经济建设提供工业原料、市场资金、劳动力和外贸物资等。农业企业是指从事农业、林业、牧业、渔业等生产经营活动的企业。

3. 商品流通业

商品流通业主要包括商业、粮油、供销、医药及图书发行等。商品流通企业是指专门负责组织各类商品流通的企业。商品流通企业在国民经济中起着十分重要的作用，它是生产、分配和消费之间的桥梁，只有正确地组织商品流通，才能不断地满足社会生产和人民生活的需要。

4. 旅游饮食服务业

旅游饮食服务业主要包括旅游、餐饮、宾馆、娱乐、美发、洗染及照相等。旅游饮食服务企业是指以旅游资源及服务设施为条件，向消费者提供劳务的服务性企业。

5. 交通运输业

交通运输业主要包括铁路、公路、水路、航空及邮电通信等。交通运输企业是指利用运输工具专门从事运输生产或直接为运输生产服务的企业。交通运输企业是生产在流通领域的继续，是社会再生产的前提和条件。只有通过交通运输企业，生产企业的产品才能进入分配和消费领域，同时生产企业所需的原材料才能保证得到不断供应。

6. 建筑安装业

建筑安装业主要包括建筑、安装和装饰等。建筑安装企业是指从事土木建筑和设备安装工程的企业。

7. 房地产开发业

房地产开发业是将生产和流通两个领域紧密联系在一起的一个产业，其生产经营范畴包括规划设计、土地开发、工程施工、经营销售和物业管理等各个方面，是国民经济活动中具有综合性的行业，它为人们社会生活中的政治、经济、文化、生活等提供了重要的物质条件。房地产开发企业是指从事房地产开发、经营、管理和服务的企业。

8. 金融保险业

金融保险业主要包括银行业、证券业和保险业。金融保险企业是指专门经营货币和信用业务的企业。金融保险企业主要通过信用中介，将社会各方面的闲散资金汇集起来，并提供给其他企业有偿使用。金融保险企业的货币信贷业务，可以提高全社会的资金利用率，促进和扩大市场经济的发展，满足我国经济快速发展对资金的需求。

9. 邮电通信业

邮电通信业主要包括邮政、电信等。邮电通信企业是指从事信息传递业务的企业。

10. 其他行业

其他行业是指不属于以上九个行业的行业。

我国的非经济部门包括两大部分：一是为提高科学文化水平和居民素质服务的部分，

主要包括教育、文化、广播电视事业、卫生、体育和社会福利事业等；二是为社会公共服务的部分，包括国家机关、政党机关、社会团体以及军队和公安等。

（二）产业的划分

从产业的角度划分，可以将国民经济的各个部门分为三类，即第一产业、第二产业和第三产业，包含 20 个门类。产业的具体划分如下：

第一产业为农业（1 个门类），包括农、林、牧、渔业。

第二产业为工业（4 个门类），包括：①采矿业；②制造业；③电力、燃气及水的生产和供应业；④建筑业。

第三产业（15 个门类），是指第一产业、第二产业以外的其他产业，包括流通和服务两大部门。其可分为四个层次：一是流通部门，包括交通运输业、邮电通信业、商业、餐饮业、物资供销业、仓储业等；二是为生产和生活服务的部门，包括金融业、保险业、地质普查业、房地产管理业、公用事业、居民服务业、旅游业、信息咨询服务业和各类技术服务业等；三是为提高科学文化水平和居民素质服务的部门，包括教育、文化、广播、电视、科学研究、卫生、体育和社会福利业等；四是为社会公众提供服务的部门，包括国家机关、政党机关、社会团体及军队和警察局等。由此可见，第三产业基本是一种服务性产业。第三产业具体包括：①交通运输、仓储和邮政业；②信息传输、计算机服务和软件业；③批发和零售业；④住宿和餐饮业；⑤金融业；⑥房地产业；⑦租赁和商务服务业；⑧科学研究、技术服务和地质勘察业；⑨水利、环境和公共设施管理业；⑩居民服务和其他服务业；⑪教育；⑫卫生、社会保障和社会福利业；⑬文化、体育和娱乐业；⑭公共管理与社会组织；⑮国际组织。

二、行业会计的特点

各种行业在国民经济发展中发挥着不同的职能和作用。为反映和监督不同行业的经济活动，便形成了各具特色的行业会计。各种行业会计之间既有共性，也有个性。行业会计作为一种管理活动，要以基本会计准则为共同的基本规范，但因为不同行业有着不同的生产技术特点和经营特点，所以各种行业会计反映和监督的内容不同。因此，行业会计要结合各种行业的特点，对各种行业经济活动中的特殊业务，采用特殊的方法进行核算，只有这样才能充分发挥会计在各种行业特殊的经营管理中的重要作用。

根据行业划分的规则，行业会计也相应地划分为两大系统。

（一）企业会计

企业会计是指从事各种生产经营业务活动的企业所运用的会计，包括工业企业会计，农业企业会计，商品流通企业会计，旅游、餐饮、服务企业会计，交通运输企业会计，施工企业会计，房地产开发企业会计，金融企业会计，保险企业会计，邮电通信企业会计，等等。这些企业会计核算和管理上有许多共性，如在企业的货币资金、短期投资、长期投资、应收账款、应付账款、固定资产、无形资产、在建工程、流动负债、非流动负债、投入资本、资本公积和盈余公积等方面，以及会计制度、会计核算方法、会计科目和会计报表的格式和编制等方面都有相同之处。

但是由于经济活动不同，客观存在着各种行业的特殊业务，对这些特殊业务的核算与管理则是行业会计的特点所在。由于各种行业各有各的特殊业务、技术特点和经营特点，各种行业会计反映和监督的内容也需采用特殊的方法才能充分发挥会计在各种行业特殊经营管理中的重要作用。只有了解各种行业会计核算与管理的共同点和差异，才能将会计理论与方法真正融会贯通，才能适应企业经营多元化趋势对会计工作者不断提出的新要求。

（二）非企业会计

非企业会计是指从事总预算和事业单位预算会计事务核算与管理的会计。总预算会计的主要工作职责是参与总预算执行、税收征解、国家基建拨款等。政府会计的主要职责是对教育、科研、文化、卫生等各单位部门的预算资金进行核算与管理。非企业单位所从事的业务活动与企业不同，二者在会计核算与管理上的区别较大。理解和掌握非企业会计的核算方法与管理要求是十分必要的。

三、行业会计与《企业会计准则》的关系

《企业会计准则》出台以后，许多人认为行业会计将会随之消失。其实这是一种误解，是混淆了"行业会计"与"行业会计制度"的区别。行业会计是以货币为主要计量单位，采用专门的方法对本行业的经济活动进行核算和监督的一项管理活动；而行业会计制度是对行业会计的规范。《企业会计准则》能够取代行业会计制度中各行业会计共性的部分，它针对所有企业会计核算的共性部分制定了一套通用的、统一的会计准则，对企业会计确认、计量、记录、报告全过程做出规范，使会计核算与管理工作增加了新的内容和思想，对加强企业会计核算管理、整顿会计核算工作秩序、保障企业会计工作依法顺利进行和推进会计国际化有着重要的意义。

但是，《企业会计准则》无法兼顾所有行业的特殊业务的会计核算。尽管《企业会计准则》在强调企业会计核算共性要求的同时，适度地兼顾了一些行业特色，但它无法满足各行各业的特殊经济业务对会计核算的具体要求。例如，商品流通企业与运输企业的成本核算就相差甚远，运输企业与施工企业的存货核算方法也无法相互替代，等等。因此，只要国民经济中存在着各行各业的经济实体，行业会计的区别就将永远存在。事实上，行业会计中的特殊业务与《企业会计准则》在内容上并无不必要的重复。《企业会计准则》是对各行业共有的会计业务在确认、计量和信息揭示等方面所做的规范；而行业会计则是在遵循《企业会计准则》的前提下，根据本行业的经营特点及强化内部控制的要求，研究如何对特有的经济业务进行核算的。

第二节　行业会计比较的内容

行业会计比较是比较会计学的一个分支，它通过比较不同行业的会计核算原则和方法，找出它们的相同点，比较它们的不同点，探寻其核算差异产生的原因，进而达到认识各种行业会计核算的特点并通晓整个会计核算体系的目的，使会计更好地为企业管理服务。

一、行业会计核算对象的比较

各种行业会计反映和监督的内容就是会计核算对象。由于各种行业的经济活动、业务范围、生产经营特点各有不同，会计反映和监督的具体内容也必然不同，因此比较不同行业会计核算的具体对象，是我们认识和把握不同行业会计核算特征的一个基本点。例如，商品流通企业包括批发和零售两种类型，商品批发和零售的业务活动又存在较大的区别，因而其会计核算对象要按批发和零售分别设置；因其会计核算对象不同，批发业务和零售业务的会计核算方法也存在较大的区别。再如，旅游、餐饮、服务企业经营业务的开展往往带有系统性和配套性：旅游业除组团旅游外，还经营客房、餐饮、售货、娱乐及其他业务；餐饮业除经营餐饮业务外，还开展娱乐、售货及其他业务；而服务业也可能同时经营娱乐、健身、美容美发、桑拿洗浴、照相、修理等多种业务。因此，为了分别提供各类业务的会计信息，需要根据会计核算对象分门别类地进行会计核算。

二、行业会计特殊业务的比较

由于各种行业之间在经营管理上的差别是客观存在的，各种行业的特征必然会反映到行业会计核算中来。尽管《企业会计准则》和统一会计制度对各种行业会计的共性做了统一的规范，但由于特殊业务的存在，各种行业会计在实际操作中必然会存在着这样或那样的不同。例如：商品流通企业中零售业的售价金额核算就是由零售企业内部控制的"实物负责制"所决定的；餐饮业生产成本只核算总成本不计算单位成本，只计算原料成本不计算全部成本，则是由菜肴和食品的花色品种繁多、数量零星，而整个生产、销售、服务过程都集中在较短的时间内完成这种特殊的业务活动造成的。此外，农业会计中种植业、林业、畜牧业和渔业生产成本的核算，运输业中轮胎的核算，房地产业开发成本的核算等，也都是其本行业特有的经济业务在行业会计核算中的反映。通过对不同行业特殊业务核算的比较，可以掌握行业会计的特征，它是我们进行行业会计比较的基础。

三、行业会计相关业务的比较

国民经济各个部门是一个有机联系的整体，各种行业之间都存在着相互依存的关系，在会计计算方面，也必然存在着对相关的经济业务如何处理的问题。例如，对于施工企业和房地产开发企业而言，施工企业的工程价款就是房地产开发企业的开发成本的重要组成部分，但房地产开发企业的开发成本并不等于施工企业的工程价款，因为房地产开发企业的开发成本中还包括土地开发成本及配套设施成本等。农业企业是国民经济的基础，它们提供的产品是许多行业产品的原料，农产品成本的核算是其相关企业进行成本核算的基础。因此，了解所购进的商品或原料的成本构成，对于本企业的成本核算是大有益处的。通过对不同行业相关业务的比较，可以掌握不同行业、不同阶段成本计算的区别与联系，这对一些从事多种经营、跨行业的联合体显得尤其重要。行业会计之间的业务具有相关性，它们相辅相成，都是国民经济的支撑。

第三节　行业会计比较的方法

行业会计在学习过程中大都采用比较的方法，一般采用横向比较法与纵向比较法。

横向比较法就是对不同行业会计中相同会计要素的核算方法同时进行比较，研究它们在会计核算上的共性与特性，并对其特性部分分别加以阐述，分析其形成的主要原因。

纵向比较法就是将除工业外的其他行业的会计核算方法逐一与工业企业会计核算方法进行比较，找出其与工业企业会计的共性部分，并对其特性部分加以阐述。

上述两种比较方法各具优点。横向比较法便于对各种行业相同业务会计处理的异同之处进行分析，研究其产生的原因，进而探讨各种矛盾可能存在的解决方法。纵向比较法则有利于全面系统地掌握各种行业会计核算的方法，明了不同行业会计核算的特点。

本书采用的是纵向比较法，将各种行业会计核算中共性的部分作为已知的知识而省略，重点阐述各种行业特殊业务的会计核算方法。这些特殊业务凸显了各种行业之间会计核算的主要区别，由此能比较出各种行业会计的特性所在。这些特殊业务往往又与企业在国民经济中的地位和作用紧密联系在一起。掌握和理解各种行业特殊业务的核算，对研究和学习行业会计具有重要的意义。

从行业会计的系统性考虑，本书主要阐述了商品流通企业，旅游、餐饮、服务企业，交通运输企业，施工企业，房地产开发企业，农业企业会计所涉及的特殊业务，目的是使学生对各种行业的会计核算特性有一个较为全面的理解和掌握，为将来进入各种行业就业打下坚实的基础。

本章小结

在我国，行业是指国民经济的各个部门和各个环节。反映和监督不同行业经济活动的会计就称为行业会计。

由于各种行业在国民经济发展中发挥着不同的作用，各种行业会计既有共性，也有个性。其共性是行业会计作为一种管理活动，都要以基本会计准则为共同的基本规范；其个性是不同行业会计反映和监督的内容与方法不同。

行业会计比较的内容主要包括行业会计核算对象的比较、行业会计特殊业务的比较、行业会计相关业务的比较。

行业会计比较的方法主要有横向比较法和纵向比较法两类。

思考与练习

一、填空题

1. 商品流通企业是指专门负责组织（　　　）的企业。

2. 交通运输企业是指利用运输工具专门从事（　　　）或者直接为（　　　）服务的企业。

3. 建筑安装企业是指从事（　　　）的企业。

二、多项选择题

1. 行业会计分为（　　　）两大系统。

A. 企业会计　　　　　　B. 流通企业会计　　　C. 银行会计　　　　　D. 非企业会计

2. 行业会计比较大都采用的方法有（　　　）。

A. 趋势分析法　　　　　B. 环比分析法　　　　C. 横向比较法　　　　D. 纵向比较法

三、思考题

1. 目前我国行业的划分有哪几种？

2. 行业会计与《企业会计准则》是怎样的关系？

3. 行业会计比较的内容有哪些？

4. 行业会计比较的方法有哪几类？

第二章 商品流通企业会计

知识目标

了解商品流通企业会计的特点；

掌握商品流通企业批发商品购进、销售、储存业务的核算；

掌握商品流通企业零售商品购进、销售、储存业务的核算。

能力目标

熟悉商品流通企业会计核算的相关账户使用；

掌握批发和零售商品购进、销售、储存业务的会计处理；

在了解商品流通企业会计核算特点的基础上，着重理解批发和零售商品流通企业各自在商品流转中购、销、存各个环节的经济业务内容，全面掌握这两种类型的商品流通企业所涉及的经济业务的各种核算方法及具体会计处理的技能。

商品流通在社会再生产过程中处于生产和消费的中间环节，它在社会主义再生产和社会主义市场经济的运行与发展中起着重要的作用。社会主义商品流通能够促进社会主义生产的发展，可以促进社会生产的顺利进行和生产规模的扩大，可以为经济发展积累资金，促进社会主义分配的实现，有利于满足消费的需要，有利于加强全国的经济联系。

第一节 商品流通企业会计概述

一、商品流通及商品流通企业的概念

商品流通是指商品通过买卖行为，从生产领域向消费领域的转移过程，又称商品流转。

商品流通企业是组织商品流通业务，以营利为目的经济实体。它是商品经济的产物，包括商业、粮食、物资供销、供销合作、对外贸易、医药、石油、烟草、图书发行等各种类型的企业，其主要经济活动是在流通领域中从事商品的购销活动。一方面，企业从生产单位购进商品；另一方面，企业向消费者供应商品，满足生产、生活上的需要。在国民经济中，它起着连接生产与消费的纽带作用。

二、商品流通企业会计的特点

商品流通企业会计是商品流通企业经济核算的中心环节，它是以货币为主要计量单位，对商品流通企业经济活动过程进行核算和监督的一种管理活动。

商品流通企业会计与其他企业会计相比，有如下特点：

（一）核算范围较广

由于商品流通企业包括商业、粮食、物资供销、供销合作、对外贸易、医药、石油、烟草、图书发行等各种类型的企业，因此，商品流通企业会计核算范围即为上述企业的经济业务，其核算范围较其他企业广。

（二）核算对象分为批发和零售两种类型

1. 批发企业

所谓批发企业，是指从生产企业或其他企业购进商品，供应给零售企业或其他批发企业用以转售，或供应给其他企业用以加工的商品流通企业。它处于商品流转的起点或中间环节，起着组织货源、储备商品、调节供求及安排市场的作用。

我国在城市中设有专业批发公司和贸易中心。批发公司是自主经营的经济实体；贸易中心可以是经济联合体，也可以是独立体，实行开放式经营，自由购销，跨区经营，促使货畅其流，提高经济效益。为了扩大批发商品的辐射面，城市中还开设了基层批发企业，积极开展批发和代批业务，以方便边远地区、小型零售企业和个体经营者。

2. 零售企业

所谓零售企业，是指从批发企业或生产企业购进商品，销售给个人消费者，或销售给企事业单位等用于生产和非生产消费的商品流通企业。它是直接为人民生活服务的基层商品流通企业。

零售企业按其经营商品种类的多少，可分为专业性零售商店和综合性零售商店。专业性零售商店是指专门经营某一类或几类商品的零售商店，如专门经营钟表、眼镜、交通器材、照相器材、金银首饰等的商店。综合性零售商店是指经营商品类别繁多的零售商店，如经营百货、食品、服装鞋帽、五金、日用杂货等的商店。

由于商品批发和零售业务有着较大的区别，因此，商品流通企业的会计核算也因核算对象类型的不同而有所不同。

（三）核算内容以商品流转为核心

商品流转业务主要包括商品购进、商品销售和商品储存三个环节。

所谓商品购进，是指商品流通企业为了销售或加工后销售货物，通过货币结算取得商品所有权的交易行为，是商品流转的起点。商品购进过程，也就是货币资金转变为商品资金的过程。

所谓商品销售，是指商品流通企业通过货币结算售出商品的交易行为，是商品流转的终点。商品销售过程，也就是商品资金转变为货币资金的过程。

所谓商品储存，是指商品流通企业购进的商品在销售以前在企业的停留状态。它以商品资金的形态存在于企业之中。商品储存是商品购进和商品销售的中间环节,也是商品流转的重要环节。储存商品包括库存商品、受托代销商品、分期收款发出商品和购货方拒收的代管商品等。

商品流转的三个环节是商品流通企业的主要业务内容,自然也就构成了商品流通企业会计核算的核心内容。

 知识扩展2-1

凡是不通过货币结算而收入的商品,或者不为销售而购进的商品,都不属于商品购进的范围,如收回加工的商品、溢余的商品、收回销售退回的商品和购货单位拒收的商品、因财产交接而接受的商品和其他单位赠送的样品、为收取手续费替其他单位代购的商品以及购进专供本单位自用的商品等。

凡是不通过货币结算而发出的商品,则不属于商品销售的范围,如发出加工的商品、损耗和短缺的商品、进货退出的商品和退出拒收的商品、因财产交接而交出的商品和赠送给其他单位的样品、采用代收手续费方式替其他单位代销的商品、虽已发出但仍属于本单位所有的委托代销商品和分期收款发出的商品等。

(四) 核算方法以进价核算和售价核算为主

不同类型的商品流通企业根据各自的经营特点和管理需要,对商品流转的核算采用不同的方法,归纳起来主要分为进价核算和售价核算两种。进价核算和售价核算又各自分为金额核算和数量金额核算两种。

1. 进价核算

进价核算是指以库存商品的购进价格来反映和控制商品购进、销售和储存的一种核算方法。这种方法又分为进价金额核算和数量进价金额核算两种。

(1) 进价金额核算。进价金额核算是指库存商品总分类账和明细分类账都只反映商品进价金额,不反映实物数量的一种核算方法。因为采用这种方法,缺乏实物数量记载,所以必须通过对库存商品进行实地盘点,计算出期末结存金额后,才能倒挤出主营业务成本。因此,该方法也称为"进价记账盘存计销"。

这种核算方法的优点是记账手续简便,工作量小;缺点是平时不能反映商品进、销、存的数量,由于月末采用盘存计销的办法,将主营业务成本、商品损耗和责任人的差错混在一起,容易产生弊端,不易发现企业经营管理中存在的问题。因此,这种方法只适用于经营鲜活商品的零售企业。

(2) 数量进价金额核算。数量进价金额核算是指除库存商品总分类账和明细分类账均按商品进价金额反映外,明细分类账还必须反映商品实物数量的一种核算方法。采用这种方法,可以根据已销商品的数量按进价结转主营业务成本。

这种核算方法的优点是能够按品名、规格来反映和监督每种商品进、销、存的数量和进价金额的变动情况,有利于加强对库存商品的管理与控制;缺点是每笔销售业务都必须填制销售凭证，并按商品的品名、规格登记商品明细账，记账工作量较大。因此，这种方法适用于工业品批发公司、农副产品收购企业、部分专业性零售商店及贸易中心等。

2. 售价核算

售价核算是指以库存商品的销售价格来反映和控制商品购进、销售和储存的一种核算方法。这种方法又分为售价金额核算和数量售价金额核算两种。

（1）售价金额核算。售价金额核算是指库存商品总分类账和明细分类账都只反映商品售价金额，不反映实物数量的一种核算方法。采用这种方法，库存商品的结存数量只能通过对库存商品进行实地盘点来掌握，营业柜组或门市部对其经营的商品承担经济责任。财会部门通过商品的售价来控制营业柜组或门市部的商品。由于它是建立在实物负责制基础上的，因此也称为"售价金额核算实物负责制"。

这种核算方法的优点是控制了商品的售价，一般不必为每笔销售业务填制销售凭证，也不必登记大量的实物数量明细账，记账较为简便；缺点是由于明细分类核算不反映和控制商品的数量，平时不易发现商品短缺，一般要定期盘点时才能发现，难以分清溢缺商品的品种与数量，也难以分析溢缺的原因和责任。因此，这种方法适用于综合性零售商店和部分专业性零售商店。

（2）数量售价金额核算。数量售价金额核算是指除库存商品总分类账和明细分类账均按商品售价金额反映外，明细分类账还必须反映商品实物数量的一种核算方法。采用这种方法，必须按商品的品名、规格设置明细账，以便能随时掌握各种商品的结存数量。

这种核算方法的优点是能够按品名、规格来反映和监督每种商品进、销、存的数量和售价金额的变动情况，便于加强对库存商品的管理与控制，由于按售价记账，对主营业务收入的管理与控制也较为严密；缺点是在进货时既要复核商品的进价，又要计算商品售价和进价的差价，每笔销售业务都要填制销售凭证或做好销售记录，并按商品的品名、规格登记商品明细账，记账工作量较大。因此，这种方法适用于基层批发企业和部分专业性零售商店（如金店、珠宝玉器店等）。

（五）收入、成本的核算

由于商品交易可能是批发，也可能是零售，因而各种交易的收入、成本核算的内容也有所区别。批发销售核算的收入即为批发价，其销售成本为已销商品的进价；而零售销售核算的收入为零售价（零售价一般高于进价），其销售成本为零售收入与已销商品分摊的进销差价之差额。

第二节 批发企业商品流转的核算

批发企业的主要业务是大宗商品购销，交易不像零售业那样频繁，但每次的成交额却比零售业大得多。因此，一般采用数量进价金额核算法进行核算。

一、商品购进的核算

（一）账户设置

商品购进核算主要反映和监督商品购进、验收入库和货款的结算，需要设置"在途物资""库存商品"等账户。

"在途物资"账户，用以核算企业采用实际成本（或进价）进行日常核算的商品等物资以及货款已付但尚未验收入库的在途商品的采购成本。其明细账可按供货单位和商品品种设置。

"库存商品"账户，用以核算企业库存的各种商品的实际成本（或进价）或计划成本（或售价），包括库存产成品、外购商品、存放在门市部准备出售的商品、发出展览的商品以及寄存在外的商品等。该账户可以按照下属各连锁超市的名称设置相应的二级明细账，根据商品的种类、品种和规格设置相应的三级明细账。

（二）商品一般购进的核算

批发企业购进商品，由于商品的发运时间和结算凭证的传递时间不一致，通常会出现以下三种情况：单证与商品同时到达；单证先到，商品后到；商品先到，单证后到。这三种情况下的会计核算与制造企业购进材料的账务处理相同。

1. 同城商品购进的核算

同城商品购进的交接方式，一般采用"送货制"或"提货制"。

结算货款时，通常采用转账支票和商业汇票结算方式，也可以采用银行本票结算方式。

【例2-1】永胜公司是一家从事商品批发销售的企业。2023年8月8日，永胜公司从北京双飞科技有限公司购进微波炉50台。每台进价为1 000元，货款总计50 000元，增值税税额为6 500元。业务部门根据供货单位提供的增值税专用发票填制"收货单"。

对上述业务，财会部门首先对业务部门转来的增值税专用发票审核无误后，签发转账支票支付货款及增值税税额，共计56 500元。作商品购进的账务处理：

借：在途物资——微波炉   50 000
  应交税费——应交增值税（进项税额）   6 500
 贷：银行存款   56 500

其次，根据仓库转来的"收货单"结转商品采购成本。作商品验收入库的账务处理：

借：库存商品——家用电器（微波炉）   50 000
 贷：在途物资——微波炉   50 000

说明：购进同城商品时，一般由业务部门根据事先制订的进货计划，与供货单位签订购销合同组织进货。业务部门将供货单位开来的增值税专用发票与合同核对相符后，即填制"收货单"一式数联，将增值税专用发票和"收货单"（结算联）送交财会部门，其余各联"收货单"送交储运部门。财会部门审核购货凭证无误后，作为付款依据，作商品购进的账务处理：

借：在途物资
  应交税费——应交增值税（进项税额）

　　贷：银行存款

　　储运部门根据"收货单"提货并验收商品，如商品的数量、质量全部相符，应在"收货单"各联上加盖"收讫"印章，并将其中一联退回业务部门，由其注销合同。储运部门自留一联，登记商品保管账，将"收货单"（入库联）送交财会部门，经审核无误后，据以作商品验收入库的账务处理：

　　借：库存商品

　　　　贷：在途物资

　　2. 异地商品购进的核算

　　异地商品购进的交接方式，一般采用"发货制"。

　　货款的结算方式，一般包括托收承付结算或委托收款结算。

知识扩展2-2

　　供货单位根据购销合同发运商品后，由于商品所有权已经转移，供货单位就可以委托银行向购货单位收取货款。从供货单位所在地到购货单位所在地的商品运费一般由购货单位负担，供货单位先予以垫付，然后同货款一并委托银行收回。

　　【例2-2】 2023年8月12日，永胜公司从海尔集团购进彩色电视机100台，每台6 000元，货款总计600 000元，增值税税额为78 000元，运费为2 000元，增值税税额为180元，采用托收承付结算方式结算。

　　对上述业务，财会部门应作以下账务处理：

　　（1）收到银行转来的托收凭证和所附的增值税专用发票（发票联）及运费增值税专用发票，经审核无误后承付。

　　借：在途物资——彩色电视机　　　　　　　　　　　　　　　　　　　600 000

　　　　应交税费——应交增值税（进项税额）　　　　　　　　　　　　　78 180

　　　　销售费用——运费　　　　　　　　　　　　　　　　　　　　　　2 000

　　　　贷：银行存款　　　　　　　　　　　　　　　　　　　　　　　　680 180

　　（2）货物运达，仓库验收入库后，送来的"收货单"及随货同行的增值税专用发票（发货联），经审核无误后，结转商品采购成本。

　　借：库存商品——家用电器（彩色电视机）　　　　　　　　　　　　　600 000

　　　　贷：在途物资——彩色电视机　　　　　　　　　　　　　　　　　600 000

　　说明：发生异地商品购进业务后，一般在购货单位的财会部门收到银行转来的"托收凭证"及所附的增值税专用发票（发票联和抵扣联）和"运单"时，先将其送交业务部门，经与购销合同查对无误后，由业务部门填制"收货单"一式数联，送交储运部门，并将"托收凭证"及其附件退还给财会部门，经审核无误后支付货款。当商品到达时，由储运部门根据"收货单"核对供货单位随货同行的增值税专用发票和"运单"，经核对无误后将商品验收入库，并在"收货单"各联上加盖"收讫"印章，自留一联，据以登记商品保管账，一联退回业务部门，由其注销合同，一联连同增值税专用发票（发货联和抵扣联）送交财会部门，经审核无误后，据以进行库存商品的总分类核算和明细分类核算，申报抵扣增值税进项税额。

知识扩展2-3

商品流通企业异地购进商品发生的运费中，可以抵扣的部分记入"应交税费——应交增值税（进项税额）"账户的借方，不能抵扣的部分记入"销售费用"等账户的借方。

3. 商品采购的明细分类核算

为了掌握商品采购的详细情况，加强对商品采购的管理，并促使在途商品尽快验收入库投放市场，就必须对商品采购进行明细分类核算。批发企业商品采购的明细分类核算，主要采用同行登记法和抽单核对法。

（1）同行登记法。同行登记法又称平行记账法或横线记账法，就是采用两栏式账页，对于同批次购进的商品，将支付货款和商品验收入库分别记入账页同一行次的"借方栏"和"贷方栏"。通过借贷方的相互对照，逐一核销，反映商品采购的动态，有利于检查和监督购进商品的结算和入库情况。由于同一批次购进的商品可能分批到达，因此，在账页每一行次的贷方，可以根据各单位的具体需要，再增加若干小行，以便反映商品分批到达、验收入库的情况。同行登记法是根据经济业务发生的顺序，按供货单位分行次进行记载，对商品采购进行明细分类核算的。这种方法对于进货业务频繁的企业可能不太适用。因此，这些企业可以按照供货单位的户名，分户设置"商品采购"明细分类账进行同行登记，以便反映向每一供货单位购进商品的入库与结算情况。

（2）抽单核对法。抽单核对法就是不设置"商品采购"明细分类账，而是充分利用自制的两联"收货单"，即"结算联"和"入库联"来代替"商品采购"明细分类账的一种简化的核算方法。

企业在购进商品时，财会部门根据业务部门转来的"收货单"（结算联）支付货款后，在"收货单"（结算联）上加盖付款日期的戳记，以代替"商品采购"明细分类账借方发生额的记录；根据储运部门转来的"收货单"（入库联）作商品入库的核算后，在"收货单"（入库联）上加盖入库日期的戳记，以代替"商品采购"明细分类账贷方发生额的记录。

在"收货单"中，表示"商品采购"明细分类账借方发生额和贷方发生额的两套凭证应用专门的账夹或账箱分别存放。每日通过核对后，将供货单位名称、凭证号数、商品的数量和金额均相符的"收货单"（结算联）和"收货单"（入库联）从账夹或账箱中抽出，表示这批购进业务已经钱货两清，予以转销，并将抽出的凭证按抽出的日期分别装订成册，同其他会计账簿一样归入会计档案。期末结账时，检查账夹或账箱，将尚存的"收货单"（结算联）的金额加总，表示"商品采购"明细分类账的借方余额；将尚存的"收货单"（入库联）的金额加总，表示"商品采购"明细分类账的贷方余额。

采用抽单核对法，一定要严格按照凭证传递的程序，加强凭证的管理和对账工作，以防止凭证散乱丢失，造成核算工作的紊乱。

（三）进货退出的核算

批发企业由于进货量大，一般对于原箱整件包装的商品，在验收时只作抽样检查，因此在入库后复验商品时，往往发现商品的数量、质量、品种、规格与合同不符。因此，批发企业应及时与供货单位联系，调换或补回商品，或者作进货退出处理。在发生进货退出业务时，由供货单位开出红字增值税专用发票，批发企业收到后由业务部门据以填制"进货退出单"，通知储运部门发运商品，财会部门根据储运部门转来的"进货退出单"进行核算。

【例2-3】永胜公司2023年8月14日从某企业购进热水器20台，每台1 000元，货款总计20 000元，增值税税额为2 600元，运费为500元，增值税税额为45元，货款和增值税及运费已付。该批商品到货后，发现型号不符，经与供货方联系后，对方同意退货。

对上述业务，财会部门应作以下账务处理：

（1）收到某企业退货的红字增值税专用发票，开列退货款20 000元，退增值税2 600元，并收到业务部门转来的"进货退出单"（结算联），作会计分录：

借：在途物资——热水器		20 000
应交税费——应交增值税（进项税额）		2 645
销售费用——运费		500
贷：应付账款——某企业		23 145

（2）收到"进货退出单"（出库联）时：

借：库存商品——热水器		20 000
贷：在途物资——热水器		20 000

同时，以银行存款垫付退货运费500元，增值税税额为45元，则：

借：应付账款——某企业	545
贷：银行存款	545

（3）某企业如约退回全部货款、运费及增值税，收到银行转来的收款凭证，则：

借：银行存款	（23 145+545）23 690
贷：应付账款——某企业	23 690

知识扩展2-4

在实际工作中通常对与供货客户发生的往来采用"应付账款"账户核算，对与销售客户发生的往来采用"应收账款"账户核算。如果企业规模较小，也可以只设一个往来账，根据账户余额方向判断是"应收"还是"应付"。

（四）购进商品退补价的核算

批发企业购进商品时，可能由于供货单位疏忽，发生单价开错或金额计算错误的情况；也可能因商品发货属于试销而按暂定价格结算，后又正式定价，需要调整商品货款。因此，就发生了商品退补价的核算。在发生商品退补价时，应由供货单位填制更正发票交给购货单位，由业务部门审核后送交财会部门，经复核无误后，据以进行退补价款的核算。

1. 购进商品退价的核算

购进商品退价是指原结算货款的进价高于实际进价，应由供货单位将高于实际进价的差额退还给购货单位。

【例 2-4】永胜公司上月从宏伟公司购入相机 20 台，取得增值税专用发票，相机不含税的单价为 2 000 元，增值税税率为 13%，商品已验收入库，货款未付。本月接到宏伟公司通知，该批相机的不含税单价为 1 800 元，并开来红字增值税专用发票，应退货款 4 000元，增值税税额 520 元。

（1）冲减商品采购货款和增值税：

借：在途物资——相机 　4 000

　　应交税费——应交增值税（进项税额）　520

　　贷：应付账款——宏伟公司 　4 520

（2）冲减库存商品价值：

借：库存商品——相机 　4 000

　　贷：在途物资——相机 　4 000

备注：如果退价时购进的商品尚未出售，或虽已出售，但尚未结转销售成本，则以退回的货款冲减库存商品和增值税进项税额；如果退价时购进的商品已经全部或者部分出售，并已结转销售成本，则以退回的货款冲减主营业务成本和增值税进项税额。

2. 购进商品补价的核算

购进商品补价是指原结算货款的进价低于实际进价，应由购货单位将低于实际进价的差额补付给供货单位。在这种情况下，经过双方协商，供货单位填制补价发票送购货单位。购货单位财会部门收到供货方补价发票后补付货款，并根据该批商品的存、销情况作出业务处理。其业务处理与发生退价的业务处理相反。

（五）购进商品发生短缺和溢余的核算

批发企业购进商品，如果发生短缺或溢余情况，则除根据实收数量入账外，还应查明原因，及时处理。一般来说，购进商品发生短缺或溢余的主要原因有：在运输途中由于不可抗拒的自然条件和商品性质等因素，商品发生损耗或溢余；运输单位的失职造成事故或商品丢失；供货单位工作上的疏忽造成少发或多发商品。因此，对于商品的短缺和溢余，要认真调查、具体分析、明确责任、及时处理，以保护企业财产的安全。

储运部门在验收商品时，如发现实收商品与供货单位增值税专用发票（发票联）上所列数量不符，必须会同运输单位进行核对，做好鉴定证明，以便查明原因后进行处理，并在"收货单"上注明实收数量，填制"商品购进短缺溢余报告单"一式两联。其中，一联连同鉴定证明送交业务部门，由其负责处理；另一联送交财会部门，审核后作为记账依据。

1. 购进商品发生短缺的核算

购进商品发生短缺时，在查明原因前，应通过"待处理财产损溢"账户进行核算。查明原因后，如果是供货单位少发商品，经联系后，可由其补发商品或作进货退出处理；如果是运输途中的自然损耗，应作为"销售费用"列支；如果是责任事故，应由运输单位或责任人承担经济责任的，作为"其他应收款"处理，应由本企业承担损失的，报经批准后，在"营业外支出"账户列支。

【例2-5】永胜公司2023年8月13日从某公司购进某型号彩色电视机50台，不含税单价为4 000元，商品运到，并取得增值税专用发票，价款为200 000元，增值税税额为26 000元。验收时发现，实际到货45台。经查实，短缺的5台电视机为供货方少发货，经协商，供货单位补发5台电视机，在收到的45台电视机中，有4台电视机因浸水受到损坏。款项未付，根据实收商品入库单、增值税专用发票、商品购进短缺溢余报告单作账务处理。

对上述业务，财会部门应作以下账务处理：

（1）根据购销合同和增值税专用发票作购进商品的核算：

借：在途物资——彩色电视机　　　　　　　　　　　　　　　　　200 000

　　应交税费——应交增值税（进项税额）　　　　　　　　　　　 26 000

　　　贷：应付账款——某公司　　　　　　　　　　　　　　　　226 000

（2）根据商品入库单作验收入库核算：

借：库存商品——彩色电视机　　　　　　　　　　　　　　　　　164 000

　　　贷：在途物资——彩色电视机　　　　　　　　　　　　　　164 000

（3）根据商品购进短缺溢余报告单作待处理财产损溢核算。需要注意的是：已补发货的5台电视机不计入"待处理财产损溢"，待收到补发商品时，直接从"在途物资"转入"库存商品"。

借：待处理财产损溢——待处理流动资产损溢　　　　　　　　　　 18 080

　　　贷：在途物资——彩色电视机　　　　　　　　　　　　　　 16 000

　　　　　应交税费——应交增值税（进项税额转出）　　　　　　　2 080

（4）因有4台电视机浸水受到损坏，可以向保险公司索赔10 000元。经批准，其余损失计入"营业外支出"，作以下处理：

借：其他应收款——保险公司　　　　　　　　　　　　　　　　　 10 000

　　营业外支出　　　　　　　　　　　　　　　　　　　　　　　　8 080

　　　贷：待处理财产损溢——待处理流动资产损溢　　　　　　　 18 080

（5）供货方少发的5台电视机到达入库：

借：库存商品——彩色电视机　　　　　　　　　　　　　　　　　 20 000

　　　贷：在途物资——彩色电视机　　　　　　　　　　　　　　 20 000

2. 购进商品发生溢余的核算

购进商品发生溢余时，在查明原因前，应通过"待处理财产损溢"账户进行核算。查明原因后，如果是运输途中的自然升溢，应冲减"销售费用"账户；如果是供货单位多发的商品，可与对方联系，由其补来增值税专用发票后，作为商品购进处理。

【例 2-6】永胜公司 2023 年 8 月 13 日从双喜白糖厂购入白糖 1 000 千克，每千克 6元，货款总计 6 000 元，增值税税款为 780 元。采用托收承付结算方式，货款已承付。该批商品运达后，储运部门验收时发现溢余了 10 千克，价值为 60 元。

财会部门根据储运部门转来的"收货单"和"商品购进短缺溢余报告单"作以下账务处理：

（1）商品采购额和增值税税额：

借：在途物资——白糖 6 000

  应交税费——应交增值税（进项税额） 780

  贷：应付账款——双喜白糖厂 6 780

（2）结转已验收入库和溢余的商品采购成本：

借：库存商品——白糖 6 060

  贷：在途物资——白糖 6 000

    待处理财产损溢——待处理流动资产损溢 60

经查明，溢余了 10 千克，价值 60 元是运输途中的自然升溢，则：

借：待处理财产损溢——待处理流动资产损溢 60

  贷：销售费用——商品溢余 60

（六）购进商品发生拒付货款和拒收商品的核算

批发企业从异地购进商品时，收到银行转来的托收凭证及其所附的增值税专用发票（发票联）、运费增值税专用发票后，必须认真与合同进行核对，如发现与购销合同不符、重复托收以及货款或运费多计等情况，应在银行规定的承付期内填制"拒绝承付理由书"，拒付货款。与购货合同不符或重复托收的，应拒付全部托收款；部分与购货合同不符的，应拒付不符部分的托收款；货款与运费多计的，应拒付多计的数额。企业提出拒付款项时，应实事求是，不能因供货单位的部分差错而拒付全部货款，更不能借故无理拒付货款，损害供货单位的利益。

收到供货单位发来的商品及随货同行的增值税专用发票（发票联）后，同样要与购销合同进行核对，并要认真检验商品的品种、规格、数量和质量，如有不符，可以拒收商品。在拒收商品时，应由业务部门填制"拒收商品通知单"，尽快通知供货单位，并需填制"代管商品收货单"一式数联，其中：两联送交储运部门，储运部门验收后，加盖"收讫"戳记，将其数量作账外记录，并将拒收商品妥善保管，与库存商品分别存放，不能动用；一联由储运部门转交财会部门，据以记入"代管商品物资"账户的借方。

异地购进商品时，由于托收凭证的传递与商品运送的渠道不同，支付货款与商品验收入库的时间往往也不一致，从而引起拒付货款与拒收商品有先有后，这样会出现三种情况：

第一，先拒付货款，后拒收商品。企业收到银行转来的托收凭证，发现所附增值税专用发票与购销合同不符，拒付货款；等商品到达后，再拒收商品。由于先拒付货款，后拒收商品，因此，无须作账务处理，只需将拒收商品记入"代管商品物资"备查簿。

第二，先拒收商品，后拒付货款。企业收到商品时，发现商品与购销合同不符，可拒收商品，将拒收商品记入"代管商品物资"备查簿，等银行转来托收凭证时，再拒付货款。

第三，先承付货款，后拒收商品。企业收到银行转来的托收凭证，将所附增值税专用发票与购销合同核对相符后，承付了货款。等商品到达验收时，发现商品与购销合同不符，企业应将所付货款从"在途物资"账户转入"应收账款"账户，支付的该批购进商品的增值税税额也要转入"应收账款"中，并将拒收商品记入"代管商品物资"备查簿，待与供货方协商解决后再作相应业务处理。如经协商，企业同意原价购进，则按商品购进正常程序，从"在途物资"账户转入"库存商品"账户，将增值税税额记入"应交税费"账户，同时冲减"应收账款"账户；如供货方同意退货，则收到供货方退还的货款时，借记"银行存款"账户，贷记"应收账款"账户。作上述账务处理时，均应冲减"代管商品物资"备查簿。

【例2-7】永胜公司2023年8月5日从海尔集团购进某型号彩色电视机30台，不含税单价为3 000元，并取得增值税专用发票，价款为90 000元，增值税税额为11 700元；购进冰箱20台，不含税单价为5 000元，并取得增值税专用发票，价款为100 000元，增值税税额为13 000元，采用托收承付结算方式，货款已承付。8月7日商品全部到达，验收时发现，彩色电视机的外壳有问题，与合同不符，决定拒收，与海尔集团协商后退货，并办妥了退货手续。8月10日收到对方退还的货款。

（1）8月5日公司收到银行转来的收款凭证和增值税专用发票，支付货款。

借：在途物资——彩色电视机　　　　　　　　　　　　　　90 000
　　　　　　——冰箱　　　　　　　　　　　　　　　　　100 000
　　应交税费——应交增值税（进项税额）　　　　　　　　24 700
　贷：银行存款　　　　　　　　　　　　　　　　　　　214 700

（2）8月7日商品到达后验收时发现彩色电视机的外壳有问题，与合同不符，决定拒收，经与海尔集团协商后退货，购货方向当地主管税务机关取得"开具红字增值税专用发票通知单"送交供货方，应将已支付的货款及增值税税额转入"应收账款"。

借：库存商品——冰箱　　　　　　　　　　　　　　　　100 000
　　应收账款——海尔集团　　　　　　　　　　　　　　101 700
　贷：在途物资——冰箱　　　　　　　　　　　　　　　100 000
　　　　　　——彩色电视机　　　　　　　　　　　　　90 000
　　应交税费——应交增值税（进项税额）　　　　　　　11 700

同时，将拒收的商品记入"代管商品物资"。

（3）8月10日收到对方退还的货款。

借：银行存款　　　　　　　　　　　　　　　　　　　101 700
　贷：应收账款——海尔集团　　　　　　　　　　　　101 700

同时，在"代管商品物资"备查簿中记录减少。

二、商品销售的核算

（一）账户的设置

商品销售核算主要反映和监督商品销售、出库和货款的结算，需要设置"主营业务收入""主营业务成本"等账户。

"主营业务收入"属于损益类账户，用来核算企业确认的销售商品等主营业务的收入。该账户可以按照主营业务收入的种类进行明细核算。

"主营业务成本"属于损益类账户，用来核算企业确认的销售商品等主营业务收入时应结转的成本。该账户可以按照主营业务成本的种类进行明细核算。

（二）商品销售的具体核算

批发企业的商品销售按照地区的不同，可分为同城商品销售和异地商品销售两种销售模式。

1. 同城商品销售的业务程序及核算

在同城销售模式下，一般由购货单位提出购货计划，派采购员到批发企业看样，由批发企业业务部门根据购货单位选定的商品品种和数量，填制增值税专用发票一式数联，业务部门自留一联，其余各联交给采购员，据以向财会部门办理结算。财会部门根据销售业务的需要，收取转账支票、商业汇票或银行本票，如销售额在银行规定的现金结算限额之内，也可以收取现金。办好结算后，财会部门在增值税专用发票各联上加盖"货款收讫"戳记，留下记账联，将其余各联退还给采购员。采购员凭"提货单"和"出库单"向储运部门提运商品或委托其送货，增值税专用发票的"发票联"和"抵扣联"由采购员带回入账。储运部门发出商品后，根据"提货单"存根联登记商品保管账，将"出库单"记账联转交财会部门据以登记"库存商品"账户。

批发企业在销售商品后，财会部门应作以下账务处理：

（1）确认销售收入的实现：

借：银行存款（或库存现金、应收账款、应收票据）

　　贷：主营业务收入

　　　　应交税费——应交增值税（销项税额）

（2）结转销售成本：

借：主营业务成本

　　贷：库存商品

【例2-8】永胜公司2023年8月15日销售冰箱20台，每台6 000元，货款总计120 000元，增值税税额为15 600元，价税合计135 600元，收到转账支票一张，存入银行。该批商品的进价为每台5 000元。

对上述业务，财会部门应作以下账务处理：

（1）收到转账支票时：

借：银行存款　　　　　　　　　　　　　　　　　135 600

　　贷：主营业务收入——家电类　　　　　　　　　　　　　　　120 000

　　　　应交税费——应交增值税（销项税额）　　　　　　　　　 15 600

（2）结转销售商品成本时：

借：主营业务成本——家电类　　　　　　　　　　　　　　　　100 000

　　贷：库存商品——家电类　　　　　　　　　　　　　　　　　100 000

2. 异地商品销售的业务程序及核算

在异地销售模式下，一般由业务部门根据购销合同填制增值税专用发票一式数联，业务部门留下存根联备查，将其余各联交与储运部门。储运部门根据发票提货、包装，并委托运输单位发运商品，"发货联"随货同行，留下"提货联"登记商品保管账，将"发票联"和"出库联"转交财会部门。运输单位在发出商品后，送来运单，向财会部门结算运费。财会部门收到"发票联"和"出库联"及运单后，一方面支付运输单位运费，另一方面填制托收凭证，附上发票和运单，向银行办理托收手续；银行受理后，取回托收回单，据以作商品销售核算，并根据"出库联"登记"库存商品"账户。

异地商品销售的交接方式一般采用"发货制"。货款的结算方式一般包括托收承付结算或委托收款结算。

知识扩展2-5

经营异地商品的销售业务，商品要委托运输单位运往购货单位，至于支付给运输单位的运费，根据购销合同的规定，一般由购货单位负担。销货单位在垫支时，通过"应收账款"账户进行核算，然后连同销货款、增值税税额一并通过银行向购货单位办理托收。

【例2-9】永胜公司2023年8月16日销售相机20台，每台2 500元，货款总计50 000元，增值税税额为6 500元，价税合计56 500元，代垫运费1 000元，发票及运单均已交开户行办理托收。2023年8月19日接到开户行转来的收款通知，货款、增值税税额及代垫运费共计57 500元，全部收妥入账。该批商品的进价为每台1 900元。

对上述业务，财会部门应作以下账务处理：

（1）开出增值税专用发票，办好托运手续时：

借：应收账款——××公司　　　　　　　　　　　　　　　　　57 500

　　贷：主营业务收入——数码电器　　　　　　　　　　　　　　50 000

　　　　应交税费——应交增值税（销项税额）　　　　　　　　　　6 500

　　　　银行存款　　　　　　　　　　　　　　　　　　　　　　1 000

（2）接到银行收款通知时：

借：银行存款　　　　　　　　　　　　　　　　　　　　　　　57 500

　　贷：应收账款——××公司　　　　　　　　　　　　　　　　57 500

（3）结转销售商品成本时：

借：主营业务成本——数码电器　　　　　　　　　　　　　　　38 000

　　　　贷：库存商品——数码电器　　　　　　　　　　　　　　　　　　38 000

（三）直运商品销售的业务程序及核算

　　直运商品销售是指批发企业购进商品后，不经过本企业仓库储备，直接从供货单位发给购货单位的一种销售方式。采用直运商品销售方式，商品不在批发企业仓库储存，因此可以不通过"库存商品"账户，而直接在"在途物资"账户进行核算。由于直运商品购进和销售的增值税专用发票上已经列明商品的购进金额和销售金额，故主营业务成本可以按照实际进价成本，分销售批次随时进行结转。采用直运商品销售方式，可以减少商品存储所占用的时间和出库手续，有利于节约流通费用，加速资金周转。直运商品销售方式主要适用于数量大、规格单一、质量稳定的商品。直运商品销售的业务程序如图2-1所示。

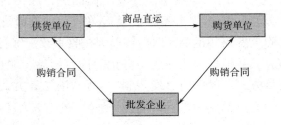

图 2-1　直运商品销售的业务程序

　　如图2-1所示，直运商品销售涉及批发企业、供货单位和购货单位三方，并且三方不在同一地点。因此，批发企业一般派采购员驻扎在供货单位，当供货单位根据购销合同发运商品时，由驻扎采购员填制增值税专用发票一式数联，其中"发货联"随货同行，作为购货单位的收货凭证，其余各联寄回批发企业。供货单位在商品发运后，即可向批发企业收取货款，批发企业支付货款后，反映为商品购进。批发企业凭采购员寄回的发票向购货单位收取货款，反映为商品销售。

　　有时批发企业为了尽快收回结算资金，在征得银行同意后，可以安排采购员在供货单位所在地委托银行向购货单位办理托收，由购货单位开户银行将货款直接划拨给批发企业。采购员在办妥托收后，将托收凭证回单联寄回批发企业，据以作商品销售处理。在这种情况下，批发企业的购销业务几乎同时发生。

　　【例2-10】永胜公司从宏伟公司购入相机30台，取得增值税专用发票，相机不含税单价为2 000元，价款为60 000元，增值税税额为7 800元，已收到宏伟公司结算凭证，货款已转账支付。按照合同的规定，该批相机直运销售给俊达商城，不含税单价为2 400元，价款为72 000元，增值税税额为9 360元，永胜公司以现金代垫运费100元，已向银行办妥托收手续，货款尚未收到。

　　对上述业务，财会部门应作以下账务处理：

　　（1）收到宏伟公司结算凭证，支付货款的核算：

　　借：在途物资——相机　　　　　　　　　　　　　　　　　　　　60 000

　　　　应交税费——应交增值税（进项税额）　　　　　　　　　　　　7 800

　　　　贷：银行存款　　　　　　　　　　　　　　　　　　　　　　　67 800

（2）向银行办妥托收手续的核算：

借：应收账款——俊达商城　　　　　　　　　　　　　　　　81 460
　　贷：主营业务收入——数码电器　　　　　　　　　　　　　72 000
　　　　应交税费——应交增值税（销项税额）　　　　　　　　9 360
　　　　库存现金　　　　　　　　　　　　　　　　　　　　　　100

（3）结转销售商品成本时：

借：主营业务成本——数码电器　　　　　　　　　　　　　　60 000
　　贷：在途物资——相机　　　　　　　　　　　　　　　　　60 000

（四）委托代销商品销售的核算

委托代销商品是销售商品的一种方式，牵涉到委托方和受托方两方，处在委托方立场上的商品称为委托代销商品，处在受托方立场上的商品称为受托代销商品。

委托代销商品销售后有两种不同的处理方法：一种是受托方和委托方分别作商品购销处理；另一种是受托方根据销售额向委托方结算代销手续费，委托方作商品销售处理。

1. 作商品购销业务的核算

（1）委托方的核算。批发企业为了加速商品流转，推销新产品和呆滞积压商品，合理使用仓位和节约仓储费用，可以将商品先发往购货单位，委托其代销，等商品销售后，再定期结算货款。

委托代销商品一般先由业务部门根据"商品委托代销购销合同"填制"委托代销商品发货单"，然后由储运部门将商品发运给受托单位，不转移商品所有权，根据合同规定，定期进行结算；结算期满时，由受托单位将已售代销商品的清单交付委托方，委托方据以填制增值税专用发票，向受托单位收取货款，委托单位收到货款时，将收到货款部分的委托代销商品作为商品销售处理。

【例2-11】永胜公司2023年8月6日委托鸿达商城代销相机50台，协议价每台2 350元，增值税税率为13%。鸿达商城可以自行定价销售，该批产品已经发出，委托代销合同规定每月结算一次货款。该批产品的进价为每台2 000元。永胜公司财会部门对上述业务的会计处理如下：

（1）发出商品的会计核算：

借：发出商品——鸿达商城——相机　　　　　　　　　　　100 000
　　贷：库存商品——数码电器　　　　　　　　　　　　　　100 000

（2）月末，鸿达商城当月售出相机20台，货款为47 000元，增值税税额为6 110元。收到鸿达商城交付销售清单及53 110元转账支票时：

借：银行存款　　　　　　　　　　　　　　　　　　　　　53 110
　　贷：主营业务收入——数码电器　　　　　　　　　　　　47 000
　　　　应交税费——应交增值税（销项税额）　　　　　　　6 110

同时，结转已销售的委托代销商品成本40 000元（20×2 000）：

借：主营业务成本——数码电器　　　　　　　　　　　　　40 000
　　贷：发出商品——鸿达商城——相机　　　　　　　　　　40 000

（2）受托方的核算。接受代销商品的企业在收到代销商品并已验收入库时，虽然企业尚未取得商品的所有权，但是企业对代销商品拥有支配权，可以开展商品销售业务，以有效地利用供货单位的资金开展经营业务。受托单位为了加强对代销商品的管理和核算，在收到商品时，应借记"受托代销商品"账户，贷记"受托代销商品款"账户。

代销商品在销售后，应填制增值税专用发票，据以借记"银行存款"或"应收账款"户，贷记"主营业务收入"和"应交税费"账户，并按进价货款借记"主营业务成本"账户，贷记"受托代销商品"账户，同时，借记"受托代销商品款"账户，贷记"应付账款"账户。到结算期时，将代销商品的清单交付给委托方，当收到其开来的增值税专用发票时，据以支付货款和增值税税额，同时借记"应付账款"和"应交税费"账户，贷记"银行存款"账户。

【例 2-12】承例 2-11，鸿达商城代销的 20 台相机以每台 2 500 元的价格销售。

鸿达商城财会部门对上述业务的处理如下：

（1）收到永胜公司委托代销的 50 台相机的核算：

借：受托代销商品——永胜公司——相机	（50×2 350）117 500	
贷：受托代销商品款——永胜公司		117 500

（2）对外售出代销商品中的 20 台，以 2 500 元的单价销售，货款为 50 000 元，增值税税额为 6 500 元，价税合计 56 500 元，收到转账支票一张存入银行：

借：银行存款	56 500
贷：主营业务收入——数码电器	50 000
应交税费——应交增值税（销项税额）	6 500

（3）结转售出商品的销售成本 47 000 元（20×2 350）：

借：主营业务成本——数码电器	47 000
贷：受托代销商品——永胜公司——相机	47 000

（4）结转代销商品款：

借：受托代销商品款——永胜公司	47 000
贷：应付账款——永胜公司	47 000

（5）反映商品购进：月末，收到永胜公司开来的增值税专用发票，货款为 47 000 元，增值税税额为 6 110 元，价税合计 53 110 元。当日开出转账支票付清。

借：应付账款——永胜公司	47 000
应交税费——应交增值税（进项税额）	6 110
贷：银行存款	53 110

知识扩展2-6

"受托代销商品"是资产类账户，用以核算企业接受其他单位委托代销或寄销的商品。企业收到代销或寄销商品时，记入借方；受托代销商品销售后，结转其销售成本时，记入贷方；余额在借方，表示企业尚未销售的代销商品数额。该账户应按委托单位进行明细分类核算。

"受托代销商品款"是负债类账户，用以核算企业接受其他单位委托代销或寄销商品的货款。企业收到代销或寄销商品时，记入贷方；销售代销商品时，记入借方；余额在贷方，表示企业尚未销售的代销商品货款。该账户应按委托单位进行明细分类核算。

2. 收取手续费方式的核算

（1）委托方的核算。在委托其他企业代销商品时，采取支付代销手续费方式。其业务程序及代销商品销售的核算方法与作商品购销业务处理的方法基本相同，所不同的是：由于受托方是商品购销双方的中介，委托方要根据合同的规定，按销售额的一定比例支付受托方代销手续费，由受托方开具增值税专用发票，税率为6%，届时借记"销售费用"和"应交税费"账户。

【例2-13】永胜公司2023年8月8日委托世纪商城代销冰箱30台，按协议约定每台冰箱不含税价格为5 800元，增值税税率为13%。永胜公司按照不含税价格8%支付给世纪商城代销手续费（永胜公司收到的代销手续费为含税收入，应按6%的税率计算税额和不含税收入），该批产品已经发出，委托代销合同规定每月结算一次货款。月末收到世纪商城开来的代销清单，销售冰箱10台，根据代销清单向世纪商城开出增值税专用发票。该批产品的进价为每台5 000元。

永胜公司财会部门对上述业务的处理如下：

（1）发出代销商品的核算：

借：发出商品——世纪商城　　　　　　　　　　　　　　　　150 000
　　贷：库存商品——家电——冰箱　　　　　　　　　　　　　　150 000

（2）月末，收到代销清单，当月售出冰箱10台，每台冰箱不含税价格为5 800元，货款为58 000元，增值税税额为7 540元，据此开出增值税专用发票，作销售处理：

借：应收账款——世纪商城　　　　　　　　　　　　　　　　65 540
　　贷：主营业务收入——家电——冰箱　　　　　　　　　　　　58 000
　　　　应交税费——应交增值税（销项税额）　　　　　　　　　7 540

（3）结转已售商品成本：

借：主营业务成本——家电——冰箱　　　　　　　　　　　　50 000
　　贷：发出商品——世纪商城　　　　　　　　　　　　　　　50 000

（4）收到世纪商城的转账支票一张，金额为60 900元（扣除代销手续费后的价税款），存入银行，同时收到世纪商城就代销手续费开具的增值税专用发票［代销手续费：58 000×8%＝4 640元。不含税手续费：4 640÷（1+6%）=4 377.36元。增值税税额：4 640-4 377.36=262.64元］：

借：银行存款　　　　　　　　　　　　　　　　　　　　　　60 900
　　销售费用——代销手续费　　　　　　　　　　　　　　　　4 377.36
　　应交税费——应交增值税（进项税额）　　　　　　　　　　262.64
　　　　贷：应收账款——世纪商城　　　　　　　　　　　　　65 540

（2）受托方的核算。接受代销商品的企业，采取支付代销手续费方式，在收到代销商品时的核算方法与商品购销业务处理方法完全相同，在此不赘述。

代销商品在销售后，应根据规定向购货方开具增值税专用发票，按价税合计收取的款项，借记"银行存款"账户，按实现的销售收入，贷记"应付账款"账户，按收取的增值税税额，贷记"应交税费"账户；同时，注销代销商品，借记"代销商品款"账户，贷记"受托代销商品"账户。

企业根据合同规定向委托方结算代销手续费时，作为代购代销收入处理，并按6%的税率计算销项税额。

【例2-14】承例2-13，世纪商城财会部门对上述业务的处理如下：

（1）收到永胜公司委托代销冰箱30台的核算：

借：受托代销商品——永胜公司——冰箱　　　　　　　　（30×5 800）174 000

　　贷：受托代销商品款——永胜公司　　　　　　　　　　　　　　　174 000

（2）对外售出冰箱10台，收到货款58 000元，增值税税额为7 540元，存入银行：

借：银行存款　　　　　　　　　　　　　　　　　　　　　　　　　65 540

　　贷：应付账款——永胜公司　　　　　　　　　　　　　　　　　　58 000

　　　　应交税费——应交增值税（销项税额）　　　　　　　　　　　 7 540

（3）注销已售代销商品：

借：受托代销商品款——永胜公司　　　　　　　　　　　　　　　　58 000

　　贷：受托代销商品——永胜公司——冰箱　　　　　　　　　　　　58 000

（4）将收到的委托方开来的增值税专用发票中的增值税税额，作为进项税额入账：

借：应交税费——应交增值税（进项税额）　　　　　　　　　　　　 7 540

　　贷：应付账款——永胜公司　　　　　　　　　　　　　　　　　　 7 540

（5）支付货款并核算代销手续费：

借：应付账款——永胜公司　　　　　　　　　　　　　　　　　　　65 540

　　贷：其他业务收入　　　　　　　　　　　　　　　　　　　　 4 377.36

　　　　应交税费——应交增值税（销项税额）　　　　　　　　　　　262.64

　　　　银行存款　　　　　　　　　　　　　　　　　　　　　　　 60 900

（五）销货退回的核算

销货退回是指在商品销售后，购货单位发现商品的品种、规格、质量等与购销合同不符等而提出退货。企业销货退回应当分情况处理：①未确认收入的售出商品发生销售退回的，企业按记入"发出商品"账户的商品成本金额借记"库存商品"账户，贷记"发出商品"账户。②已确认收入的售出商品发生退回的，企业应取得"开具红字增值税专用发票通知单"，据此开出红字增值税专用发票。销售退回无论是当年发生的，还是以前发生的，均应在发生时冲减退回当期的商品销售收入，同时冲减退回当期的商品销售成本，即借记"主营业务收入"账户，按允许扣减当期销项税额的增值税税额，借记"应交税费——应交增值税（销项税额）"账户，按已付或者应付的金额，贷记"银行存款""应付账款"等账户。按退回商品成本，借记"库存商品"账户，贷记"主营业务成本"

账户。如果该项销售已发生现金折扣，应在退回当月一并处理。③已确认收入的售出商品发生退回属于资产负债表日后事项的，应按照资产负债表日后事项的规定进行会计处理。

【例2-15】永胜公司2023年9月6日委托鸿达商城代销相机，协议价为每台2 350元，增值税税率为13%。现发现其中有2台存在质量问题，要求退货。经业务部门同意，商品已退回且验收入库，并开出转账支票，悉数退回货款和增值税税额。该批产品的进价为每台2 000元。

永胜公司财会部门对上述业务的处理如下：

借：主营业务收入——数码电器   4 700
  应交税费——应交增值税（销项税额）   611
 贷：银行存款   5 311

如果退回的商品已结转销售成本，则还应按发出商品的成本借记"库存商品"账户，贷记"主营业务成本"账户。

（六）销货退价、补价的核算

销货退价是指实际售价低于原结算售价，销货方应将多收的差价退还给购货方。销货补价是指实际售价高于原结算售价，销货方应向购货方补收少算的差额。

发生退货补价时应由业务部门填制红、蓝字增值税专用发票，同时填制"销货更正单"，财会部门审核无误后，据以办理退补价款手续，结算退补价款并进行账务处理。由于退补价是销售金额的调整，不涉及商品数量，只需增加或减少"主营业务收入""应交税费——应交增值税（销项税额）"账户的金额，不调整"库存商品""营业务成本"账户的金额。

【例2-16】永胜公司2023年8月15日销售冰箱20台，每台6 000元，货款总计120 000元，增值税税额为15 600元，价税合计135 600元，收到转账支票一张，存入银行。2023年8月25日发现该冰箱的售价应为5 800元，当即开出红字增值税专用发票和转账支票，退还4 000元，增值税税额为520元，总计4 520元。

财会部门对上述业务的处理如下：

借：主营业务收入——电器类——冰箱   4 000
  应交税费——应交增值税（销项税额）   520
 贷：银行存款   4 520

发生销货补价时，应借记"银行存款"账户，贷记"主营业务收入"和"应交税费"账户，也就是作与退价相反的分录。

（七）商品销售涉及商业折扣、现金折扣及销售折让的核算

企业在对销售商品收入进行计量时，应注意区别商业折扣、现金折扣和销售折让。

1. 商业折扣

商业折扣，是指企业为促进商品销售而在商品标价上给予的价格扣除。商业折扣通常用百分数表示，如5%、10%等。企业应收账款入账金额应按扣除商业折扣以后的发票价格确认。

2. 现金折扣

现金折扣的会计核算方法有总价法和净价法两种。我国企业会计准则规定，现金折扣采用总价法。总价法是指应收账款和销售收入均按未扣减现金折扣前的金额入账，当顾客在折扣期内支付货款时，债权人将债务人享有的现金折扣冲减"主营业务收入"进行处理。

3. 销售折让

销售折让是指企业因售出商品的质量不合格、规格不符合协议或合同要求等原因而在商品价格上给予的减让。销售折让可能发生在企业确认收入之前，也可能发生在企业确认收入之后。若为前者，就相当于商业折扣，可以采用与商业折扣相同的方法进行处理。若销售折让发生在企业确认收入后，应区别不同情况进行处理：如果已确认销售收入的售出商品发生销售折让，且不属于资产负债表日后事项，则应在发生时冲减当期"主营业务收入"；如果按规定允许扣除增值税税额，则还应冲减已确认的"应交税费——应交增值税（销项税额）"；如果销售折让发生在确认销售收入后，并且属于资产负债表日后事项，则其会计处理按资产负债表日后事项处理。

（八）购货单位拒付货款和拒收商品的核算

批发企业开展异地商品销售业务时，一般采用发货制，并采用托收承付结算或委托收款结算方式，在商品已发运并向银行办妥托收手续后，以其作为商品销售处理。购货单位收到托收凭证时，若发现内附增值税专用发票开列的商品与合同不符，或者与收到商品的数量、品种、规格、质量不符，就会拒付货款或拒收商品。批发企业财会部门接到银行转来的购货单位"拒绝付款理由书"时，暂不作账务处理，但应立即通知业务部门，及时查明原因，并尽快与购货单位联系进行协商，然后根据不同的情况作出处理。

第一，对于商品少发的处理有两种情况：如果补发商品，在商品发运后，收到购货单位货款、增值税税额及垫付运费时，借记"银行存款"账户，贷记"应收账款"账户；如果不再补发商品，则由业务部门填制红字增值税专用发票，作销货退回处理。

第二，属于货款开错的，应由业务部门填制红字增值税专用发票，财会部门据以作销货退回处理。

第三，属于因商品质量不符合要求，或因商品品种、规格发错而退回的，应由储运部门验收入库，财会部门根据转来的红字增值税专用发票作销货退回处理，退回商品的运费列入"销售费用"账户。

第四，属于商品运输过程中发生短缺，且购买方不再要求补发商品的，则先要对短缺商品的货款作红字冲销"主营业务收入""应交税费""应收账款"账户，然后再根据具体情况进行账务处理。如属于本企业储运部门的责任，则应由其填制"财产损失报告单"，将商品短缺金额转入"待处理财产损溢"账户，经批准后，再转入相关账户；若是外部运输单位的责任，则应将损失转入"其他应收款"账户。

第五，如果购货单位支付了部分货款，而又拒付了部分款项，则应将收到的款项借记"银行存款"账户，尚未收到的款项仍保留在"应收账款"账户内，在与对方协商解决后，再予以转销。

【例2-17】永胜公司2023年9月17日向红利公司销售相机10台，每台2 500元，货款总计25 000元，增值税税额为3 250元，价税合计28 250元，代垫运费300元，发票及运单均已交开户行办理托收。2023年9月25日接到银行通知，红利公司因相机外壳有2台出现损坏而拒付2台相机货款，其余货款和增值税税额及运费全部承付。

对上述业务，财会部门应作以下账务处理：

（1）商品发出，办理托收手续后：

借：应收账款——红利公司　　　　　　　　　　　　　　　　　28 550
　　贷：主营业务收入——数码电器　　　　　　　　　　　　　　25 000
　　　　应交税费——应交增值税（销项税额）　　　　　　　　　　3 250
　　　　银行存款　　　　　　　　　　　　　　　　　　　　　　　300

（2）接到银行通知，就损坏商品向运输部门索赔：

借：银行存款　　　　　　　　　　　　　　　　　　　　　　　23 550
　　其他应收款——运输部门　　　　　　　　　　　　　　　　　5 000
　　贷：应收账款——红利公司　　　　　　　　　　　　　　　　28 550

三、商品储存的核算

储存的商品是指商品流通企业已经购进而尚未销售的商品，主要包括库存商品、受托代销商品、分期收款发出商品等。库存商品在销售之前，可能因管理不善或其他原因而发生数量的变化（如库存商品溢余、短缺或毁损），也可能因市场物价变化及企业经营活动的需要而发生价格的调整（如商品削价）。为了加强对商品储存的管理，批发企业的财会部门必须及时对库存商品的数量和价格的变化进行核算。

（一）商品盘点短缺和溢余的核算

为确保库存商品账实相符，批发企业应定期或不定期地对库存商品进行盘点。通过盘点，清查商品在数量上有无短缺、损耗和溢余，在质量上有无残次、损坏、变质等情况。盘点时，由保管人员负责填制"商品盘存表"，根据账面资料填写商品名称、规格、单价及账存数量和实存数量。"商品盘存表"的账存数如与实存数不符的，应填制"商品盘点短缺溢余报告单"，其中一联转交财会部门据以将商品短缺或溢余的金额分别转入"待处理财产损溢"账户，以做到账实相符，待查明原因后，再区别不同情况转入各有关账户。

库存商品发生盘亏或毁损时，根据回收的残料价值以及可收回的保险赔偿和过失人赔偿借记"原材料""其他应收款"等账户；剩余净损失，属于非常损失部分的，借记"营业外支出"账户，属于一般经营损失部分的，借记"销售费用"账户。根据规定，企业购进的商品发生非正常损失（包括因管理不善而被盗及变质损失等）的，其进项税额不得从销项税额中抵扣，而应当从当期发生的进项税额中转出，与遭受非正常损失的购进商品成本一并处理。根据税法的最新规定，因自然灾害损失的进项税额可在销项税额中直接抵扣。

（二）商品削价的核算

批发企业可能因市场物价变化及企业经营活动的需要而发生商品削价等价格调整。商品削价，有残损变质商品削价和冷背呆滞商品削价两种。企业对于残损变质造成的商品削价，应及时查明商品残损变质的程度和数量及其发生的原因和责任；对于经营不善、信息失灵、盲目采购等因素造成的冷背呆滞商品削价，应及时进行处理。

对于上述两种商品削价，应先由有关部门填制"商品削价报告单"，然后按规定的审批权限报经有关职能部门批准后进行处理。

企业应当在期末对商品进行全面清查，在清查过程中如果发现残损变质商品和冷背呆滞商品等，则应运用成本与可变现净值孰低法对商品进行计价，对其可变现净值低于其成本的差额，计提存货跌价准备。计提时，由于批发企业经营商品的品种较少，因此选择按单个商品项目计提的方法为宜，其具体计提商品跌价准备的账务处理方法与工业企业相同。

（三）批发商品销售成本计算与结转

期末，计算出商品销售成本，结转销售成本；用商品的采购成本减去商品的销售成本可以计算出库存的商品成本。

1. 商品销售成本的结转时间

除经营品种单一、商品整批进出并能分清批次的企业和制度明确规定采用按日结转外，一般企业都采用定期结转方式。定期结转有按月或按季结转两种，批发企业定期结转一般为按月结转。

2. 商品销售成本的结转方法

批发企业商品销售成本的结转方法有分散结转和集中结转两种。

分散结转是指按每一库存商品明细账户计算出已销售商品的成本，并编制记账凭证逐户结转，然后逐户汇总，求得全部商品销售成本总金额，并编制记账凭证汇总表，据此在库存商品总分类账或类目账上结转。

集中结转是指平日在库存商品明细账上只登记销售商品的数量，期末（一般为月末）结转已销售商品成本时，根据确定的库存商品单价，在明细账中计算出每种商品的结存金额，然后按照大类或全部商品汇总计算出大类或全部商品的期末结存金额，再根据类目账和总账资料倒挤大类或者全部销售商品的成本，并在总分类账或类目账上结转。

3. 商品销售成本的计算

在数量进价金额核算法下，批发企业可以采用个别计价法、加权平均法、移动加权平均法、先进先出法和毛利率计算法计算销售商品的成本。由于在财务会计的学习中个别计价法、加权平均法、移动加权平均法和先进先出法已详细讲述，在此只讲毛利率计算法。

毛利率计算法是根据本月实际商品销售收入净额和本季度计划或上季度实际毛利率，先计算本月商品销售毛利，再据以计算本月商品销售成本的方法。

相关计算公式如下：

$$本月商品销售收入净额=本月商品销售收入-销售折扣与让利$$

$$本月商品销售毛利=本月商品销售收入净额×上季度实际毛利率（或本季度计划毛利率）$$

$$本月商品销售成本=本月商品销售收入净额-本月商品销售毛利$$

或按以下公式计算：

本月商品销售成本=本月商品销售收入净额×(1−上季度实际毛利率或本季度计划毛利率)

【例2−18】永胜公司 2023 年 8 月的收入为 1 600 000 元，假定按上季度实际毛利率 20%结转已销商品成本：

$$本月商品销售成本=1\ 600\ 000×(1−20\%)=1\ 280\ 000\ (元)$$

结转销售成本处理如下：

借：主营业务或本 　　　　　　　　　　　　　　　　　　　　　　1 280 000
　　贷：库存商品 　　　　　　　　　　　　　　　　　　　　　　　1 280 000

采用毛利率计算法计算已销商品成本，不按商品的品种、规格分别计算，而按商品大类或者全部商品计算商品销售成本，可以简化核算工作量，而且计算比较简单。由于同类商品中各种商品的毛利率不完全相同，而且上季度实际毛利率（或本季度计划毛利率）与本月实际毛利率也不尽相同，导致计算结果不够准确。因此，这种方法一般在每季度的前两个月采用，而在季末采用加权平均法或移动加权平均法计算出全季度的商品销售成本，再减去前两个月用毛利率计算法计算出的商品销售成本，剩下的就是第三个月的商品销售成本，这样就将前两个月用毛利率计算法估算的商品销售成本与实际商品销售成本的差额挤到第三个月进行调整，可使得每季度的商品销售成本及季度结存商品的价值接近实际，以提高每季度商品销售成本计算的正确性。

商品销售成本的计算方法一经确定，不得随意变更，以保持会计信息的可比性。计算出商品销售成本后，用商品的采购成本减去商品的销售成本就可以计算出库存商品的成本。

第三节　零售企业商品流转的核算

零售企业商品流转也包括商品购进、商品销售和商品存储。零售企业与批发企业在业务经营和管理上不尽相同。零售企业业务具有以下特征：经营的商品品种、规格繁多；商品进销频繁，数量少；存储量较小；销售对象主要是广大消费者；销售时多采用现金结算，资金进出频繁。售货部门对其所经销的商品负有物资保管责任。为适应零售企业的经营特点，简化核算工作，一般采用售价金额核算法，即实行实物负责制，库存商品按含销项税额的售价记账，同时设置"商品进销差价"账户，反映商品进价与售价之间的差额。经营鲜活商品的企业采用进价金额核算法。

一、商品购进的核算

（一）账户的设置

实行售价金额核算法的企业，除设置"库存商品"账户以外，还需设置"商品进销差价"账户。

1. "库存商品"账户

"库存商品"账户的核算内容和核算方法，与实行数量进价金额核算法的企业的不同之处是：

（1）对库存商品的增减变动和结存情况按售价记录。这里的售价，包含按照规定向购买者收取的增值税税额。

（2）库存商品明细账按实物负责人分户，只记金额，不记实物数量。

2."商品进销差价"账户

"商品进销差价"账户是库存商品的调整账户，用以核算实行售价核算法的企业的商品售价与进价之间的差额。其贷方登记购进商品的售价大于进价的差价和其他原因增加的进销差价；借方登记购进商品的售价小于进价的差额、核销已销商品应分摊的进销差价和其他原因使库存商品售价大于进价的差额减少的数额；其余额一般在贷方，反映期末库存商品应保留的进销差价。期末"库存商品"账户余额减去"商品进销差价"账户余额，就是库存商品的进价金额。

该账户应按照商品类别或实物负责人设置明细账。该账户记录的商品售价与进价的差额包括两个部分：一是不含税的售价与不含税的进价之间的差额；二是应向购买者收取的增值税税额（销项税额）。

（二）商品一般购进的核算

零售企业购进商品时，财会部门根据采购员交来的结算凭证和核价人员送来的发票联进行复核，复核无误后，按其所列明的货款，按商品进价、增值税税额，分别借记"在途物资""应交税费——应交增值税（进项税额）"账户，贷记"银行存款""应付账款""应付票据"账户；对实物负责人送来的商品验收入库凭证复核无误后，按售价金额，借记"库存商品"账户，按进价金额，贷记"在途物资"账户，售价金额与进价金额之间的差额，则贷记"商品进销差价"账户。

【例2-19】长兴百货公司2023年4月10日从本地公司购入热水瓶50个，每个进价为50元，价款为2 500元，增值税税额为325元，价税以转账支票支付，商品由家庭用品柜验收入库，每个热水瓶的售价为70元（含税售价）。

对上述业务，财会部门应作以下账务处理：

（1）收到增值税发票，支付货款时：

借：在途物资——家庭用品柜 2 500
　　应交税费——应交增值税（进项税额） 325
　　贷：银行存款 2 825

（2）商品验收入库，结转商品成本时：

借：库存商品——家庭用品柜——热水瓶 3 500
　　贷：在途物资——家庭用品柜 2 500
　　　　商品进销差价——家庭用品柜 1 000

（三）商品进货退回的核算

企业购进商品后，发现商品的品种、规格或者质量等不符合要求时，如果不愿通过退货补价等方式处理，应及时与供货方联系，经其同意后，由供货方开出退货的红字增值税专用发票，办理退货手续，然后将商品退回供货方，作进货退回处理，借记"应付账款""银行存款""商品进销差价""应交税费——应交增值税（进项税额）"（红字）账户，贷记"库存商品"账户。

（四）购进商品发生溢余和短缺的核算

企业在商品购进过程中受意外因素或差错事故影响，会发生商品溢余和短缺。采用售价金额核算法的企业，商品购进过程中发生溢余和短缺的处理原则和核算方法，与采用数量进价金额核算法的企业基本相同，其区别在于：采用售价金额核算的企业，按实收商品的含税售价，记入"库存商品"账户，按溢缺商品的进价金额，记入"待处理财产损溢"账户；含税售价与进价之间的差额，记入"商品进销差价"账户。

（1）若验收商品发生溢余，先按实收数入库，将溢余数按不含税进价转入"待处理财产损溢"账户。查明原因后，再区别情况进行处理：如系供货单位多发，在购货方同意购进的情况下，由供货单位补开发票，购货方补付货款；如果是运输途中的自然升溢，作减少商品损耗处理。

（2）若购进商品发生短缺，先按实收数入库，将短缺数转入"待处理财产损溢"账户，查明原因后，再区别情况进行处理：如系供货单位少发，要求对方补货或退款；如系运输部门或有关人员责任事故，向对方索赔，转入"其他应收款"账户；如系自然损耗，作为商品损耗处理；如系自然灾害等非正常原因造成的损失，应将扣除残料价值和保险公司或过失人赔偿后的净损失，作非常损失处理。

（3）企业购进商品发生被盗、丢失、霉变等非正常损失，其增值税进项税额应予以转出，借记"待处理财产损溢"账户，贷记"应交税费——应交增值税（进项税额转出）"账户。

（五）购进商品退补价的核算

企业购进商品后，有时会出现由于供货单位商品品种错发、等级错发或发货时按暂估价结算等原因，而发生进货退补价的情形。发生进货退补价业务时，购货方应根据供货方填制的增值税专用发票及"销货更正单"进行账务处理。

1. 只更正购进价格的核算

当供货方开来更正发票时，由于只更正购进价格，没有影响到商品的零售价格，因此，核算时只调整"商品进销差价"或"主营业务成本"账户，而不用调整"库存商品"账户。

（1）若是供货单位退还货款，应根据其红字增值税专用发票冲减商品购进成本或商品销售成本和增值税进项税额，借记"银行存款""应付账款"等账户，贷记"商品进销差价""应交税费——应交增值税（进项税额）"账户；如果该商品已全部销售并已结转成本，借记"银行存款""应付账款"等账户，贷记"应交税费——应交增值税（进项税额）""主营业务成本"账户。

（2）若是供货方补收货款，则应根据增值税专用发票增加商品购进成本或商品销售成本和增值税进项税额，借记"商品进销差价""应交税费——应交增值税（进项税额）"账户，贷记"应付账款""银行存款"等账户；如果该商品已全部销售并已结转成本，应借记"主营业务成本""应交税费——应交增值税（进项税额）"账户，贷记"银行存款""应付账款"等账户。

由于只更正购进价格，没有影响到商品的零售价格，因此核算时应调整"商品进销差价"账户，而不能调整"库存商品"账户。其账务处理为：

调整商品进价和进项税额（红字发票调减，蓝字发票调增）：

借：在途物资（进价差额）
  应交税费——应交增值税（进项税额）（税款差额）
 贷：应付账款（二者合计）

调整商品进销差价：

借：商品进销差价（进价差额）
 贷：在途物资（进价差额）

【例2-20】长兴百货公司2023年4月12日从本地宏达公司购入取暖器50个，每个进价500元，价款为25 000元，增值税税额为3 250元，价税以转账支票支付，商品验收入库，取暖器的售价为每个650元（含税售价），本月20日收到宏达公司更正发票，取暖器的批发价格为每个490元。

（1）冲减商品进价和进项税额：

借：在途物资   500

  应交税费——应交增值税（进项税额）   65

 贷：应付账款   565

（2）调整商品进销差价：

借：商品进销差价   500

 贷：在途物资   500

2. 购进价格和零售价格同时更正的核算

如果在更正进价的同时还需更正商品的零售价格，其调整商品进价和进项税额的核算方法与只更正购进价格的核算方法相同。同时，还要调整库存商品的售价金额和进价成本及商品进销差价。其账务处理为（红字发票调减，蓝字发票调增）：

借：库存商品（售价差额）
 贷：在途物资（进价差额）
  商品进销差价（差价差额）

供货单位退还货款及税款时，应根据更正增值税专用发票用红字冲减。供货单位应补收货款时，应根据其开来的更正增值税专用发票用蓝字补加。

【例2-21】承例2-20，如果该商品的零售价格因进价的变化应调整为635元，则在财务上应在冲减商品采购额和进项税额后，同时冲减库存商品的售价金额和进价成本：

（1）冲减商品进价和进项税额：

借：在途物资   500

  应交税费——应交增值税（进项税额）   65

　　　贷：应付账款——宏达公司　　　　　　　　　　　　　　565

（2）冲减库存商品的售价和进价成本及商品进销差价：

借：库存商品——家庭用品　　　　　　　　　　　　　　750

　　贷：在途物资　　　　　　　　　　　　　　　　　　　500

　　　　商品进销差价——家庭用品　　　　　　　　　　　250

二、商品销售的核算

（一）商品销售的一般业务核算

1. 商品销售的业务程序

零售企业的商品销售业务，一般按营业柜组或门市部组织进行。商品销售的业务程序，根据企业的规模、经营商品的特点以及经营管理的需要而有所不同。

零售企业的主营业务收入，除少数企事业单位采取转账结算外，主要采取收取现金的方式获得。收款的方式有分散收款和集中收款两种。分散收款是指营业员直接收款，除了企事业单位外，一般不填制销货凭证，手续简便，交易迅速，但销货与收款由营业员一人经手，容易发生差错和舞弊。集中收款是指设立收款台，由营业员填制销货凭证，消费者据以向收款台交款，然后由消费者凭盖有收款台"现金收讫"印章的销货凭证向营业员领取商品。采用集中收款方式，每日营业结束后，营业员应根据销货凭证计算出销货总金额，并与收款台实收金额进行核对，以检查收款是否正确。这种方式钱货分管，职责分明，因此不易发生差错，但手续烦琐。

不论采用哪一种收款方式，均应在当天解缴销货款。解缴的方式有分散解缴和集中解缴两种。每日营业结束后，若采取分散收款方式，则由各营业柜组或门市部安排专人负责；若采取集中收款方式，则由收款员负责。按其所收的销货款填制解缴单，将现金直接解存银行，取得解款单回单后，将其送交财会部门并填制"主营业务收入缴款单"一式两联，连同销货款一并送交财会部门，财会部门应当面点收，加盖"收讫"戳记，一联退还缴款部门，作为其缴款的依据，一联留在财会部门，作为收款的入账凭证。财会部门将各营业柜组或门市部的销货款集中汇总后，填制解款单，将销货收入现金全部解存银行。

2. 商品销售的具体核算

零售企业商品销售业务通过"主营业务收入"和"主营业务成本"账户进行核算。为了简化核算手续，平时在"主营业务收入"账户中反映含税的销售收入，期末将其调整为真正的商品销售额（即不含税的销售额）。

商品销售后，财会部门要反映主营业务收入和收入货款情况，同时为了能及时反映商品实物负责小组库存商品的购销动态和结存情况，需要随时转销已销库存商品的成本。

知识扩展2-7

由于零售企业库存商品是按售价反映的，商品进价与售价之间的差价体现在"商品进

销差价"账户中，因此当已销商品按售价从"库存商品"账户内转销时，从理论上讲，
应同时将这部分已销商品的进销差价也从"商品进销差价"账户内转销，将已销商品的成
本调整为进价。由于每天计算已销商品进销差价的工作量很大，在实际工作中，平时先把
已销商品成本按售价转入"主营业务成本"账户，月末一次计算出当月已销商品的进销差
价，再将主营业务成本调整为进价。

【例2-22】时尚商城2023年4月20日各营业柜组的商品销售及货款收入见表2-1。

表2-1 时尚商城2023年4月20日各营业柜组的商品销售及货款收入 单位：元

柜　组	销售额	缴款结算					
		现　金	信用卡	支付宝	微　信	支　票	合　计
手机柜	50 000	10 000	20 000	5 000	5 000	10 000	50 000
电脑柜	63 000	7 000	13 000	12 000	13 000	18 000	63 000
音响柜	23 000	3 000	8 000	9 000	3 000	—	23 000
相机柜	30 000	10 000	5 000	13 000	2 000	—	30 000
其他柜	15 000	7 000	2 000	3 000	1 000	2 000	15 000
合　计	181 000	37 000	48 000	42 000	24 000	30 000	181 000

对当日的销售业务，财会部门应作以下账务处理：

(1) 根据各柜组的交款单及现金、信用卡、支付宝、微信、支票等确认销售收入
(信用卡结算手续费为0.5%)：

借：库存现金 　　　　　　　　　　　　　　　　　　　　　 37 000
　　银行存款 　　　　　　　　　　　(48 000+30 000−240) 77 760
　　财务费用 　　　　　　　　　　　　　　　(48 000×0.5%) 240
　　其他货币资金——支付宝 　　　　　　　　　　　　　　 42 000
　　　　　　　　　——微信 　　　　　　　　　　　　　　 24 000
　　贷：主营业务收入——手机柜 　　　　　　　　　　　　 50 000
　　　　　　　　　　　——电脑柜 　　　　　　　　　　　 63 000
　　　　　　　　　　　——音响柜 　　　　　　　　　　　 23 000
　　　　　　　　　　　——相机柜 　　　　　　　　　　　 30 000
　　　　　　　　　　　——其他柜 　　　　　　　　　　　 15 000

(2) 将现金存入银行：

借：银行存款 　　　　　　　　　　　　　　　　　　　　　 37 000
　　贷：库存现金 　　　　　　　　　　　　　　　　　　　 37 000

(3) 冲转库存商品：

借：主营业务成本——手机柜 　　　　　　　　　　　　　　 50 000
　　　　　　　　　——电脑柜 　　　　　　　　　　　　　 63 000

——音响柜	23 000
——相机柜	30 000
——其他柜	15 000
贷：库存商品——手机柜	50 000
——电脑柜	63 000
——音响柜	23 000
——相机柜	30 000
——其他柜	15 000

3. 主营业务收入的调整

由于零售企业平时在"主营业务收入"账户中反映的是含税收入，因此至月末就需要调整，将含税的销售额调整为不含税的销售额和税费。含税收入的调整公式如下：

$$不含税的销售额 = \frac{含税收入}{1+增值税税率}$$

$$销项税额 = 不含税的销售额 \times 增值税税率$$

或

$$销项税额 = 含税收入 - 不含税的销售额$$

【例2-23】时尚商城2023年4月总的"主营业务收入"账户余额为420万元，增值税税率为13%，主营业务收入的调整计算如下：

$$不含税销售额 = 4\ 200\ 000 \div (1+13\%) = 3\ 716\ 814.16（元）$$
$$销项税额 = 4\ 200\ 000 - 3\ 716\ 814.16 = 483\ 185.84（元）$$

根据以上计算结果，作以下账务处理：

借：主营业务收入	483 185.84
贷：应交税费——应交增值税（销项税额）	483 185.84

4. 主营业务成本的调整

实行售价金额核算法的企业，平时按照含税价格结转库存商品，结转商品销售成本，月末需要计算已销商品分摊的差价，调整"主营业务成本"和"商品进销差价"账户，将商品的销售成本由售价调整为进价。正确计算已销商品进销差价是正确核算主营业务成本和期末库存商品账面价值的基础。

零售企业计算已销商品进销差价的方法有综合差价率计算法、分柜组差价率计算法和实际进销差价计算法三种。

（1）综合差价率计算法。综合差价率计算法是根据期末调整期"商品进销差价"账户余额、"库存商品"账户余额、"受托代销商品"账户余额以及本期主营业务收入（含税）计算综合差价率，并按全部商品的存销比例计算本期销售商品应分摊进销差价的一种方法。

具体的计算公式如下：

$$综合差价率 = 结转前商品进销差价账户余额 \div [期末库存商品账户余额 +$$
$$期末受托代销商品账户余额 + 本期主营业务收入（含税）] \times 100\%$$
$$本期已销商品应分摊进销差价 = 本期主营业务收入 \times 综合差价率$$
$$月末应保留的进销差价 = 月末分摊前商品进销差价账户余额 -$$
$$本期已销商品应分摊进销差价$$

【例2-24】时尚商城2023年4月30日总的有关账户余额如下：

结转前商品进销差价账户余额：800 000元；

库存商品账户余额：350 000元；

受托代销商品账户余额：50 000元；

主营业务收入账户余额：4 200 000元。

采用综合差价率计算法计算并结转已销商品进销差价：

$$综合差价率 = [800\ 000 \div (350\ 000 + 50\ 000 + 4\ 200\ 000)] \times 100\% = 17.39\%$$

$$本期已销商品进销差价 = 4\ 200\ 000 \times 17.39\% = 730\ 380（元）$$

根据以上计算结果，作以下账务处理：

借：商品进销差价   730 380

  贷：主营业务成本   730 380

（2）分柜组差价率计算法。分柜组差价率计算法是按各营业柜组或门市部的存销比例，计算本期销售商品应分摊进销差价的一种方法。这种方法要求按营业柜组分别计算，其计算方法与综合差价率计算法相同。采用这种方法，"商品进销差价""库存商品""主营业务收入""主营业务成本"等账户均应按照商品大类或柜组分户设置明细账。财会部门可编制"已销商品进销差价计算表"进行计算。

【例2-25】时尚商城采用分柜组差价率计算法，2023年4月30日的有关账户余额见表2-2。

表2-2　时尚商城账户余额表   单位：元

营业柜组	结转前商品进销差价账户余额	期末库存商品账户余额	期末受托代销商品账户余额	主营业务收入账户余额
手机柜	351 000	100 000	30 000	1 500 000
电脑柜	249 000	120 000	—	1 300 000
音响柜	85 000	58 000	—	600 000
相机柜	75 000	40 000	20 000	500 000
其他柜	40 000	32 000	—	300 000
合　计	800 000	350 000	50 000	4 200 000

根据表2-2编制已销商品进销差价计算表，见表2-3。

根据表2-3的计算结果，作以下账务处理：

借：商品进销差价——手机柜   322 950

      ——电脑柜   228 020

      ——音响柜   77 520

      ——相机柜   66 950

      ——其他柜   36 150

  贷：主营业务成本——手机柜   322 950

       ——电脑柜   228 020

		77 520
——音响柜		77 520
——相机柜		66 950
——其他柜		36 150

表 2-3 已销商品进销差价计算表 单位：元

营业柜组	期末库存商品账户余额	期末受托代销商品账户余额	主营业务收入账户余额	本期存销商品合计数
(1)	(2)	(3)	(4)	(5)=(2)+(3)+(4)
手机柜	100 000	30 000	1 500 000	1 630 000
电脑柜	120 000	—	1 300 000	1 420 000
音响柜	58 000	—	600 000	658 000
相机柜	40 000	20 000	500 000	560 000
其他柜	32 000	—	300 000	332 000
合 计	350 000	50 000	4 200 000	4 600 000

营业柜组	结转前商品进销差价账户余额	差价率	已销商品进销差价	期末商品进销差价
(1)	(6)	(7)=(6)/(5)	(8)=(4)×(7)	(9)=(6)-(8)
手机柜	351 000	21.53%	322 950	28 050
电脑柜	249 000	17.54%	228 020	20 980
音响柜	85 000	12.92%	77 520	7 480
相机柜	75 000	13.39%	66 950	8 050
其他柜	40 000	12.05%	36 150	3 850
合 计	800 000	—	731 590	68 410

（3）实际进销差价计算法。实际进销差价计算法是先计算出期末商品的进销差价，进而逆算已销商品进销差价的一种方法。这种方法的具体做法是：期末由各营业柜组或门市部通过商品盘点，编制"库存商品盘存表"和"受托代销商品盘存表"，用各种商品的实存数量分别乘以销售单价和购进单价，计算出期末库存商品的售价金额和进价金额以及期末受托代销商品的售价金额和进价金额。"库存商品盘存表"和"受托代销商品盘存表"一式数联，其中一联送交财务部门，复核无误后，据以编制"库存商品盘存汇总表"。期末商品进销差价、已销商品进销差价的计算公式如下：

期末商品进销差价=期末库存商品售价金额-期末库存商品进价金额+
期末受托销商品售价金额-期末受托销商品进价金额
已销商品进销差价=结转前商品进销差价账户余额-期末商品进销差价

（二）商品销售特殊业务核算

1. 商品销售长短款的核算

发生长短款差错，应填写"长（短）款报告单"，在未查明原因前，应记入"待处理财产损溢"账户，待查明原因并经批准核销后，再予以转销，分别记入"其他应收款"

"销售费用""营业外收入""营业外支出"等账户。

【例2-26】30日，新都超市食品柜销售记录为8 800元，实收9 000元；烟酒柜销售记录为13 400元，实收13 000元。经查，食品柜长款原因不明，列入营业外收入；烟酒柜短款为收银员陈浩收款疏忽大意所致，由其负责赔偿。

要求：编制相关会计分录。

（1）当日销售收入发生时：

借：银行存款　　　　　　　　　　　　　　　　　　　　　　　22 000

　　待处理财产损溢　　　　　　　　　　　　　　　　　　　　　　200

　　贷：主营业务收入——食品柜　　　　　　　　　　　　　　　　8 800

　　　　　　　　——烟酒柜　　　　　　　　　　　　　　　　13 400

（2）查明原因后：

借：其他应收款——陈浩　　　　　　　　　　　　　　　　　　　400

　　贷：待处理财产损溢　　　　　　　　　　　　　　　　　　　　200

　　　　营业外收入　　　　　　　　　　　　　　　　　　　　　　200

（3）转销已售库存商品时：

借：主营业务成本——食品柜　　　　　　　　　　　　　　　　8 800

　　　　　　——烟酒柜　　　　　　　　　　　　　　　　　13 400

　　贷：库存商品——食品柜　　　　　　　　　　　　　　　　　8 800

　　　　　　——烟酒柜　　　　　　　　　　　　　　　　13 400

2. 销售奖励积分的核算

企业在销售产品或提供劳务的同时授予客户奖励积分的，应当将销售取得的货款或应收货款在商品销售或劳务提供时产生的收入与奖励积分之间进行分配，与奖励积分相关的部分应首先作为递延收益，待客户兑换奖励积分或失效时结转计入当期损益。

【例2-27】2023年10月，新都超市开展促销活动，规定购物满100元赠送10个积分，不满100元不送积分，积分可在1年内兑换成与积分相等金额的商品。某顾客购买了价值3 390元（含增值税）的炊具，积分为330分，估计该顾客会在有效期内全额兑换积分。该顾客于2023年11月购买了价值452元（含增值税）的食品，用积分抵扣330元，余额以现金支付。

要求：进行相应会计处理。

（1）2023年10月销售时：

借：库存现金　　　　　　　　　　　　　　　　　　　　　　　3 390

　　贷：主营业务收入　　　　　　　　　　　　　　　　　　　　2 670

　　　　递延收益　　　　　　　　　　　　　　　　　　　　　　330

　　　　应交税费——应交增值税（销项税额）　　　　　　　　　390

（2）2023年11月购买了价值400元（含增值税）的食品，用积分抵扣330元：

借：库存现金　　　　　　　　　　　　　　　　　　　　　　　122

　　递延收益　　　　　　　　　　　　　　　　　　　　　　　330

　　贷：主营业务收入　　　　　　　　　　　　　　　　　　　　　　　　400
　　　　　应交税费——应交增值税（销项税额）　　　　　　　　　　　　 52

　　3. 赠品促销、返券销售、有奖销售和组合销售的核算

　　（1）赠品促销的核算。赠品促销是指向购买本企业产品的消费者实施馈赠的促销行为，手段有直接赠送、附加赠送等。企业以买一赠一方式组合销售本企业商品的，不属于捐赠，应将总的销售金额按各自商品的公允价值的比例来分摊确认各项的销售收入。

　　【例2-28】2023 年 9 月 10 日，新都超市推出购买保温杯赠送手套一副买赠活动。该保温杯进价为 200 元/个，售价为 310 元/个；手套进价为 8 元/副，售价为 18 元/副。赠品由超市提供。促销当天共售出保温杯 100 件，同时赠送手套 100 副。以上售价均为含税价格。

　　要求：进行相应会计处理。

$$应交增值税税额 = 310 \div (1 + 13\%) \times 13\% \times 100 = 3\,566.37（元）$$

　　（1）按收取的货款确认销售收入时：

　　借：库存现金　　　　　　　　　　　　　　　　　　　　　　　　 31 000
　　　　贷：主营业务收入　　　　　　　　　　　　　　　　　　　　27 433.63
　　　　　　应交税费——应交增值税（销项税额）　　　　　　　　　 3 566.37

　　（2）按组合商品的零售价结转销售成本时：

　　借：主营业务成本　　　　　　　　　　　　　　　　　　　　　　 32 800
　　　　贷：库存商品　　　　　　　　　　　　　　　　　　　　　　 32 800

$$赠送商品的零售总价 = (310 + 18) \times 100 = 32\,800（元）$$

　　赠品赠送属于视同销售行为，因此必须计算增值税税额：

$$赠品应交增值税税额 = 18 \div (1 + 13\%) \times 13\% \times 100 = 207（元）$$

　　（3）赠品的会计处理：

　　借：主营业务成本　　　　　　　　　　　　　　　　　　　　　　　 207
　　　　贷：应交税费——应交增值税（销项税额）　　　　　　　　　　　 207

　　（2）返券销售的核算。返券销售是指顾客在购买一定数额的商品后获得商家赠送相应数额购物券的促销方式。根据会计稳健性原则，在销售商品的同时应该对购物返券按或有事项的核算原则处理。企业在销售实现时将派发的购物券确认为"销售费用"，同时贷记"预计负债"账户；当顾客使用购物券时，借记"预计负债"账户，贷记"主营业务收入"等账户，同时结转销售成本；待顾客逾期弃用购物券时，将"销售费用"和"预计负债"予以冲销。

　　【例2-29】2023 年 10 月 1 日，华联超市推出活动，凡在该超市购物的顾客满 150 元将获得 50 元购物券，购物券只能在 14、15、16 日三天使用，逾期作废。促销当天实现销售收入 150 万元，当天发出购物券 35 万元，使用购物券 21 万元。

　　要求：进行相应会计处理。

　　（1）发出购物券时：

　　借：销售费用　　　　　　　　　　　　　　　　　　　　　　　　350 000

贷：预计负债	350 000

（2）顾客使用购物券时：

借：预计负债	210 000
贷：主营业务收入	185 840.71
应交税费——应交增值税（销项税额）	24 159.29

假设促销期满，经统计共发出购物券 100 万元，收回 60 万元，作废 40 万元。

（3）对未使用作废的购物券进行冲销：

借：预计负债	400 000
贷：销售费用	400 000

（3）有奖销售的核算。有奖销售也是商家经常采用的促销方式。有的采取顾客购物后凭销售凭证抽奖的方式，奖品多为实物类赠品；有的奖品隐藏在商品包装中，如采取"开盖有奖"等方式发放赠品。如果赠品由厂家提供且未赠出的赠品也由厂家处理，则此时商家无须进行处理。若赠品由商家提供，则应在赠出商品时，借记"销售费用"账户，贷记"库存商品""应交税费——应交增值税（销项税额）"账户。

有些赠品的取得还需要满足一定的条件，如集齐某些数字或图案方可获得奖品等，赠品的发出处于不确定状态。根据会计稳健性原则，在商品售出的同时对赠品作"预计负债"处理。

赠品发出时，借记"销售费用"账户，贷记"预计负债"账户；领取赠品时，借记"预计负债"账户，贷记"库存商品""应交税费——应交增值税（销项税额）"账户；若赠品没有发出，则作相反的分录，将"销售费用"和"预计负债"冲销。

（4）组合销售的核算。组合销售是一种附买赠方式的商品销售方式，其特点是消费者购买的正品与赠品是组合在一起不可拆分的，且二者相互之间有一定内在联系。

【例 2-30】华联超市进行的促销活动规定：当月购买海飞丝洗发水买一送一，买 750 毫升大瓶洗发水送同品牌洗发水 200 毫升，即 750 毫升洗发水和 200 毫升小瓶洗发水捆绑在一起销售。月末累计销售 8 000 套，单独销售的话，售价为 65 元/750 毫升，20 元/200 毫升；捆绑销售的话，一套洗发水售价为 65 元。

要求：进行相应会计处理。

应交增值税销项税额 =（65+20）÷（1+13%）×13%×8 000 = 78 230（元）

（1）确认收入时：

借：库存现金	520 000
贷：主营业务收入	441 770
应交税费——应交增值税（销项税额）	78 230

（2）按商品的零售价结转销售成本时：

借：主营业务成本——750 毫升大瓶	520 000
——200 毫升小瓶	160 000
贷：库存商品——750 毫升大瓶	520 000
——200 毫升小瓶	160 000

三、商品储存的核算

商品储存的核算包括商品的调价、削价、内部调拨、盘点溢缺，以及库存商品和商品进销差价明细分类核算等内容。

（一）商品调价的核算

商品调价是商品流通企业根据国家物价政策或市场情况，对某些正常商品的价格进行适当调高或调低。

由于采用售价金额核算法的企业平时不核算商品的数量，因此在规定调价日期的前一天营业结束后，由核价人员、财会人员会同营业柜组对调价商品进行盘点，按照实际库存数量由营业柜组填制"商品调价差额调整单"一式数联，其中一联送交财会部门。财会部门复核无误后，将调价差额全部体现在商品经营损益内。发生调高售价金额时，借记"库存商品"账户，贷记"商品进销差价"账户；发生调低售价金额时，借记"商品进销差价"账户，贷记"库存商品"账户。

【例2-31】时尚商城2023年11月3日对某品牌相机零售价格进行调整，编制"商品调价差额调整单"，见表2-4。

表2-4　商品调价差额调整单　　　　　　　　　　　　　　单位：元

品名	型号	计量单位	盘存数量	零售价格		调整单价差额		调高金额	调低金额
				新价	原价	增加	减少		
相机	XJ-1	台	20	2 100	2 000	100		2 000	
合计			20					2 000	

企业财会部门收到调价单复核无误后，应作以下账务处理：

借：库存商品——相机柜　　　　　　　　　　　　　　　　　　2 000
　　贷：商品进销差价——相机柜　　　　　　　　　　　　　　　　　2 000

（二）商品削价的核算

商品削价是指对库存中呆滞、冷背、残损、变质的商品作一次性降价出售处理。

零售企业可能由于采购数量过多而出现商品呆滞积压或由于运输不慎、保管不妥等而发生商品残损变质等情况，影响商品内在与外在的质量。为了减少商品损失，应根据商品呆滞积压或残损变质的程度，按照规定的审批权限，报经批准后进行削价处理。

商品削价后的新售价高于原进价时，将削减的金额借记"商品进销差价"账户，贷记"库存商品"账户，其削价损失体现在商品经营损益内。商品削价后的新售价低于原进价时，除了要冲转原商品进销差价外，还要将其低于原进价的部分以存货跌价准备进行弥补。

【例2-32】时尚商城2023年8月对5部手机进行削价出售，该商品原售价为2 500元，进价为1 800元，现削价为2 000元且全部售出。

对上述业务，财会部门应作以下账务处理：

（1）冲销商品进销差价：

借：商品进销差价——手机组　　　　　　　　　　　　　2 500
　　贷：库存商品——手机组　　　　　　　　　　　　　　　2 500

（2）实现销售收入：

借：库存现金　　　　　　　　　　　　　　　　　　　10 000
　　贷：主营业务收入——手机组　　　　　　　　　　　　10 000

（3）结转商品成本：

借：主营业务成本——手机组　　　　　　　　　　　　10 000
　　贷：库存商品——手机组　　　　　　　　　　　　　　10 000

同时：

借：商品进销差价　　　　　　　　　　　　　　　　　1 000
　　贷：主营业务成本　　　　　　　　　　　　　　　　　1 000

（4）以存货跌价准备弥补削价损失 150.44 元（10 000÷1.13-9 000）：

借：存货跌价准备　　　　　　　　　　　　　　　　150.44
　　贷：主营业务成本——手机组　　　　　　　　　　　　150.44

（三）商品内部调拨的核算

商品内部调拨是指零售企业在同一独立核算单位内部各实物负责小组之间进行的商品转移，具体表现为：各营业柜组或门市部之间为了调剂商品余缺所发生的商品转移；在设有专职仓库保管员并对库存商品单独进行核算和管理的企业，当营业柜组或门市部向仓库提取商品时所发生的商品调拨转移。

商品内部调拨不作为商品销售处理，也不进行结算，而只是转移各实物负责小组所承担的经济责任。商品内部调拨在核算时，借记调入部门"库存商品"的明细分类账户，贷记调出部门"库存商品"的明细分类账户，"库存商品"账户的总额保持不变。采取分柜组差价率计算法分摊已销商品进销差价的企业，还要相应调整"商品进销差价"账户。

（四）商品盘点缺溢的核算

零售企业对库存商品采取售价金额核算法时，库存商品明细分类账一般按营业柜组或门市部设置，平时只反映和掌握各营业柜组或门市部商品进、销、存的售价金额，而不反映和掌握各种商品的结存数量。因此，只有通过商品盘点，逐项计算出各种商品的售价金额及售价总金额，再与当天"库存商品"账户余额进行核对，才能了解和控制各种商品的实存数量，确保账实相符。

商品盘点发生账实不符时，账存金额大于实存金额为商品短缺；反之，账存金额小于实存金额为商品溢余。对此，营业柜组或门市部应填制"商品盘点短缺溢余报告单"一式数联，其中一联报送领导审批，另一联送交财会部门作为记账的依据。

商品盘点短缺或溢余是以商品的售价金额来反映的，在"商品盘点短缺溢余报单"中，还需要将其调整为进价金额。财会部门在商品短缺或溢余原因尚未查明前，应将短缺或溢余商品的进价金额先转入"待处理财产损溢"账户，以确保账实相符，待原因查明后，再根据具体情况转入各有关账户。对于商品短缺，如属自然损耗，应转入"销售费用"账户。如属责任事故，应根据领导的批复处理：若由企业负担，则转入"营业外支出"账户；若由当事人负责赔偿，则转入"其他应收款"账户。对于商品溢余，如属供货单位多发，应作为商品购进补付货款；如属自然升溢，应冲减"销售费用"账户。

（五）库存商品和商品进销差价的明细分类核算

实行售价金额核算法的零售企业，库存商品明细分类账是按营业柜组或门市部设置的，在账中反映按售价计算的总金额，用以控制各营业柜组或门市部的库存商品数额。采取分柜组差价率计算法调整主营业务成本的企业，还必须按营业柜组或门市部设置商品进销差价明细分类账。由于"商品进销差价"账户是"库存商品"的抵减账户，在发生经济业务时，这两个账户往往同时发生变动。为了便于记账，可以将"库存商品"与"商品进销差价"账户的明细账合在一起，设置"库存商品和商品进销差价联合明细分类账"，其格式见表2-5。

表 2-5　库存商品和商品进销差价联合明细分类账

部门：

年		凭证号	摘要	库存商品									借或贷	余额	商品进销差价		
月	日			借　方				贷　方									
				购入	调入	调价增值	溢余	销售	调出	调价减值	削价	短缺					

各营业柜组或门市部为了掌握本部门商品进、销、存的动态和销售计划的完成情况，便于向财会部门报账，每天营业结束后，应根据商品经营的原始凭证，编制"商品进销存日报表"（见表2-6）一式数联，营业柜组或门市部自留一联，其他联连同原始凭证一并送交财会部门。财会部门复核无误后据以入账。

表 2-6　商品进销存日报表

部门：

项　目		金　额	项　目		金　额
昨日结存			今日发出	销售	
今日收入	购进			调出	
	调入			调价减值	
	调价增值			削价	
	溢余			短缺	
			今日结存		
本月销售计划			本月销售累计		

四、鲜活商品的核算

（一）鲜活商品的特点

零售企业经营的商品，除工业品外，还有鱼、肉、蛋、禽、水果和蔬菜等鲜活商品。

鲜活商品经营与工业品经营不同，主要有以下特点：

第一，鲜活商品质量变化大，变价次数多。如蔬菜上市后随其鲜嫩程度的不同，早晚价格也不同。

第二，鲜活商品一般都需要清选整理，分等分级，按质论价。如牛肉分部位按不同的价格出售，水果分等级按不同的价格出售。

第三，鲜活商品经营损耗较大。如蔬菜易脱帮掉叶、水果易风干腐烂等，再加上交易零星以及顾客挑选翻动，因此损耗额大且难以掌握。

第四，鲜活商品上市季节性强，销售时间比较集中。如夏季西瓜上市、秋季北方过冬蔬菜上市等。

（二）鲜活商品的核算方法

由于鲜活商品经营具有上述特点，因此不宜采用售价金额核算，一般采用"进价金额核算、盘存计销"的核算方法。具体做法如下：

商品购进后，财会部门根据有关凭证以原进价记入"库存商品"账户。按营业柜组或门市部设置的"库存商品"明细账也只记进价金额，不记数量。营业柜组或门市部负责人可根据需要设置备查簿，登记商品的收入、付出和结存数量。每日营业结束后，由营业柜组或门市部填制缴款单，连同销售货款一并送交财会部门或解存银行。财会部门根据现金缴款单或银行进账单，借记"银行存款"账户，贷记"主营业务收入"账户。平时不结转"主营业务成本"，不冲减"库存商品"，月末结算时再进行调整。

商品在经营过程中，发生损耗、升溢、等级变化或售价变化时，财会部门不作账务处理。如发生事故损失，则应查明原因待批准后进行处理。

月末计算和结转主营业务成本时，采取实际盘点、以存计耗的方法，先用商品实有数量乘以进价，计算出期末库存商品进价总金额，再根据下面公式倒挤出本期已销商品成本：

本期商品销售成本=期初库存商品金额+本期购进商品总金额-期末库存商品进价总金额

期末库存商品进价总金额=期末盘点结存数量×实际进价（或最后进价）

【例 2-33】红星超市食品组 2023 年 10 月初库存鲜活商品 3 000 元，4 月购货 50 000 元，增值税税额为 65 00 元，货款以银行存款支付。10 月销售收入为 80 000 元（含税），销货款已存入银行。10 月 31 日盘点库存鲜活商品 2 500 元。

对上述业务，财会部门应作以下账务处理：

（1）购进商品时：

借：在途物资   50 000

    应交税费——应交增值税（进项税额）   6 500

  贷：银行存款   56 500

同时：

借：库存商品　　　　　　　　　　　　　　　　　　　　50 000

　　贷：在途物资　　　　　　　　　　　　　　　　　　50 000

（2）取得销售收入时：

借：银行存款　　　　　　　　　　　　　　　　　　　　80 000

　　贷：主营业务收入——食品组　　　　　　　　　　70 796.46

　　　　应交税费——应交增值税（销项税额）　　　　9 203.54

（3）月末根据库存盘点结果，倒挤出本期销售成本 50 500 元（3 000+50 000-2 500）：

借：主营业务成本——食品组　　　　　　　　　　　　　50 500

　　贷：库存商品——食品组　　　　　　　　　　　　50 500

采用这种核算方法，虽然可以简化手续，平时也可以随时调整商品售价，利于销售，但由于期末是倒挤销售成本，对平时发生的损耗或责任事故无法控制，容易造成成本不实。因此，这种核算方法只适用于鲜活商品的核算，其他商品不宜采用。

第四节　联营和网络业态销售的核算

随着"互联网+"时代的到来，商品流通的渠道和所借助的销售平台也涵盖了实体店铺销售和虚拟网络销售等多种形式。

本节着重介绍实体店铺销售中的联营模式和网络业态两大销售形式的会计核算。

一、联营模式下销售的核算

联营模式是指经销商负责联系货源、组织进货，并达到商场要求的保底销售额，商场提供销售的经营场所，销售活动由商场统一管理，并开具商场发票，商品的销货款由商场统一收取的一种经营模式。联营分为法人型联营、合伙型联营和合同型联营。

（一）联营模式下商品经营的特点

联营模式下商品经营的特点如下：

第一，商品流通企业一般不需要提供资金购买待出售商品，只提供商品销售场所。它与场地出租完全不一样，商品流通企业不收取商品销售场地租金，而是直接参与商品供应商的收益分成。

第二，商品流通企业没有库存商品管理环节，所有商品的进货、存储均由供应商自行负责管理，不存在调价、商品清查等工作。会计核算也简化了。

第三，商品销售人员一般由商品提供者配备，商品流通企业的人员只需要从事销售的辅助工作，不直接参与商品的销售工作，也不负责发放商品销售人员的工资。

第四，商品流通企业与商品供应商采取"先销售后结算"方式结算货款，并控制货款结算。

（二）联营模式下的业务流程

1. 选择合作方

对商场来说，商品供应商的选择恰当与否将直接决定其联营商品经营效益；而对供应商来说，则直接决定其营销战略的成败。

2. 商品销售

商品进驻商场场地，销售款统一由商场收取，供应商负责商品的运送、保管、销售等日常活动。供应商与商场按联营商品销售额分成。

3. 联营对账

一般情况下，商场于每月月末汇总当期全部商品销售额，并与供应商对账，以确保联营商品销售数量和销售额准确无误。

4. 计算商场留利和供应商返款

联营商品销售额核对无误后，商场根据联营合同约定的比例计算应返还供应商的款项。

5. 结算联营商品销售款

确定商场和供应商分别应得的销售款项金额后，商场须在合同约定的时间内向供应商支付返还款。

（三）联营业务的基本核算

由于经营品种繁多、交易次数频繁，商场为简化会计处理、减少工作量，主要采用售价金额核算法核算商品流通业务。

在联营模式下，商贸企业对商品供应商运达的商品不需进行商品购进及验收入库业务的核算。其核算内容主要包括：①日常销售的核算；②销售收入调整；③联营分成及已销商品成本结转的核算；④结算分成及增值税进项税额的处理。

其会计处理过程归纳如下：

1. 日常会计处理

根据销货日报表和收款汇总表等原始凭证进行确认收入的会计处理，借记"银行存款"或"应收账款"账户，贷记"主营业务收入"账户。

2. 每月月末会计处理

商场编制销售收入月汇总表，并与销售人员核对，审核无误后据此计算增值税销项税额进行会计处理，借记"主营业务收入"账户，贷记"应交税费——应交增值税（销项税额）"账户。商场编制联营商品返款明细表，并与商品供应商核对，审核无误后补作商品购进入库业务的会计处理，借记"库存商品"账户，贷记"应付账款"账户。同时，结转主营业务成本，借记"主营业务成本"账户，贷记"库存商品"账户。

3. 每月月初会计处理

根据核对无误的款项结算单办理结算，借记"应付账款"账户，贷记"银行存款"账户，并根据商品供应商开来的增值税专用发票补记增值税进项税额，借记"应交税费——应交增值税（进项税额）"账户，贷记"商品进销差价"账户。同时，计提城市维护建设税、教育费附加，借记"税金及附加"账户，贷记"应交税费——应交消费税

（或应交城市维护建设税、应交教育费附加）"账户。

【例2-34】工贸家电与供应商联系，以联营模式销售家电类商品。双方约定以销售额的20%为扣点。

（1）商品进场。工贸家电只通过其信息管理系统与中央收银系统记录供应商的销售额。

（2）销售收入实现，家电类商品实现销售收入1 130 000元。

借：银行存款　　　　　　　　　　　　　　　　　　　　　1 130 000

　贷：主营业务收入　　　　　　　　　[1 130 000÷（1+13%）] 1 000 000

　　　应交税费——应交增值税（销项税额）　　　　　　　　　130 000

同时，根据协议扣点20%，计算销售成本：

借：主营业务成本　　　　　[1 130 000÷（1+13%）×80%] 800 000

　　应交税费——应交增值税（进项税额）　　　（800 000×13%）104 000

　贷：应付账款——××公司　　　　　　　　　　　　　　　904 000

（3）与供应商结算。工贸家电根据本月实现的1 130 000元联营家电类商品销售额编制"联营商品返款明细表"交供应商核对，销售次月，双方对账无误后，确认应返供应商904 000元，自己留存1 039 600元。商场将904 000元支付给供应商。

借：应付账款——××公司　　　　　　　　　　　　　　　904 000

　贷：银行存款　　　　　　　　　　　　　　　　　　　　904 000

（四）联营返点及税务处理

"联营扣点"或"联营返点"是一种在生产商与零售店之间进行的经营合作方式，其操作形式很多，但从实质上讲，主要有以下三种基本模式：

模式一：零售店只收取固定场地租金，生产商自主销售。

模式二：零售店按"定额与扣点孰高确定租金"的形式先确定一个租金定额基数，与期末按销售额乘以一个商定比例（扣点）计算出来的结果相比，按孰高确定租金。

模式三：零售店统一管理销售活动，期末按销售额商定比例计算收取租金。

在模式一和模式二两种模式下，零售商场所取得的租金收入应通过"其他业务收入"账户进行会计处理，按租赁业务收入计算缴纳增值税。

对于模式三，其运行活动是一种代销行为，即"联营扣点"或"联营返点"的实质是一种代销行为。对于这样的经营业务，商场按销售收入额计算缴纳增值税。

二、网络业态销售的核算

（一）网络销售的核算

网络销售是指借助网络实现商品或服务从卖家转移到消费者的过程。它是电子商务的一个重要组成部分。网络销售主要有B2C和C2C两种形式。

网络销售的交易模式主要分为两种：一是先付款后发货模式；二是先发货后付款模式。网络促销也是商家常用的营销手段。本节主要介绍网络销售的会计处理和网络促销的会计处理。

1. 先付款后发货模式的核算

先付款后发货模式是指客户通过相关支付方式付款至商家，商家收款后发货。其网购交易流程及会计处理如下：

（1）接收买家订单。此步骤不作会计处理。

（2）客户付款到账。款项流入企业，作为预收账款处理，有结算手续费时，作为费用处理，借记"银行存款""财务费用"等账户，贷记"预收账款"账户。

（3）组织发货。发货时，先将库存商品转为发出商品处理，借记"发出商品"账户，贷记"库存商品"账户；货物由物流公司配送，支付的物流费用，借记"销售费用"账户，贷记"应付账款"或"库存现金"账户。

（4）买家确认收货。该步骤标志交易成功，此时可以进行收入和成本的确认。确认收入时，借记"预收账款"账户，贷记"主营业务收入""应交税费——应交增值税（销项税额）"账户；结转销售成本时，借记"主营业务成本"账户，贷记"发出商品"账户。

在交易过程中，若客户不收货并取消交易，则作退货、退款处理。退货时，借记"库存商品"账户，贷记"发出商品"账户；退款时，借记"预收账款"账户，贷记"银行存款"或其他账户。

【例2-35】某客户网购甲商品3件，协商价格为每件339元（含税价），客户通过购物网站订货后，直接付款至购物网站。购物网站收到货款后配发货物，通过物流公司将货物发出，发生物流费用20元。客户验货，发现商品有问题只收取2件，另外1件退货。甲商品每件成本为200元，增值税税率为13%。

（1）收到货款时，作会计处理如下：

借：银行存款　　　　　　　　　　　　　　　　　　　　　　1 017
　　贷：预收账款　　　　　　　　　　　　　　　　　　　　　1 017

（2）网站发货时，只是改变商品的状态，由在库改为发出，并按商品成本进行计量，故发出商品时，作会计处理如下：

借：发出商品——甲商品　　　　　　　　　　　　　　　　　　600
　　贷：库存商品——甲商品　　　　　　　　　　　　　　　　　600

（3）商品通过物流公司进行配送，购物网站需要向物流公司支付物流运输费等费用，若以现金支付，作会计处理如下：

借：销售费用　　　　　　　　　　　　　　　　　　　　　　　20
　　贷：库存现金　　　　　　　　　　　　　　　　　　　　　　20

（4）商品运达，客户验货，根据客户对货物的接收情况进行会计处理。客户接收的2件商品，确认销售收入，并结转销售成本；拒收的1件商品，作退货处理，并需进行退款处理。

①确认收入时，作会计处理如下：

借：预收账款　　　　　　　　　　　　　　　　　　　　　　678
　　贷：主营业务收入　　　　　　　　　　　　　　　　　　　600
　　　　应交税费——应交增值税（销项税额）　　　　　　　　78

②确认成本时，作会计处理如下：

借：主营业务成本　　　　　　　　　　　　　　　　　　　　　400

　　贷：发出商品——甲商品　　　　　　　　　　　　　　　　400

③退货时，作会计处理如下：

借：库存商品——甲商品　　　　　　　　　　　　　　　　　　200

　　贷：发出商品——甲商品　　　　　　　　　　　　　　　　200

④退款时，作会计处理如下：

借：预收账款　　　　　　　　　　　　　　　　　　　　　　　339

　　贷：银行存款　　　　　　　　　　　　　　　　　　　　　339

2. 先发货后付款模式的核算

先发货后付款模式是指商家根据订单先发货，客户收货后同时付款。其网购交易流程及会计处理如下：

（1）接收买家订单。此步骤不作会计处理。

（2）组织发货。其会计处理同有担保方的先付款后发货模式。

（3）买家确认收货并付款。该步骤标志交易成功，此时可以进行收入和成本的确认，确认收入时，借记"银行存款"或"库存现金"账户，若为物流公司代收，则借记"应收账款"账户，贷记"主营业务收入""应交税费——应交增值税（销项税额）"账户。结转销售成本时，借记"主营业务成本"账户，贷记"发出商品"账户。

在交易过程中，若客户不收货并取消交易，则作退货处理，借记"库存商品"账户，贷记"发出商品"账户。

3. 网购促销的核算

"红包"是支付宝等网络支付平台为卖家提供的一项增值服务，也是网络商家的一种促销方式。它是指由卖家批量发送给用户，用于支付宝等网络支付平台交易的虚拟优惠券。红包所抵用的金额，由发送红包的卖家承担。

（1）商家发行红包的核算。商家通过支付宝等网络支付平台发行促销红包，发行方式有三种：定向发行、红包按钮发行、获取码发行。为便于账务管理，将发行红包冻结的金额纳入专户管理，借记"其他货币资金——红包冻结款"账户，贷记"银行存款"账户。

【例2-36】京东某商家2023年3月1日发行100个30元的促销红包，用于回馈本月在店铺购物的买家。买家使用支付宝单笔消费满300元送30元的红包，买家可以使用红包购买本商家的任何一种商品，赠送的红包也可以合并使用。红包自发行之日起30天内有效，过期作废，作会计处理如下：

借：其他货币资金——红包冻结款　　　　　　　　　　　　　3 000

　　贷：银行存款　　　　　　　　　　　　　　　　　　　　3 000

（2）商家赠送红包的核算。商家在销售商品或提供劳务的同时，按其金额授予买家一定数额的促销红包。商家红包销售所收取的款项包含两部分：一部分是该项交易所售出的商品的价值；另一部分是促销红包的价值。顾客将收到的与该项交易相关的那部分价款确认为收入，而赠送的红包是买家为下次以优惠的价格购买商品或服务预先支付的款项，即商家收取红包款在先，提供商品或服务在后。因此，与红包相关的部分收入应予以递延，待买家实际使用时再确认，借记"银行存款"账户，贷记"主营业务收入""递延收益"等账户，同时结转售出商品的实际成本。

【例2-37】根据资料，该商家销售各类商品共计6 000元，成本4 000元（不包括顾客使用红包购买的商品），送出的红包共计600元，不考虑增值税及其他因素，作会计处理如下：

借：银行存款   6 000

  贷：主营业务收入   5 400

    递延收益   600

借：主营业务成本   4 000

  贷：库存商品   4 000

（3）买家兑换红包的核算。持有促销红包的买家满足商家规定的兑付条件时，有权利取得授予商家的商品或服务。在买家兑换促销红包时，授予商家应将原计入递延收益，与所兑换红包相关的部分确认为收入，确认收入的金额为此次消耗的红包数额，借记"递延收益"账户，贷记"主营业务收入"等账户；同时，解冻与所兑换红包相关的部分金额，解冻金额为实际付出的红包数额，借记"销售费用"账户，贷记"其他货币资金红包冻结款"账户。

（4）未兑换红包的核算。失效的红包结转计入当期损益，借记"递延收益"账户，贷记"主营业务收入"账户。同时，根据支付宝等网络支付平台红包的使用规则，发行红包时被冻结的资金如果交易失败（买家在有效期内未使用红包），则对应的红包金额将退还给红包使用者（商家），借记"银行存款"账户，贷记"其他货币资金——红包冻结款"账户。

（二）网络团购的核算

网络团购是指借助互联网，将具有相同购买意向的零散消费者集合起来，向商家大批量购买，以求得最优惠的价格。网络团购的交易一般涉及三方当事人：团购网站、商户和消费者。

网络团购根据团购标的物的不同，分为实物和电子券两种方式。实物团购，即消费者以团购的方式购买实物，主要涉及有形商品的交易。在这一过程中，团购网站从商品的货款中获取一定比例的佣金收入。电子券团购，主要涉及餐饮、娱乐等服务行业。在这一过程中，团购网站除了从商品的货款中获取一定比例的佣金收入外，还从消费者团购开始到实际消费的这一段时间内获取了资金沉淀的收益。

1. 实物方式的会计核算

实物团购收入本质上是商品的销售收入，可以商品销售收入确认条件为参考依据。对商户而言，实物团购方式与传统商品销售方式基本相同，都会经历合约—交货—收款—售后的过程。

【例2-38】某购物网站有一款旅行帐篷可以团购，原价每件400元，团购价每件250元。销售公司甲公司提供帐篷800件，成本为每件180元。甲公司要求团购数量最少为

200 件。截至团购活动结束，已有 600 人参加了团购，有 300 人参与了评价返利活动，团购网站给予评价者每人 3 元的抵用券供下一次团购使用。团购网站收到消费者交付款项共计 150 000 元，商家与团购网站约定的佣金率为 2%。（假设不考虑相关税费）

（1）团购网站的会计处理如下：

①收到消费者在线支付的购销款：

借：银行存款 （600×250）150 000

　　贷：应付账款——甲公司 150 000

②消费者收到团购的旅行帐篷，签收后，团购网站支付给甲公司款项，同时向其收取 2% 的佣金，将取得的佣金确认为收入：

借：应付账款——甲公司 150 000

　　贷：银行存款 147 000

　　　　主营业务收入 3 000

③团购活动结束，给予消费者返利（每人 3 元的抵用券）：

借：销售费用 900

　　贷：递延收益 900

（2）甲公司的会计处理如下：

①甲公司发出旅行帐篷，可视作委托代销商品：

借：委托代销商品 （600×180）108 000

　　贷：库存商品 108 000

②消费者收到背包后，团购网站将款项支付给公司，并确认销售收入：

借：银行存款 147 000

　　　销售费用 3 000

　　贷：主营业务收入 150 000

③结转已销售背包的成本：

借：主营业务成本 108 000

　　贷：委托代销商品 108 000

2. 电子券方式的会计核算

电子券团购以提供劳务收入确认条件为参考依据。采用电子券团购方式，将经历合约—订单—提供服务—收款的流程。

【例 2-39】某团购网站推出一款海鲜自助餐的团购，市场价格为每人 200 元，团购价为每人 120 元。要求海鲜自助餐店铺限量供应 400 份。F 公司要开展活动，为解决中午的餐饮问题，为其员工团购该自助餐 100 份。团购网站收取 3% 的手续费。（假设不考虑相关税费）

（1）团购网站的会计处理如下：

①团购网站收到 F 公司在线支付款项 12 000 元：

借：银行存款 12 000

　　贷：应付账款 12 000

②当 F 公司员工到海鲜自助餐店铺消费后，团购网站将款项支付给海鲜自助餐店铺，

并收取手续费确认收入：

　　借：应付账款　　　　　　　　　　　　　　　　　　12 000

　　　贷：银行存款　　　　　　　　　　　　　　　　　　　11 640

　　　　　主营业务收入　　　　　　　　　　　　　　　　　　360

（2）某海鲜自助餐店铺的会计处理如下：

①待 F 公司员工消费后，确认收入：

　　借：应收账款　　　　　　　　　　　　　　　　　　12 000

　　　贷：主营业务收入　　　　　　　　　　　　　　　12 000

②收到团购网站扣除手续费后的款项：

　　借：银行存款　　　　　　　　　　　　　　　　　　11 640

　　　　销售费用　　　　　　　　　　　　　　　　　　　360

　　　贷：应收账款　　　　　　　　　　　　　　　　　　12 000

本章小结

　　商品流通企业的会计核算内容是以商品流转为核心的，根据不同类型的商品流通企业的经营特点和管理需要，对商品流转的核算可以采用进价核算和售价核算。进价核算和售价核算又各分为金额核算和数量金额核算两种。

　　批发企业商品流转的核算一般采用数量进价金额核算法，具体包括批发企业商品购进的核算、批发企业商品销售的核算和批发企业商品储存的核算。零售企业商品流转的核算一般采用售价金额核算法。零售企业计算已销商品进销差价的方法有综合差价率计算法、分柜组差价率计算法和实际进销差价计算法三种。

思考与练习

一、单项选择题

1. 以下哪个环节不属于商品流通企业经营中必须经过的环节？（　　　）

A. 商品购进　　　　　B. 商品储存　　　　　C. 商品调拨　　　　　D. 商品销售

2. 一般适用于异地商品购销业务的交接货方式是（　　　）。

A. 提货制　　　　　B. 送货制　　　　　C. 发货制　　　　　D. 自选制

3. 企业在购进商品时，如遇月末商品先到，货款结算凭证尚未到达，则（　　　）。

A. 不入账　　　　　　　　　　　　　B. 按暂估价入账

C. 按实际价入账　　　　　　　　　　D. 按过去的入库价入账

4. 批发企业购进商品运输途中的自然损耗应列支为（　　　）。

A. 由供货单位补发商品或作进货退出处理　　B. 销售费用

C. 其他应收款　　　　　　　　　　　D. 营业外支出

5. 大中型批发企业通常采用的存货核算方法是（　　　）。

A. 进价金额核算法　　　　　　　　　B. 售价金额核算法

C. 数量进价金额核算法　　　　　　　D. 数量售价金额核算法

6. 进价金额核算法适用于（　　　）。

A. 工业品批发公司　　　　　　　　　B. 粮食企业

C. 专业性强的零售企业　　　　　　　D. 经营鲜活商品的零售企业

7. 购入商品在验收入库时发现实收数多于应收数，后查明是自然溢余所致，则贷方科目应记入（　　　）。

A. 在途物资　　　B. 库存商品　　　C. 管理费用　　　D. 销售费用

8. 购进商品短缺，如果查明属于运输单位的责任，则借方科目应记入（　　　）。

A. 销售费用　　　B. 其他应收款　　　C. 营业外支出　　　D. 其他应付款

9. "商品进销差价"账户是资产类账户，其抵减的账户是（　　　）。

A. "商品采购"　　　　　　　　　　　B. "库存商品"

C. "主营业务收入"　　　　　　　　　D. "受托代销商品"

10. 库存商品期末的（　　　）价值低于账面净值的，应计提存货跌价准备。

A. 现值　　　　　　　　　　　　　　B. 重置成本

C. 可变现净值　　　　　　　　　　　D. 公允价值

11. 毛利率推算法与加权平均法综合运用，计算出来的第三个月的商品销售成本实质上是（　　　）。

A. 第三个月的商品销售成本

B. 对前两个月商品销售成本的调整

C. 对第三个月商品销售成本的调整

D. 第三个月的商品销售成本及对前两个月商品销售成本的调整

12. 零售企业在进行商品销售时，按售价结转销售成本是为了（　　　）。

A. 简化核算手续　　　　　　　　　　B. 便于管理商品

C. 便于比较销售盈亏　　　　　　　　D. 正确反映实物负责人的经济责任

13. 对于零售企业购进商品退补价业务，如果商品已经售出，在核算上应调整"（　　　）"账户。

A. 库存商品　　　　　　　　　　　　B. 主营业务成本

C. 本年利润　　　　　　　　　　　　D. 商品进销差价

14. 对于采用售价金额核算法的企业，以下有关受托代销商品的日常业务核算的说法中，不正确的是（　　　）。

A. 受托代销商品按含税价核算　　　　B. 受托代销商品款按含税价核算

C. 主营业务收入按含税价核算　　　　D. 主营业务成本按含税价核算

15. 零售企业商品盘点发生溢余后，在查明原因前，应按（　　　）记入"待处理财产损溢"账户。

A. 售价　　　　　　　B. 进价　　　　　　　C. 调拨价　　　　　　D. 重估价

16. 零售企业计算已销商品进销差价方法中最准确、最符合实际的是（　　　）。

A. 综合差价率计算法　　　　　　　　　B. 分柜组差价率计算法

C. 毛利率计算法　　　　　　　　　　　D. 盘存商品实际进销差价计算法

二、多项选择题

1. 同城商品销售的交接方式一般采用"送货制"或"提货制"，货款的结算方式一般采用（　　　）。

A. 转账支票　　　　　　　　　　　　　B. 商业汇票

C. 银行本票　　　　　　　　　　　　　D. 现金

2. 以下属于商品流通企业存货的是（　　　）。

A. 发出商品　　　　　　　　　　　　　B. 购货方拒收的代管商品

C. 在途物资　　　　　　　　　　　　　D. 受托代销商品

3. 商品流通企业一般无须设置的科目是（　　　）。

A. 其他业务收入　　　　　　　　　　　B. 其他业务成本

C. 生产成本　　　　　　　　　　　　　D. 制造费用

4. 购进商品发生短缺，查明原因后，以下处理正确的是（　　　）。

A. 由供货方少发造成的短缺，应计入"其他应收款"

B. 由自然损耗造成的短缺，应计入"销售费用"

C. 由自然灾害造成的短缺，应计入"营业外支出"

D. 由本单位运输部门的责任造成的短缺，应计入"销售费用"

5. 采用售价金额核算，月末需要调整的账户有（　　　）。

A. "库存商品"　　　　　　　　　　　　B. "商品进销差价"

C. "主营业务收入"　　　　　　　　　　D. "主营业务成本"

6. 以下（　　　）业务核算需要设置"发出商品"账户。

A. 分期收款销售商品　　　　　　　　　B. 预收货款销售商品

C. 委托代销　　　　　　　　　　　　　D. 直运销售商品

7. 委托代销业务需设置的会计账户有（　　　）。

A. 受托代销商品款　　　　　　　　　　B. 委托代销商品

C. 发出商品　　　　　　　　　　　　　D. 受托代销商品

8. 售价金额核算法适用于（　　　）。

A. 专业性零售企业　　　　　　　　　　B. 工业品批发公司

C. 经营鲜活商品的零售企业　　　　　　D. 小型零售企业

9. "商品进销差价"账户的借方登记（　　　）。

A. 购进商品的售价大于进价的差额

B. 购进商品的售价小于进价的差额

C. 转销已销商品应分摊的进销差价

D. 使商品售价大于进价的差额减少的数额

10. 购进商品短缺的核算中，以下（　　）情况应作进项税额转出的核算。

A. 商品的自然损耗　　　　　　　　　B. 运输途中被盗

C. 自然灾害造成的损失　　　　　　　D. 运输途中因责任事故霉烂

11. 购进商品时发生进货补价，假设该批商品已全部出售并已结转成本，则应调增（　　）。

A. 在途物资　　　B. 库存商品　　　C. 应交税费　　　D. 主营业务成本

12. 零售企业购进商品发生补价，同时更正零售价格，核算时涉及的账户有银行存款、在途物资、（　　）等账户。

A. 应交税费　　　B. 应收账款　　　C. 库存商品　　　D. 商品进销差价

13. 采用售价金额核算法的企业，发生日常经济业务时，下列账户中按核定的含税零售价反映的是（　　）。

A. 库存商品　　　B. 主营业务收入　　C. 主营业务成本　　D. 在途物资

14. 采用售价金额核算法的企业，需借记"商品进销差价"账户，贷记"库存商品"账户的经济业务有（　　）。

A. 购进商品发生退货　　　　　　　　B. 商品降价

C. 商品提价　　　　　　　　　　　　D. 商品内部调拨

15. 已销商品进销差价的计算方法有（　　）。

A. 个别差价率计算法　　　　　　　　B. 综合差价率计算法

C. 分柜组差价率计算法　　　　　　　D. 实际进销差价计算法

16. 月末尚未分摊进销差价的"商品进销差价"账户中包括（　　）。

A. 购进商品的进销差价　　　　　　　B. 结存商品应保留的进销差价

C. 已销商品实现的进销差价　　　　　D. 削价商品的进销差价

三、判断题

1. 购进供本单位自用的商品属于商品购进的范围。　　　　　　　　　　（　　）

2. 为代收手续费替其他单位代销的商品不属于商品销售的范围。　　　　（　　）

3. 商品流通企业也可能发生对购进商品的加工，其加工所产生的费用应开设"生产成本"等账户进行核算。　　　　　　　　　　　　　　　　　　　　（　　）

4. 商品流通企业进货费用金额较小的，发生时也可直接计入当期的销售费用。（　　）

5. 采用售价核算法的企业，其商品销售的成本即为已销商品的购进成本。　（　　）

6. 企业在预付货款时，不能作为商品购进，只有在收到商品时才能作为商品购进。

（　　）

7. 库存商品发生短缺，无论是自然损耗还是责任事故所致，经领导批准由企业列支时，均列入"销售费用"账户。　　　　　　　　　　　　　　　　（　　）

8. 购进商品发生退价的，如果商品已经全部售出，则用退回的货款冲减"主营业务成本"和增值税进项税额。　　　　　　　　　　　　　　　　　　（　　）

9. 发生退货时，购货方必须取得当地主管税务机关开具的"开具红字增值税专用发票通知单"，送交供货方，作为供货方开具红字增值税专用发票的合法依据。（　　）

10. 采用售价金额核算法的企业购进的商品发生短缺或溢余时，应将短缺或溢余商品的售价记入"待处理财产损溢"账户。　　　　　　　　　　　　　　　　（　　　）

11. 发生进货退价时，企业实际支付的进货价低于应支付的进货价，应由供货单位退还多收的价款。　　　　　　　　　　　　　　　　　　　　　　　　　　（　　　）

12. 购进商品发生退补价的情况，必然会引起"库存商品"账户发生增减变动。

（　　　）

13. 采用售价金额核算法的企业发生购进商品退补价时，在商品售出前，若只更正购进价格，则只需调整"商品进销差价"账户和"应交税费"账户，无须调整"库存商品"账户。　　　　　　　　　　　　　　　　　　　　　　　　　　　　　　（　　　）

14. "商品进销差价"账户是"库存商品"账户的备抵调整账户。　　　（　　　）

15. 采用售价金额核算法的企业，受托代销商品业务不需要核算商品进销差价。

（　　　）

16. 在年终，企业应根据具体情况采用分柜组差价率计算法或实际进销差价计算法计算已销商品的进销差价。　　　　　　　　　　　　　　　　　　　　　（　　　）

四、业务核算题

1. 商品购进的核算。甲公司为增值税一般纳税人，向乙公司购进口罩200箱，每箱100只，合同规定不含税单价为2元，增值税税率为13%，供货方代垫运费990元（增值税专用发票），货款采用托收承付结算方式。现商品先到，口罩的增值税专用发票未到。月末按合同价暂估入账，次月1日收到有关增值税专用发票。

要求：根据上述情况分别编制相应的会计分录。

2. 购进商品发生短缺溢余的核算。宏达公司为增值税一般纳税人，某月发生下列有关经济业务。

（1）1日，银行转来新华牙膏厂托收凭证，附增值税专用发票，牙膏1 000条，每条6元，计货款6 000元，增值税税额为780元，运费增值税专用发票列明款项为300元，税额为27元，查验与合同相符，当即承付货款。

（2）2日，银行转来某盐业公司托收凭证，附增值税专用发票，食用盐10 000千克，每千克3元，计货款30 000元，增值税税额为3 900元，运费增值税专用发票列明款项为500元，税额为45元，查验与合同相符，当即承付货款。

（3）4日，收到新华牙膏厂发来的牙膏，验收时实收900条，短缺100条，储运部门送来商品购进短缺报告单，原因待查。

（4）5日，业务部门查明4日短缺的100条牙膏中，30条系供货单位少发商品。经协商后，已开来退货的红字增值税专用发票，并通过银行转账支付了退货款，余下的70条是运输部门丢失造成的，由其赔偿。

（5）7日，收到某盐业公司发来食盐，验收时实收10 030千克，溢余30千克，储运部门送来商品购进溢余报告单，8日经查溢余30千克是对方多发造成的。

要求：根据以上资料编制相应的会计分录。

3. 购进商品退补价的计算和核算。甲公司为增值税一般纳税人，某月发生下列有关经济业务。

（1）1日，收到本市毛巾厂通知，上月购入的毛巾1 000条每件少收1元，并补来增值税专用发票，计列价款1 000元，增值税税额为130元，开出转账支票支付了货款。经查，该批商品上月已售出200条，并已结转了销售成本。

（2）5日，收到本市某日化厂通知，原购进的500箱洗衣液，每箱多收20元，现已转来红字增值税专用发票，退回多收价款1万元，增值税税额为1 300元，货款已转入银行账户。经查，该批商品已售出200箱，但尚未结转销售成本。

（3）10日，仓库发现上月购进的毛巾中有100件存在质量问题，经协商，厂方同意退回，已转出红字增值税专用发票，并通过银行退回了价税款。

要求：根据以上资料编制相应的会计分录。

4. 零售商品购进业务的核算。武商超市为增值税一般纳税人，采用售价金额核算法，该超市本月发生以下经济业务。

（1）购进徐福记糖果100千克，不含税价为30元/千克，增值税税率为13%，零售价为36元/千克，签发转账支票付讫货款。商品由副食柜组验收。

（2）购进绿神花露水10箱，不含税价为50元/箱，增值税税率为13%，对方代垫运费45元（9%的增值税税率），货已送达，并随商品发来货物及运费的增值税发票。验收时发现实收11箱，溢余1箱，原因待查。每箱绿神花露水的含税售价为80元，已由百货柜组验收。其按合同约定通过银行转账方式支付了10箱绿神花露水的货款和运费。

（3）经与供货方联系，溢余1箱绿神花露水是供货方多发货导致的，现同意补进货，并已收到供货方发来的增值税专用发票，通过银行转账方式支付了价税款。

要求：根据以上经济业务编制相应的会计分录。

5. 零售商品销售业务的核算。武商超市为增值税一般纳税人，采用售价金额核算法，月末汇总销售额计税。本月发生以下经济业务。

（1）本月3日的销售额为80 000元。其中，副食柜30 000元，百货柜20 000元，服装柜20 000元，生鲜柜10 000元。货款中现金支付55 000元，微信支付10 000元，支付宝支付15 000元。其中，副食柜货款发生短款200元，百货柜发生长款100元。原因待查。

（2）经查，3日的副食柜短款是收款员少收款所致，要求其个人进行赔偿。百货柜长款无法查明原因。

（3）超市举行促销活动，顾客购物满100元可获得10元购物券，购物券只在促销期间使用，逾期作废。促销当天实现现金销售收入120 000万元，当日发出购物券3 000元，顾客实际使用购物券2 000元。对购物券进行核算。

（4）本月副食柜销售商品800 000元，服装柜销售商品500 000元，百货柜销售商品900 000元，生鲜柜销售商品500 000元，计算本月应计的增值税销项税额。

要求：根据以上经济业务编制相应的会计分录。

第三章 旅游、餐饮、服务企业会计

知识目标

了解旅游、餐饮、服务企业会计核算的特点；

熟悉旅游、餐饮、服务企业经营业务的会计核算方法；

理解饮食服务企业成本的控制内容。

能力目标

熟悉旅游、餐饮、服务企业会计核算的相关账户的使用；

掌握旅游、餐饮、服务企业业务的账务处理与成本控制；

掌握旅行社营业收入的核算、旅游业营业成本的核算以及旅游经营业务的税务会计核算；

掌握原材料和饮食制品成本的核算、饮食制品定价和销售的核算、餐饮业税务会计核算，掌握旅馆经营业务的核算；

全面掌握旅游、餐饮、服务企业所涉及的经济业务的各种核算方法及具体会计处理技能。

改革开放以后，我国逐渐认识到旅游、餐饮、服务企业所带来的巨大利益，因而旅游、餐饮、服务业得到很大发展。而产业的发展依赖于科学的管理，科学有效的管理是促进行业发展的重要条件。我国的服务业，按照国民经济部门分类，是第三产业中的一部分，包括饮食、住宿、旅游、仓储、寄存、租赁、广告、各种代理服务、提供劳务、理发、照相、浴池以及各类技术服务、咨询服务等业务。旅游、餐饮、服务业是集生产、流通和服务三个职能于一体的综合性服务企业，是为消费者提供有形产品和无形商品，以营利为目的，实行独立核算的特殊经济性产业。在管理上相对复杂，管理不善，是很多旅游、餐饮、服务企业经营失败的直接原因。企业会计部门作为企业管理的一个重要职能部门，对于加强企业管理、减少成本费用支出、提高经济效益具有重要意义。

第一节　旅游、餐饮、服务企业会计概述 ．

一、旅游、餐饮、服务企业及其主要经营活动

旅游业、餐饮业、服务业不同于农业、工业，它们属于第三产业，是第三产业的重要组成部分。它们是主要以消费者为服务对象、以服务设施为条件、以向消费者提供劳动服务为特征的服务性行业。随着旅游、餐饮、服务业的迅速发展，尤其是旅游业的蓬勃发展，旅游、餐饮、服务业在国民经济中的作用越来越大，具有繁荣市场、平衡外汇收支、加速资金回笼、增加就业机会、增加国家税收和促进国民经济其他部门发展等重要作用。

（一）什么是旅游、餐饮、服务企业

旅游、餐饮、服务企业是集生产、流通、服务三个职能于一体的综合性服务企业，不但为消费者提供有形产品，而且还提供无形商品。服务时间和空间作为无形商品，是同有形商品、物资设备等结合在一起的。

旅游企业是以旅游资源和服务设施为条件，通过组织旅行游览等活动向旅客出售劳务的服务性企业。旅游业是通过对旅游的推动、促进和提供便利服务来获取收入的。从根本上来说，它是一种具有服务性质的、以营利为目的并需要独立核算的特殊经济性产业，具有投资少、收效快、利润高的特点。

餐饮企业是为人们提供各种餐饮服务而获得盈利的服务性企业。其特点是既加工又销售，同时还提供服务，生产周期短，产品花样多，数量零星。

服务企业是为人们提供各种技术性或非技术性服务或劳务的企业，如修理业、洗染业、照相馆、搬家公司、咨询公司、浴池等。其经营特点是不进行产品生产，只提供各种服务和劳务来收取费用。

（二）旅游、餐饮、服务企业的业务范围

旅游、餐饮、服务业是综合性的服务行业，它们相应地都有一系列系统配套的经营业务。旅游业是直接以客人为服务对象，以旅游资源和旅游设施为条件，为满足客人在文化、精神上的享受和为客人食、宿、行、游、购、娱乐等生活需求提供商品和服务的一种综合性服务行业。因此，旅游业除了经营旅游业外，还可以开展客房、餐饮、售货、娱乐及其他经营业务。餐饮业是一种集生产、流通和服务于一体，以服务为主的行业。它以出售加工烹制的饮食品，并提供给消费者就地用餐的空间、时间和服务为主要业务，此外，还可以开展娱乐、零售及其他经营业务。服务业开展的经营业务更广泛，如客房、饮食、零售、娱乐、美容美发、健身、电信、洗染、咨询等业务。所以，旅游、餐饮、服务企业除以服务为中心外，还从事生产、加工商品和销售商品业务，具有生产、销售和服务三种职能。

二、旅游、餐饮、服务企业会计与其他行业会计的比较及核算的特点

旅游、餐饮、服务企业会计是旅游、餐饮、服务企业管理的重要组成部分，它是以货

币为主要计量尺度，对各单位的经济活动进行连续、系统、全面、综合的核算，并在此基础上对经济活动进行监督，以提高经济效益的一种经济管理活动。

旅游、餐饮、服务企业会计的基本任务是由旅游、餐饮、服务企业的性质、任务和会计的基本职能、基本任务决定的，即：如实反映经济活动，及时准确地提供会计信息；加强经济核算，控制支出，节约资源，降低费用，增加收入，提高效益；分析、考核、评价和预测企业财务状况和经营状况；合理组织资金，保证资金供给，减少占用，加速周转，提高资金使用效率和效益；监督企业的经济活动，维护国家财经法纪和财会制度，促使企业按照国家政策办事，保证企业资产的安全、完整和增值，维护投资者的合法权益。

旅游、餐饮、服务企业会计核算中有许多内容与工业企业会计核算基本一致，如资产、负债、所有者权益的核算等。但是旅游、餐饮、服务企业会计核算还具有自身的特点，这是由会计本身和旅游、餐饮、服务企业管理的特点决定的。

（一）核算对象的多样性

旅游、餐饮、服务企业经营业务的开展往往具有系统性和配套性，经营业务范围比较广泛。例如，旅游业为满足旅游者在物质、文化生活上的需要，提供食、住、行、购买、观光、娱乐等方面的服务，同时旅游业常常与餐饮业等相互联系、相互交融，其经营活动必然涉及旅行社、大饭店、旅游场所、餐饮服务场所，以及航空、铁路、文物、园林、工艺等部门或行业。同时，旅游、餐饮、服务企业的经营业务往往和人民的生活息息相关，因此多数旅游、餐饮、服务企业会实行多种经营的方式，为了分别提供各项经营业务的会计信息，分别核算和监督各项经营业务的成本和费用，分别考核各项经营业务的经营成果，企业就必须分门别类地进行会计核算。

（二）核算方法的特殊性

与工业企业和商品流通企业相比，旅游、餐饮、服务企业会计的核算具有以下特点：

1. 核算方法不同

旅游企业和餐饮企业都执行生产、零售和服务三种职能，就必须分不同业务并结合工业企业、流通企业的会计核算方法进行会计核算。例如，旅游活动是一种新型、高级的综合消费活动，相应地，旅游企业则是一种新兴的、综合性的社会服务企业。为了满足旅游者食、住、行、游、买多方面的消费需求，旅游业的经营涉及旅行社、旅游饭店、旅游商场、旅游娱乐场，以及各种旅游服务企业，也涉及民航、铁路、文物、园艺、工艺美术等部门和行业。因此，许多旅游企业兼有生产、销售和服务职能。

2. 收入和费用分布结构不同

以服务业为例，服务业通常由专门从业人员提供带有技艺性的劳动，运用与之相适应的设备和工具，以其作为主要服务内容，因此在会计核算上需反映按规定收费标准所得的营业收入、服务过程中开支的各项费用和加工过程中耗用的原材料成本。

3. 自制商品与外购商品分别核算

为了分别掌握自制商品和外购商品的经营成果，加强对自制商品的核算与管理，开展外购商品销售业务的企业，还要对自制商品和外购商品分开进行核算。

4. 成本核算具有特殊性

餐饮业要根据消费者的要求加工烹调菜肴和食品，并将这些菜肴和食品直接出售给消费者，同时还要为消费者提供消费设施、场所和服务。但其整个生产、销售和服务过程均集中在较短的时间内完成，而且菜肴和食品的花色品种多、数量零星，因此不可能像工业企业那样按产品品种或类别逐批逐件地计算总成本和单位成本，而只能计算菜肴和食品的总成本。而娱乐、美容、修理等服务业的成本很小，服务费用较大，因此，为简化会计核算，一般也不必单独计算服务成本，而只计算服务费用。

（三）货币核算的涉外性

我国旅游业的接待工作有三种类型：第一种是组织国内居民在国内旅游；第二种是组织国内居民去国外旅游；第三种是接待外国人来华旅游。后两种类型的业务活动都具有涉外性质，在这两种接待工作中都要涉及外币收支业务。因此，涉外的旅行社、宾馆和饭店等企业在进行会计核算时，应按照外汇管理条例和外汇兑换管理办法，办理外汇存入、转出和结算业务，有外汇业务的企业，应采用复币记账，核算原币和人民币，计算汇兑损益。

第二节　旅游经营业务的核算

一、旅游经营业务概述

旅游是指外出旅行和游览。旅游经营业务是指组织旅游者外出远游，并为其提供食宿、交通、导游等业务，满足旅游者不同需求的活动。旅行社在组织旅游的过程中会涉及旅馆业、交通运输业、饮食业等，所以旅游企业的经营业务核算很有特点。本节重点介绍旅游经营业务营业收入和旅游经营业务营业成本的核算。

旅游活动在我国有着悠久的历史，现代旅游业随着人民生活水平的日益提高更是发展迅猛。目前，我国经营旅游业务的三大组织体系是中国国际旅行社（简称"国旅"）系统、中国旅行社（简称"中旅"）系统和青年旅行社（简称"青旅"）系统，其中：国旅负责接待外国自费旅游者；中旅负责接待海外华侨、外籍华人，以及港澳台同胞；青旅负责接待世界各国或地区的青年旅游者。中国旅游组织体系如图3-1所示。

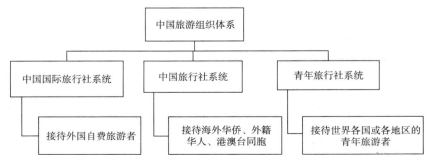

图3-1　中国旅游组织体系

旅游业务的种类如表 3-1 所示。

表 3-1 旅游业务的种类

分类标准	项 目		内 容
按旅游者活动的空间范围不同	国际旅游业务	入境旅游业务	组织国外旅游者以团体或散客的形式在本国境内进行的旅游活动
		出境旅游业务	组织本国公民以团体或散客的形式自费前往国外进行的旅游活动
	国内旅游业务		组织本国公民在国家行政主权的疆域内所进行的旅游活动
按服务形式不同	组团旅游业务		旅行社预先制订包括旅游目的地、日程、交通或住宿服务内容、旅游费用的旅游计划,通过广告等推销方式招徕旅游者,组织旅游团队,为旅游者办理签证、保险等手续,并通过接待计划的形式与接团旅游业务进行衔接
	接团旅游业务		根据旅游接待计划安排,为旅游者在某一地方或某一区域提供翻译导游,安排旅游者的旅行游览活动,并负责订房、订餐、订票,以及与各旅游目的地的联络等,为旅游者提供满意的综合服务
按组织形式不同	团体旅游业务		以团体为单位,通常设有导游或陪同
	散客旅游业务		以个人或少数人为单位,通常不设陪同

知识扩展3-1

旅行社是招徕、联系、接待和组织旅游者外出游览,并为其提供交通、食宿、导游等服务的行业,是旅游业供需的媒介。旅行社通常承担下列代办业务:

1. 为旅游者配备翻译导游;
2. 为旅游者抵达或离开机场、车站、码头提供接送服务;
3. 为旅游者代订客房、代租汽车;
4. 为旅游者代办出入境、过境、居留和旅行所必需的证件,如护照、签证等;
5. 代购、订购、代签飞机、火车、轮船等交通运输工具票据;
6. 为旅游者接送行李;
7. 为旅游者办理海关申报检验手续;
8. 为旅游者代办旅行意外事故保险等。

不同于工业企业和商业企业,旅行社不直接进行物资的生产和流通,其经营特点是没有物质形态的转移,只有价值形态的运动,因此,其主要核算内容是组团社对外收取旅游服务费用的结算、组团社与接团社之间服务费用拨付的结算,以及接团社与接待单位之间的费用结算。

二、旅行社营业收入的核算

（一）旅游营业收入的内容及核算账户的设置

旅游业通过优良的环境和迷人的自然条件吸引游人，并通过提供最佳的综合服务来取得收入，获取利润。旅游营业收入是指旅游企业为旅游、观光、度假、参观提供各项服务所取得的收入。旅游企业的形式一般为旅行社。旅行社主要从事招徕、联系、安排、接待旅游者等各项工作。旅行社根据其经营内容又可分为组团社、接团社。组团社是指享有外联权的，主要从事招徕、联系、安排旅游业务的旅行社，即组织国内外旅游者旅游的旅行社。接团社是指负责接待旅游团体的旅行社。由于组团社有外联权，又称为一类社，而接团社则是二类社。

旅行社的营业收入主要是各项服务收费。其收费方式一般有两种：一种是自行组团，按团体收费；另一种是个别登记收费。无论采取何种收费方式，旅游营业收入都可以归纳为以下几种类型：①组团外联收入。它是指由组团社自组外联，向旅游者收取的住房、用餐、旅游、交通、导游翻译、文娱活动等的收入。②综合服务收入。它是指旅行社在组织包团旅游时向旅游者收取的包括市内交通费、导游服务费、一般景点门票费在内的包价费用收入。③劳务收入。它是指非组团社为组团社提供境内全程导游翻译人员等所得的收入。④零星服务收入。它是指旅行社接待零星旅游者和承办委托事项所得的服务收入。⑤票务收入。它是指旅行社办理国际联运客票和国内客票的手续费收入。⑥地游及加项收入。它是指旅行社向旅游者收取的按旅游者要求增加计划外当地旅游项目的费用。⑦其他服务收入。它是指不属于以上各项的其他服务收入。

旅行社组织境外旅游者到国内旅行，应以旅游团队离境或离开本地时为准确认营业收入的实现。旅行社组织国内旅游者到境外旅游，应以旅游团队结束旅游返回时为准确认营业收入的实现。旅行社组织国内旅游者在国内旅游，也应以旅行团旅行结束返回时为准确认营业收入的实现。

旅行社的营业收入（无论是组团社的营业收入，还是接团社的营业收入）都要通过"主营业务收入"账户进行核算。旅行社实现的营业收入，借记"银行存款""应收账款"等账户，贷记"主营业务收入"账户。该账户期末余额转入"本年利润"账户，借记"主营业务收入"账户，贷记"本年利润"账户，结转后该账户无余额。

"主营业务收入"账户应按收入类别分别设明细账户，进行明细核算。例如：可设"综合服务收入""组团外联收入""零星服务收入""劳务收入""票务收入""地游及加项收入""其他服务收入"等二级账户。在二级账户下还可以设置三级明细账户，如在"综合服务收入"账户下设"房费收入""餐饮收入"等明细账户。还应注意的是，组团社和接团社的服务内容不完全相同，所以其营业收入核算中所使用的明细科目、核算方法等也要适应其经济活动的具体情况。

（二）组团社营业收入的核算

1. 组团社结算的一般程序

组团社为了招揽旅客，可以直接与国内外有业务关系的旅行机构联系业务，组织国内外旅游团（者）开展旅游活动。组团社可按照路线价格一次收取全部旅游费用（或先收取部分费用，服务后再结算）。其收费核算程序如下：

首先，业务部门根据旅行团计划编制报价单。组团社的外联部门根据旅行团计划，参考有关收费标准，计算该旅游团每个人的综合服务报价及全团报价，编制"外联团外联预算明细表"（格式见表3-2），经财务部门审核无误后进行对外报价。

其次，预收费用。旅游团根据旅游合同在规定的时间内汇缴定金，组团社对于应收的款项进行核算。

最后，结算旅游费。旅游团按照预定的时间和地点结束旅游时，应根据实际旅游项目的住宿、膳食、交通等情况，填制结算单（格式见表3-3），核收全部旅费。有时，旅行社也可以在旅游团到达之前预收全部费用，旅游后再结算。

表 3-2　春光旅行社外联团外联预算明细表

国别：　　　　　　　　　　年　　月　　日

组团社		团号		人数		人数	
各地综合服务费		类区					
		类区					
		类区					
合计　元							
飞机费 合计　元			元		元		元
			元		元		元
火车费 合计　元			元		元		元
			元		元		元
汽车公里费 合计　元			元		元		元
			元		元		元
各地房费 合计　元			元				元
			元	单间费			元
各地门票等费用 合计　元			元	保险费、调剂费			元
			元	合计			元
总计　元		汇率		减免		团体实际报价	备注
				人数	金额		
		折合美元					

表 3-3　春光旅行社结算账单　　　　　　年　月　日

贵方旅行社名称			
旅行团名称及代号			
旅行日期	自　年　月　日至　年　月　日		
人数		每人旅行费用	
人员减免		取消费	
应收费用合计		实际收到费用合计	
尚余（欠）费用			
备注			

2. 组团社营业收入的核算

为了核算旅行社的组团收入，在进行会计核算时，除了设置"主营业务收入"账户外，还需设置"应收账款"（或"预收账款"）账户来核算旅行社在经营过程中发生的各种应收、预付款项，并在该账户下分别设置"应收国内结算款""应收联社结算款""应收中国港澳台结算款""应收国外结算款"四个明细账户进行明细分类核算。

【例 3-1】 弘历旅行社与国外某旅游机构签订合同，预定某旅游团一行 100 人于 2023 年 8 月 11 日至 8 月 20 日在我国进行旅游活动，以每人每天收取综合服务费 400 元人民币计算，即该旅行社应收取综合服务费 400 000 元人民币。根据合同，该国外旅游机构应在 6 月底前首先支付定金 20 000 元人民币。旅行社于 6 月 11 日收到中国建设银行转来的定金 20 000 元人民币，财会部门根据有关凭证作会计分录如下：

借：银行存款　　　　　　　　　　　　　　　　　　　　20 000
　贷：应收账款——应收国外结算款　　　　　　　　　　　　　20 000

按合同规定，该旅行社收到银行转来旅游团预交的全部旅费（扣除定金）后，财会部门根据有关凭证作会计分录如下：

借：银行存款　　　　　　　　　　　　　　　　　　　　380 000
　贷：应收账款——应收国外结算款　　　　　　　　　　　　　380 000

2023 年 8 月 20 日，国外某旅游团旅游结束，根据结算单每人每天应增收旅游费 130 元，共计 130 000 元，财会部门根据有关凭证作会计分录如下：

借：银行存款　　　　　　　　　　　　　　　　　　　　130 000
　　应收账款——应收国外结算款　　　　　　　　　　　　400 000
　贷：主营业务收入　　　　　　　　　［530 000÷(1+6%)］500 000
　　　应交税费——应交增值税（销项税额）［530 000÷(1+6%)×6%］30 000

另外，旅游机构交了定金后，假设有特殊情况不能来此旅游，按规定就不再退还定金。在例 3-1 中，这时应转销应收账款，作为营业外收入处理。

借：应收账款——应收国外结算款　　　　　　　　　　　　　　　20 000
　　贷：营业外收入　　　　　　　　　　　　　　　　　　　　　　20 000

（三）接团社营业收入的核算

1. 接团社结算的一般程序

组团社将组织旅游的旅游地点、所经城市以及各项旅游活动、游览项目、抵达时间等通知接团社，接团社根据组团社通知单做好各项准备工作，提供综合服务或零星服务。接团社在旅游团离开本地后，财务部门根据组团社发来的旅游团计划、接团社自己编制的接待计划、地陪人员填制的旅游团在当地详细活动情况表，按照结算标准或协议的价格填制"旅游团费用拨款通知单"及"费用结算单"，向有关组团社收取各项服务费，并根据这些单据及收到款项的情况进行营业收入处理。

2. 接团社营业收入的核算

接团社营业收入主要是组团社按拨款标准及双方协议价格拨付的费用。这些费用包括综合服务费、餐费、房费、城市间交通费、加项服务费、陪同劳务费等。接团社在核算营业收入时，除设置"主营业务收入"账户外，还应设置"应收账款"账户，以核算旅行社与经营业务有关的各项应收未收款项。该账户还可以按应收单位名称设置明细账户。凡发生应收未收款项时，借记"应收账款"账户；收回款项时，贷记"应收账款"账户。

【例3-2】武汉旅行社在接待某一旅游团的过程中，发生综合服务收入18 000元，劳务收入2 000元，地游及加项收入8 000元，票务收入2 000元。财务部门根据有关凭证向组团社报送"费用通知单"后接到了银行收款通知，编制会计分录如下：

（1）确认营业收入时：

借：应收账款　　　　　　　　　　　　　　　　　　　　　　　　31 800
　　贷：主营业务收入——综合服务收入　　　　　　　　　　　　　18 000
　　　　　　　　　　——劳务收入　　　　　　　　　　　　　　　 2 000
　　　　　　　　　　——地游及加项收入　　　　　　　　　　　　 8 000
　　　　　　　　　　——票务收入　　　　　　　　　　　　　　　 2 000
　　　　应交税费——应交增值税（销项税额）　　　（30 000×6%）1 800

（2）接到银行通知时：

借：银行存款　　　　　　　　　　　　　　　　　　　　　　　　31 800
　　贷：应收账款　　　　　　　　　　　　　　　　　　　　　　　31 800

三、旅游业营业成本的核算

（一）成本计算对象及营业成本的构成

旅游业营业成本是指直接接待旅游团体或个人，为其提供各项服务所支付的费用。旅游业的营业成本与生产经营企业的营业成本不同。旅游业营业成本的核算对象是纯服务费用，即为旅游者提供旅游服务所支付的各项直接费用，包括旅游者的膳食费、住宿费、游览车船费、门票费，以及交通费、文娱费、行李托运费、票务费、专业活动费、导游费、劳务费、保险费等。

　　旅游业营业成本的内容与其营业收入的内容是相对应的，具体包括：①组团外联成本。它是指由组团社自组外联接待包价旅游团体或个人按规定开支的房费、餐费、旅游交通费、陪同费、文娱费和其他费用。②综合服务成本。它是指旅行社接待包价旅游团体或个人按规定开支的住房费、餐费、旅游交通费、陪同费、文娱费和其他费用。③零星服务成本。它是指接待零星旅游者和受托代办事项而支付的费用。④劳务成本。它是指旅行社派出翻译、导游人员或聘请兼职导游人员参加全程陪同而支付的费用。⑤票务成本。它是指旅行社办理国际联运客票和国内客票而发生的订票手续费、包车费和退票损失等费用。⑥地游及加价成本。它是指接待旅游者计划外增加旅游项目等发生的费用。⑦其他服务成本。它是指不属于以上各项的其他服务成本。

（二）营业成本的核算

　　旅行社的营业成本都要经过"主营业务成本""应付账款"等账户进行核算。"主营业务成本"账户属于损益类账户，其核算内容按权责发生制和配比原则要求，在结转主营业务收入的同时，相应结转成本进行账务处理。"主营业务成本"总分类账下可以设"组团外联成本""综合服务成本""零星服务成本""劳务成本""票务成本""地游及加项成本""其他服务成本"等账户。

　　由于旅游经营业务的经营成本大部分在外地发生，因而一般可由带队导游带现金支付。导游携带现金应预先填写"预领导游费借款单"，向财务部门预借，旅游结束后再凭支出单据报销。导游借款时，应借记"应付账款"账户，贷记"库存现金"账户；旅游结束核销时，应借记"应付账款"账户，贷记"主营业务成本"账户。在实现营业收入的同时，本着配比原则，将相应旅行社代付的房费、餐费、车费、游览费等各项直接费用和导游工资、固定资产折旧等间接费用记入"主营业务成本"账户，月末将"主营业务成本"账户的借方余额从其贷方转入"本年利润"账户中。

　　【例3-3】红旗组团社本月根据费用结算通知单，向平安接团社拨付综合服务费40 000元，又向常青旅游团支付导游费3 000元，作会计分录如下：

　　　借：主营业务成本——综合服务成本　　　　　　　　　　　　　　40 000
　　　　　　　　　　　——劳务成本　　　　　　　　　　　　　　　　3 000
　　　　贷：银行存款　　　　　　　　　　　　　　　　　　　　　　43 000

　　【例3-4】红旗组团社组织10人去烟台旅游，由某旅游团代为接待，各种成本月末尚未结算，红旗组团社按计划成本10 000元入账，作会计分录如下：

　　　借：主营业务成本　　　　　　　　　　　　　　　　　　　　　10 000
　　　　贷：应付账款　　　　　　　　　　　　　　　　　　　　　　10 000

　　收到旅游团成本结算单，实际成本为13 000元，作会计分录如下：

　　　借：主营业务成本　　　　　　　　　　　　　　　　　　　　　3 000
　　　　贷：应付账款　　　　　　　　　　　　　　　　　　　　　　3 000

　　实际支付旅游团款项时，作会计分录如下：

　　　借：应付账款　　　　　　　　　　　　　　　　　　　　　　　13 000

  贷：银行存款   13 000

【例3-5】念念接团社本月接待浪漫旅游团，取得营业收入 31 800 元。该月，为浪漫旅游团代付各项费用合计 20 000 元。接团社尚未收到组团社划拨的款项。

（1）念念接团社离开本地确定营业收入时：

借：应收账款——应收国内结算款   31 800

  贷：主营业务收入——综合营业收入   ［31 800÷（1+6%）］30 000

    应交税费——应交增值税（销项税额） ［31 800÷（1+6%）×6%］1 800

（2）代付各项费用时：

借：主营业务成本   20 000

  贷：银行存款   20 000

四、旅游经营业务的税务会计核算

旅游经营业务的税务会计核算是指旅行社在经营业务过程中取得收入扣除相应成本及费用后，服务增值部分计征税金的财务核算，该税金主要包括增值税、城市维护建设税、教育费附加、所得税、印花税等。

（一）税务会计核算的特点

旅游服务企业销售额可以选择差额扣除的方式。旅游服务企业可以选择以取得的全部价款和价外费用，扣除向旅游服务购买方收取并支付给其他单位或者个人的住宿费、餐饮费、交通费、签证费、门票费和支付给其他接团旅游企业的旅游费用后的余额作为销售额。

旅游服务企业（一般纳税人）税务核算与工业企业（一般纳税人）税务核算比较，取得可以抵扣进项税额的有效凭证难度较大，较多的费用项目如膳食费、住宿费、行李托运费等较难取得合法有效的抵扣凭证。不像工业企业那样在增值税专用发票的流转管理方面已经很完善，旅游服务企业较容易取得进项税额抵扣凭证。

（二）税务会计核算的内容

旅游服务企业的税务会计核算区分一般纳税人和小规模纳税人分别进行核算。

设置科目有"应交税费""税金及附加"等。

1. 一般纳税人旅游服务企业税务会计核算

一般纳税人旅游服务企业当期应缴纳的增值税可按下列公式计算：

$$应交增值税 = 当期销项税额 - 当期进项税额$$

$$当期销项税额 = 当期旅游服务销售收入 ÷ （1+适当税率）×适当税率$$

$$当期进项税额 = 当期旅游服务销售成本 ÷ （1+适当税率）×适当税率$$

旅游服务企业（一般纳税人）适用的税率为 6%。

【例3-6】春光旅行社（一般纳税人）2023 年 6 月旅游服务销售收入为 250 000 元。其中，应付给其他接团旅游公司（甲公司）服务费、住宿费、餐饮费、交通费、签证费、门票费等共计 160 000 元（均取得增值税专用发票）。春光旅行社 2023 年 6 月应纳增值税的计算如下：

2023 年 6 月增值税销项税额 =250 000÷（1+6%）×6% =14 150.94（元）

2023 年 6 月增值税进项税额 =160 000÷（1+6%）×6% =9 056.60（元）

2023 年 6 月增值税应纳税额 =14 150.94-9 056.60=5 094.34（元）

会计处理为：

借：银行存款　　　　　　　　　　　　　　　　　　　　　　　250 000

　　贷：主营业务收入　　　　　　　　（250 000-14 150.94）235 849.06

　　　　应交税费——应交增值税（销项税额）　　　　　　　　14 150.94

借：主营业务成本　　　　　　　　　　（160 000-9 056.6）150 943.4

　　应交税费——应交增值税（进项税额）　　　　　　　　　　9 056.6

　　贷：应付账款——甲公司　　　　　　　　　　　　　　　　160 000

借：应交税费——应交增值税（已交税金）　　　　　　　　　　5 094.34

　　贷：银行存款　　　　　　　　　　　　　　　　　　　　　5 094.34

2. 小规模纳税人旅游服务企业税务会计核算

小规模纳税人旅游服务企业提供旅游服务或应税劳务，实行简易办法计算应纳税额。小规模纳税人的销售额不包括其应纳税额。采用销售额与应纳税额合并定价方法的，将含税销售额还原为不含税销售额后，再计算应纳税额。计算公式如下：

$$不含税销售额=\frac{含税销售额}{1+征收率}$$

$$应交增值税=不含税销售额×征收率$$

《中华人民共和国增值税暂行条例》规定，小规模纳税人的征收率一般为 3%。

从会计处理角度看，小规模纳税人具有以下特点：

（1）小规模纳税人购入货物或接受应税劳务、服务，无论是否取得增值税专用发票，其支付的增值税税额均不计入进项税额，不得从销项税额中抵扣，而是计入所购货物或劳务、服务的成本。

（2）小规模纳税人的销售收入按不含税销售额计算。

（3）小规模纳税人的"应交税费——应交增值税"账户，应采用三栏式账户。期末"应交税费——应交增值税"明细账户的贷方余额，即本月应交的增值税。

旅游服务企业（小规模纳税人）购入商品或劳务、服务不能抵扣增值税，发生的增值税计入旅游业务成本或费用，借记"主营业务成本""销售费用"等账户，贷记"应付账款""银行存款"等账户。

【例 3-7】万里旅行社（小规模纳税人）2023 年 7 月共取得含税收入 20.60 万元，当月发生营业成本 4 万元，旅行社租用办公室租金 3 万元。

账务处理为：

借：银行存款　　　　　　　　　　　　　　　　　　　　　　　206 000

　　贷：主营业务收入　　　　　　　　　　　　　　　　　　　200 000

　　　　应交税费——应交增值税（销项税额）［206 000÷（1+3%）×3%］6 000

借：主营业务成本　　　　　　　　　　　　　　　　　　　　　40 000

	销售费用——租金	30 000

```
        销售费用——租金                              30 000
    贷：银行存款                                       70 000
借：应交税费——应交增值税（已交税金）              6 000
    贷：银行存款                                        6 000
```

第三节　餐饮经营业务的核算

一、餐饮经营业务概述

餐饮业又称饮食业，包括各种类型和各种风味的中餐馆、西餐馆、酒馆、咖啡馆，小吃店和冷饮店等，是国民经济中的一个重要行业。

餐饮业虽然也从事生产加工和销售，但同工业企业、商品流通企业相比，有其自身的经营特点：①花色品种多，根据顾客的需求烹制加工，现制现卖，每个品种生产销售的数量不多；②生产销售时间短促，而且集中在早、午、晚三餐时间；③每一种饮食制品的规格质量不一，配料随季节变化而变化，烹制方法和风味也多种多样，色、香、味、形要求高。这些经营特点决定了餐饮业的生产成本只能粗算，不能细算。它一般只计算总成本，不计算单位成本；只计算原料成本，不计算全部成本。

二、原材料和饮食制品成本的核算

餐饮业的原材料包括主食、副食和调味品三大类。对购进的原材料有两种管理方式：一种是入库管理，入库和出库都要办理必要的手续，并填制凭证和进行会计核算；另一种是购进后直接交付厨房使用，如新鲜的肉、禽、鱼、虾和蔬菜以及一部分低价调味品，此类原材料一般不办理入库手续，作会计处理时不经过"原材料"账户核算，而直接作饮食制品的成本处理，业内称其为"直出库"。

饮食制品成本的核算有两种方法：

（一）"领料制"核算法

在采用领料制核算成本时，所有发出的原材料均需填制领料单，并据此借记"主营业务成本"账户，贷记"原材料"账户。但发出的原材料在制作过程中不一定全部用完，因此必须在月份终了时对存放在操作间里已领用而未耗用的原材料和已制成但尚未售出的成品及半成品进行实地盘点，编制原材料、在制品和成品盘存表，并据此办理假退料手续，调整营业成本，借记"主营业务成本"账户（红字），贷记"原材料"账户（红字）。调整后的"主营业务成本"账户本期借方发生额合计数，即为本月耗用原材料总成本。下月初，再将假退料数额原数冲回，借记"主营业务成本"账户，贷记"原材料"账户。

【例3-8】四季美餐厅采用领料制核算成本，5月原材料发出汇总表见表3-4。

表3-4　5月原材料发出汇总表

品　名	数量（千克）	单价（元/千克）	金额（元）	备　注
大　米	3 500	2.0	7 000	
面　粉	1 000	1.9	1 900	
色拉油	600	8.0	4 800	
鸡　蛋	1 000	3.8	3 800	
肉	800	20.0	16 000	
鱼	600	10.0	6 000	
合　计			39 500	

（1）领用原材料时，作以下账务处理：

借：主营业务成本　　　　　　　　　　　　　　　　　　　　39 500

　贷：原材料　　　　　　　　　　　　　　　　　　　　　39 500

月末，根据操作间实地盘点数据编制原材料盘存表，见表3-5。

表3-5　5月原材料盘存表

品　名	数量（千克）	单价（元/千克）	金额（元）	备　注
大　米	100	2.0	200	
面　粉	200	1.9	380	
色拉油	100	8.0	800	
鸡　蛋	10	3.8	38	
肉	20	20.0	400	
鱼	20	10.0	200	
合　计			2 018	

（2）将盘存的原材料作假退料时，会计处理为（红字）：

借：主营业务成本　　　　　　　　　　　　　　　　　　　　2 018

　贷：原材料　　　　　　　　　　　　　　　　　　　　　2 018

（3）下月初，将假退料冲回时，会计处理为：

借：主营业务成本　　　　　　　　　　　　　　　　　　　　2 018

　贷：原材料　　　　　　　　　　　　　　　　　　　　　2 018

为简化核算手续，月末对盘存的原材料也可以不办理假退料手续，将其保留在"主营业务成本"账户中。但本月的原材料总成本则不再是"主营业务成本"账户的借方发生额合计数，而应根据下面的公式计算求得：

$$本月耗用原材料总成本=操作间月初原材料结存额+本月原材料领用额-$$
$$操作间月末原材料盘存额$$

对月末盘存的在制品和未售出的成品中所含原材料数量，可按配料定额折合计算。

采用领料制核算法的优点是核算手续完备，采购、保管和耗用各环节责任明确。但它要求企业建立健全的领退料制度，日常原材料的出入库要严格履行填单手续，月末要组织好各方面人员，认真做好盘点工作。

（二）"以存计耗"核算法

采用"以存计耗"核算法的企业，购进的原材料记入"原材料"账户，操作间平时领用时，只办理领料手续，会计上不作账务处理。月末，将操作间剩余原材料的盘存金额加上库存原材料的盘存金额，倒挤出本月耗用的原材料总成本。计算公式为：

$$本月耗用原材料总成本=月初原材料仓库和操作间结存额+本月购进原材料额-$$
$$月末原材料仓库和操作间结存额$$

月末，企业根据倒挤出的原材料总成本，借记"主营业务成本"账户，贷记"原材料"账户。

【例3-9】老村长餐厅原材料账户4月初余额为3 640元，本月购进原材料总额为127 270元，月末实际盘点原材料库和操作间结存总额为2 200元。该餐厅采用"以存计耗"核算法计算成本，3月耗用原材料总成本为：

$$3月耗用原材料总成本=3 640+127 270-2 200=128 710（元）$$

根据计算结果，应作以下会计处理：

借：主营业务成本　　　　　　　　　　　　　　　　128 710
　贷：原材料　　　　　　　　　　　　　　　　　　　　128 710

采用"以存计耗"核算法虽然较为简单，但因平时原材料发出不记账，无法分清耗用成本和保管损失，会将各种损失、浪费甚至贪污都计入成本，不利于加强企业管理。因此，它只适用于经营规模较小、没条件也没必要建立原材料库房的小型餐饮企业。

三、餐饮业成本的控制

众所周知，餐饮企业的日常经营消耗主要集中在菜品的原材料上，那么如何有效地降低原材料的成本和损耗？餐饮企业一般有一个共同点：在采购、出入库以及成本核算方面具有非常严格的流程和制度。

（一）成本控制的重要性

1. 餐饮成本控制关系到产品的规格、质量和销售价格

因产品的售价是以产品成本和规定的毛利率来计算的，成本的高低直接影响其售价，因此搞好成本控制是餐饮工作所必需的。

2. 成本控制有利于满足顾客需要并维护顾客的利益

顾客到店面就餐，不仅希望享受到精美的菜品和热情的服务，更希望产品物美价廉，而为保证这一点，就必须进行成本控制。

3. 成本控制直接关系到店面的营业收入和利润

店面在满足顾客的餐饮需求的同时，还担负着为店面提供盈利的任务。如果成本失控，就会影响店面的经营成果，甚至造成不应有的亏损。为了保证店面得到利益，就必须加强成本控制。

4. 成本控制可以改善店面的经营管理

成本控制的关键取决于店面的经营管理水平，经营管理水平越高，成本控制就越好；反之，就会产生成本失控现象。因此，搞好成本控制可以改善餐厅的经营管理。

（二）餐饮业成本控制内容

餐饮成本包括食品原料成本、劳动力成本和设备折旧费用。餐饮业成本控制主要是指控制原料成本，而原料成本随着营业收入的变化而变化。营业收入增加，原料成本也随之增加；营业收入降低，原料成本也随之降低。如果没有营业收入，也就没有成本可言。劳动力成本和设备的折旧费用等，不随营业收入的变化而变化，因此在这里仅探讨食品、酒水的成本控制。

1. 食品成本控制

在店面的营业收入中，除去成本即为毛利。食品成本与营业收入之比，或 1 减去毛利率，就是食品成本率，用公式表示为：

$$食品成本率=食品成本÷营业收入×100\%$$

或

$$食品成本率=1-毛利率$$

【例 3-10】好再来店 2023 年 9 月收入为 100 万元，食品成本为 40 万元，毛利率为 60%。

$$食品成本率=40÷100×100\%=40\%$$

或

$$食品成本率=1-60\%=40\%$$

毛利率表见表 3-6。

表 3-6　毛利率表

收入（万元）	成本（万元）	毛利率（%）	食品成本率（%）
100	40	60	40

目标食品成本率确定以后，就必须加强日常成本核算，及时检查和监督实际成本是否偏离目标成本，如果偏离成本，要查出原因，及时采取相应措施给予调整。

净菜率和配量也是影响成本的重要因素，是隐藏在毛利率后的重要因素。净菜率主要针对菜品类，如丝瓜，需要先去皮才能够清洗、切配、上盘。净菜率就是指某菜品达到可使用状态下的一个比率。要根据不同季节测量净菜率，因此采购质量是关键。配量，即一份菜品所需要的分量。

用丝瓜这一菜品进行分析：菜农民超市 2023 年 7 月丝瓜净菜率为 0.60，配量为一份

0.5 千克，实售盘数为 780 盘，销售单价为 5 元/盘，实耗数量为 655 千克，丝瓜进价为 2 元/千克。商品销售毛利率对比见表 3-7。

表 3-7　商品销售毛利率对比表

品名	耗用数量 （千克）	净菜率	配量 （千克）	应售盘数 （盘）	应售金额 （元）	实售盘数 （盘）
丝瓜	655	0.60	0.5	786	3 930	780
	实售金额 （元）	销售成本 （元）	标准毛利 （元）	标准毛利率 （%）	实际毛利 （元）	实际毛利率 （%）
	3 900	1 310	2 620	66.67	2 590	66.41

首先根据实际成本、净菜率和配量计算出标准消耗盘数。

应售盘数 = 655×0.60÷0.5 = 786（盘）

应售金额 = 786×5 = 3 930（元）

实售盘数 = 780（盘）

实售金额 = 780×5 = 3 900（元）

销售成本 = 655×2 = 1 310（元）

标准毛利 = 应售金额－销售成本 = 3 930－1 310 = 2 620（元）

标准毛利率 = 2 620÷3 930×100% = 66.67%

实际毛利 = 实售金额－销售成本 = 3 900－1 310 = 2 590（元）

实际毛利率 = 2 590÷3 900×100% = 66.41%

通过以上计算我们不难看出，实际毛利率比标准毛利率低 0.26%，也就是说此品项是盘亏的。导致这一结果的原因无非就是净菜率不够准确或是配量不标准，而这两个因素又恰恰是影响毛利率的重要因素。这一数据提醒我们要及时进行净菜率更新测量，以达到标准化水平。配量则在切配中分析。

在确定毛利率的同时也决定了食品成本率。店面的食品成本率一旦确定，店面管理人员就应以此为依据，努力控制食品成本。

店面的业务活动从食品原料的采购、验收、贮存、发放、粗加工、切配、配锅、服务到收款，环节较多，且每一环节都会影响到食品成本。因此，店面必须加强餐饮产品生产、服务、销售全过程的成本控制。

（1）采购。采购进货是店面经营的起点和保证，也是食品成本控制的第一个环节。要搞好采购阶段的成本控制工作，就必须做到：①制定采购的规格标准，即对应采购的原料，从形状、新鲜度、包装要求等诸方面都要加以严格的规定。当然，并不要求对每种原料都使用规格标准，一般只是对那些影响食品成本较大的重要原料使用规格标准，如菜品。②餐厅只应采购即将需要使用的食品原料。采购人员必须按照店面提供的、根据营业情况填写的采购单进行采购。③采购人员必须熟悉食品原料知识并掌握市场动态，按时、保质、保量购买符合餐厅需要的原料。④对于菜品要做到货比三家，对于海产品及开袋食品选择固定供货商并定期进行市场询价以便以最低的价格采购到最优质的原料。同时要尽量足量地采购，以减少运输等采购费用。⑤对采购人员进行经常性的职业道德教育，使他们树立一切为店面着想的思想，避免以次充好或私拿回扣。⑥严格执行采购审批程序。需要原料的店面必须填写采购单，由后厨店长签字确认，经财务人员审批后交采购部，如超过采购金额的最高限额，则须由采购经理签字确认。

（2）验收。店面应严格按照产品标准质量进行验收。验收一般分质、量和价格三个方面的验收：①质，验收人员必须检查购进的食品原料是否符合原先规定的规格标准和要求。②量，对所有的食品原料查点数量或复核重量。核对交货数量是否与请购数量、发票数量一致。③价格，核对购进原料的价格是否和所报价格一致。如以上三方面有一点不符，则餐厅应拒绝接受全部或部分原料，财务部门也应拒绝付款，并及时通知原料供应单位；如以上三方面都符合要求，则由验收人和店长在一式三联采购单上签字确认，店面保留一份，采购部保留一份，一份交到财务部留底保存。

（3）贮存。贮存是食品成本控制的一个重要环节，库存不当就会引起原料的变质或丢失等，从而造成食品成本的提高和利润的下降。因此，餐厅必须搞好仓库的贮存和保管工作。

原料的贮存保管工作必须由专人负责。保管人员应负责仓库的安保工作，未经许可，任何人不得进入仓库。另外，为防止偷盗原料，还必须定期换锁等。根据不同服务区的经营情况合理设置库存量的上下限，从降低库存数量、降低库存单位价格方面着手控制储存量，因为库存不仅占用空间、资金，而且产生搬运和储存需求，侵蚀了单位资产。随着时间的推移，库存食品的腐蚀、变质会产生浪费，所以应及时分析滞销菜品的情况，避免原料变质造成的损失。食品原料一旦购进，应根据其类别和性能迅速放到适当的仓库，在适当的温度中贮存。店面都有自己的仓库，如干货仓库、冷藏室、冰库等。原料不同，仓库的要求也不同，基本要求是分类、分室贮存。所有库存的食品原料都应注明进货日期，以便搞好存货的周转工作。发放原料时要遵循"先进先出"原则，即先存原料早提用、后存原料晚提用。

另外，保管人员还必须经常检查冷藏、冷冻设备的运转情况及各仓库的温度，搞好仓库的清洁卫生以防虫、鼠对库存食品原料的危害。每月月末，保管员必须对仓库的原料和仓库外零散原料进行盘存并填写库存盘存表，盘存时该点数的点数、该过秤的过秤，而不能估计盘点。盘点时应由后厨店长陪同参加。盘点结束后由店经理确认，一式两份，店面留存一份，另一份交财务部。应该说，各原料的库存金额应与财务部的账面金额相符，但实际上这是不可能的。店面采用库存管理软件，每次购入原料便要根据采购单进行输入，月底盘点结束后根据盘点表数量和金额录入库存管理软件的实地盘存中，由软件自动生成本月领用数量。软件内容分为供货商采购和现金采购两部分，为了准确地核算成本，财务部门根据店面提供的供货商明细表与每个供货商进行对账确认，根据店面提供的现金采购表与库存现金、银行存款日记账进行核对，若有异议及时与店面沟通，针对有异议的原料进行重新录入、审核和盘点，以便做到准确无误。

（4）发放。原料的发放控制工作有以下两个重要方面：①未经批准，不得从仓库领料；②只准领取所需的食品原料。为此，餐厅必须健全领料制度，最常见的就是使用领料单，领料单一式三份，一份留厨房，一份交仓库保管员，一份送交财务部。一般说来，厨房应提前将领料要求通知仓库，以便仓库保管员早做准备。

（5）粗加工。粗加工过程中的成本控制工作主要是科学、准确地测定各种原料的净料率。为提高原料的净料率，必须做到：粗加工时，严格按照规定的操作程序和要求进行加工，达到并保持应有的净菜率；对成本较高的原料，应先由有经验的厨师进行试验，提出最佳加工方法；对粗加工过程中剔除部分（肉骨头等）应尽量回收，提高其利用率，做到物尽其用，以便降低成本。

（6）切配。切配是决定主、配料成本的重要环节。切配时应根据原料的实际情况，整料整用，大料大用，小料小用，下脚料综合利用，以降低食品成本。店面都实行食品原料耗用配量定额制度，并根据菜单上菜点的规格、质量要求严格配菜。原料耗用配量定额一旦确定，就必须制定食品原料耗用配量定额计算表，并认真执行。严禁出现用量不足、过量或以次充好等情况。主料要过秤，不能凭经验随手抓，力求保证菜品的规格与质量，否则会导致毛利率不准确。

（7）配锅。锅底占成本的比例为17%左右，锅底走量大，采取一桌一锅制，配制所需物料也较多，控制好用量是控制成本的关键。

（8）服务。在服务过程中也会引起食品成本的增加，主要表现为以下几个方面：服务员在接受菜单时没有重复宾客所点菜肴，以致上菜时宾客说没有点此菜；服务人员偷吃菜品而造成数量不足，引起宾客投诉；服务人员在传菜或上菜时打翻菜盘、汤盆；服务人员发生传菜差错，如传菜员将6号桌宾客所点菜肴错上至5号桌，而5号桌宾客又没有说明。针对上述现象，店面必须加强对服务人员的职业道德教育，并进行经常性的业务技术培训，使他们端正服务态度，树立良好的服务意识，提高服务技能，并严格按规程为宾客服务，力求不出或少出差错，尽量降低食品成本。

（9）收款。店面不仅要抓好从原料采购到服务过程的成本控制，更要抓好收款控制，才能保证盈利。收款过程中的任何差错、漏洞都会引起食品成本的上升。因此，店面店长必须控制好以下几个方面：防止漏记或少记菜点及其价格；在账单上准确填写每个菜点的价格；结账时核算正确；防止漏账或跑单；严防收款员或其他工作人员的贪污、舞弊行为。

2. 审核

每天营业结束后，餐厅收银员应该确保每笔菜单都与电脑中结算单相符，在确认无误后进行现金盘点，填制营业额表，由填写人签字确认并由店长再次确认签字，交由财务部门审核留存，财务部门对经过收银员和店长签字确认的营业额表及有关原始凭证认真审核以确保餐厅的利益。

（三）酒水成本控制

酒水成本控制与食品成本控制一样，也应从采购、贮存等诸方面保证酒水的低成本、高效益。酒水包括酒和饮料两部分。酒水成本控制应该注意两个方面：

1. 调配

店面主要的饮料为果汁和碳酸饮料，在配置果汁时要严格按照配量表进行配置，调配果汁应该由专人负责，严防丢失或员工偷喝。碳酸饮料要定时地调整饮料机的配比量，防止碳水化合物与糖浆比例失调导致配量不准确。

2. 盘存

酒水应由专人管理，要配有保管账簿，每天进行登记，营业结束后，负责酒水的人员应该进行盘点，登记结存数量。盘存的目的，一方面是控制成本，另一方面是根据盘存情况为第二天的营业做好准备。盘存的同时还应审核当日营业收入是否与点酒单及实际消耗相符，如发现问题应及时向上级汇报并查明原因。

四、饮食制品定价和销售的核算

(一) 饮食制品的定价

由于饮食制品的花色品种繁多，且原材料价格多变，因而如何定价是饮食制品核算的一个重要问题。目前常用的定价方法有销售毛利率法和成本毛利率法两种。

1. 销售毛利率法

销售毛利率法又称内扣毛利率法。销售毛利率是指毛利额与售价的比率，计算公式为：

$$销售毛利率=毛利额÷售价×100\%=(售价-原材料成本)÷售价×100\%$$

由此可推导出售价的计算公式：

$$售价=\frac{原材料成本}{1-销售毛利率}$$

【例3-11】青椒肉丝每盘的原材料成本为7元，规定的销售毛利率为50%，青椒肉丝每盘的售价应为：

$$青椒肉丝每盘售价=7÷(1-50\%)=14（元）$$

2. 成本毛利率法

成本毛利率法又称外加毛利率法。成本毛利率是指毛利额与成本的比率，计算公式为：

$$成本毛利率=毛利额÷原材料成本×100\%$$

在饮食制品原材料成本的基础上，按确定的成本毛利率加成，即可计算饮食制品的售价，计算公式为：

$$售价=原材料成本×(1+成本毛利率)$$

【例3-12】青椒肉丝每盘的原材料成本为7元，假定其成本毛利率为65%，则青椒肉丝每盘的售价应为：

$$青椒肉丝每盘售价=7×(1+65\%)=11.55（元）$$

3. 销售毛利率与成本毛利率的换算

为便于核算和管理，在实际工作中销售毛利率与成本毛利率可以相互转换，换算公式为：

$$成本毛利率=销售毛利率÷(1-销售毛利率)×100\%$$
$$销售毛利率=成本毛利率÷(1+成本毛利率)×100\%$$

【例3-13】销售毛利率为45%，将其换算为成本毛利率则为：

成本毛利率＝45%÷（1−45%）×100%＝81.82%

（二）饮食制品销售的核算

1. 餐饮企业销售结算方式

常见的餐饮企业销售结算方式有先就餐后结算、一手钱一手货和先存款后就餐（划卡结算）三种。

（1）先就餐后结算。在这种结算方式下，就餐者入座点菜后，由服务员填写点菜单一式两份，第一联送到操作间作为取菜凭证；第二联送到吧台（收款处）备案，待客人用完餐后，服务员凭第二联向客户收款。每天营业结束后，收款员和操作间分别汇总销售额和发菜额，双方核对相符后，共同在当日销售日报表上签字。由于这种结算方式既方便顾客，又利于餐饮企业内部控制，因此，一般中、西餐馆（饭店）均采用这种结算方式。

（2）一手钱一手货。在这种结算方式下，就餐者直接到柜台购买饮食制品并到交款机前结算，没有服务员到桌服务。经营品种简单且规格化的快餐类餐馆大都采用这种结算方式。这种结算方式手续简便，且交款机能自动记录销售的数量和金额。每日营业结束后，交款机打出当日的销售汇总表，其与操作间的加工数量核对相符后，即可作为财务入账的依据。

（3）先存款后就餐（划卡结算）。在这种结算方式下，就餐者需事先在自己的磁卡中存入一定的款项，就餐时再凭此卡在收款机上划卡结算。由于这种结算方式利用计算机就餐结算系统的硬件和软件，集中收款，管理严密，且不用找零，既方便了就餐者，又加快了服务速度，避免了忙中出错，因此，它适用于就餐人数众多且就餐时间较为集中的学校餐厅。

2. 餐饮企业销售收入的核算

餐饮企业的销售收入应通过"主营业务收入"账户核算。在第一种和第二种结算方式下，收款员每天编制"主营业务收入日报表"（格式见表3-8），连同收到的现金、支票和签单报送给财务部门，财务部门据此借记"库存现金"（收现部分）、"银行存款"（支票部分）、"应收账款"（赊欠部分）等账户，贷记"主营业务收入"（不含税收入金额）账户，按现行增值税制度规定计算的销项税额贷记"应交税费——应交增值税（销项税额）"，如果发生现金溢余或短缺，记入"待处理财产损溢"账户。

表3-8　主营业务收入日报表

年　月　日

项　目	现　金	支　票	签　单	合　计
1. 中餐				
2. 西餐				
3. 快餐				
4. 盒饭				
合　计				

在第三种结算方式下，磁卡存款处每日编制"库存现金收支日报表"，连同所收的现金报送财务部门，财务部门据此登记"库存现金""预收账款""主营业务收入""其他应收款""财务费用"等账户。

【例3-14】湖北某商贸学院某一学生餐厅2023年5月26日的"库存现金收支日报表"见表3-9。

表3-9　库存现金收支日报表

2023年5月26日　　　　　　　　　　　　　　　　　　　　　单位：元

上日存款余额	本日存入	本日营业额	本日退款	本日余额
160 000	16 680	18 645	500	157 535

注：本日退款中包括退还押金50元。此外，另收办理磁卡手续费55元。

根据上述资料，该餐厅财务部门的会计处理为：

（1）根据本日存入数额：

借：库存现金　　　　　　　　　　　　　　　　　　　　　　　　　　　16 680

　　贷：预收账款　　　　　　　　　　　　　　　　　　　　　　　　　16 680

（2）根据本日营业额：

借：预收账款　　　　　　　　　　　　　　　　　　　　　　　　　　　18 645

　　贷：主营业务收入　　　　　　　　　　　　　　（18 645÷1.06）17 589.62

　　　　应交税费——应交增值税（销项税额）（18 645÷1.06×6%）1 055.38

（3）根据本日退款额：

借：预收账款　　　　　　　　　　　　　　　　　　　　　　　　　　　　450

　　其他应付款——押金　　　　　　　　　　　　　　　　　　　　　　　　50

　　贷：库存现金　　　　　　　　　　　　　　　　　　　　　　　　　　500

（4）根据收取的手续费：

借：库存现金　　　　　　　　　　　　　　　　　　　　　　　　　　　　　55

　　贷：财务费用　　　　　　　　　　　　　　　　　　　　　　　　　　　55

五、餐饮业税务会计核算

餐饮业增值税适用税率6%，小规模纳税人适用征收率3%。

餐饮业税务会计核算是指餐饮服务企业在经营业务过程中取得的收入扣除相应成本及费用后，对服务增值部分计征税金的财务核算，其税金主要包括增值税、城市维护建设税、教育费附加、所得税、印花税等。

（一）税务会计核算的特点

餐饮业通过加工食材向顾客提供餐饮成品，这一业态与咨询、中介等服务业相比，其特点在于直接材料支出是成本中最主要的部分，如食材、饮料等的支出，因此餐饮业进项税额抵扣发票种类较多。不同的进货渠道，会取得不同抵扣税率的增值税发票，税负影响不同。与其他行业相比，餐饮业有更多的不确定性和灵活性。

餐饮业营销模式的不同也直接影响企业的税负，如餐饮服务与食品外卖适用的税率不同，餐饮服务适用税率6%，食品外卖属于产品销售，适用税率13%。不同于其他行业，餐馆业销售种类界限分明，便于区分。

知识扩展3-2

餐饮行业进项税额发票种类可能有：

1. 增值税专用发票；
2. 农副产品销售发票（增值税普通发票）；
3. 农副产品收购发票；
4. 海关完税凭证。

餐饮企业在采购时，应尽可能选择可以取得进项税额发票的渠道。一般来讲，能够开具增值税专用发票和农副产品销售发票的，都是比较大型的或正规的渠道，要么是工厂，要么是经销商，要么是农副产品生产销售合作社等。选择大型或正规的渠道，对于餐饮行业的食品安全也是有保障的。

餐饮企业可能直接向农副产品生产者（农户）收购农副产品。餐饮行业可以向税务部门申请领取农副产品收购发票，在收购农副产品时由餐饮企业自行开具发票。对于农副产品收购发票各地管理都比较严格，对于农户资格、产品范围等有较严格限制，餐饮企业初次领取使用时要特别注意。

（二）税务会计核算的内容

餐饮业的税务会计核算区分一般纳税人和小规模纳税人分别进行。其内容同旅游业税务会计核算。

1. 餐饮业一般纳税人税务会计核算

餐饮业一般纳税人在其营业成本中所负担和支付的增值税（进项税额），可以从其主营业务收入按规定收取的增值税（销项税额）中抵扣。

餐饮业一般纳税人当期应缴纳的增值税可按下列公式计算：

$$应交增值税 = 当期销项税额 - 当期进项税额$$
$$当期销项税额 = 当期餐饮服务销售收入 \div （1+适用税率） \times 适用税率$$

知识扩展3-3

自2019年4月1日起，增值税一般纳税人（以下简称"纳税人"）发生增值税应税销售行为或者进口货物，原适用16%税率的，税率调整为13%，原适用10%税率的，税率调整为9%。

【例 3-15】红日酒店 2023 年 9 月餐饮服务销售收入为 212 万元；购买生鲜食材 40 万元（取得农副产品销售发票，税率为 9%），购面粉、粮油 22 万元（税率为 9%），购酒水饮料等 11.60 万元（税率为 13%）。

$$9 月销项税额 = 212 \div (1+6\%) \times 6\% = 12（万元）$$

$$9 月可抵扣进项税额 = 40 \times 9\% + 22 \div (1+9\%) \times 9\% + 11.60 \div (1+13\%) \times 13\%$$

$$= 3.6 + 1.82 + 1.33 = 6.75（万元）$$

红日酒店 2023 年 9 月增值税应纳税额：

$$9 月增值税应纳税额 = 12 - 6.75 = 5.25（万元）$$

会计处理为：

借：银行存款		2 120 000
贷：主营业务收入		2 000 000
应交税费——应交增值税（销项税额）		120 000
借：库存商品		668 500
应交税费——应交增值税（进项税额）		67 500
贷：银行存款		736 000
借：主营业务成本		668 500
贷：库存商品（或原材料）		668 500
借：应交税费——应交增值税（已交税金）		52 500
贷：银行存款		52 500

2. 餐饮业小规模纳税人税务会计核算（参照旅游业小规模纳税人税务核算业务）

略。

第四节　服务经营业务的核算

服务业一般是指利用一定的场所、设备和工具提供服务劳动的行业。它的经营方式多样，服务项目繁多，而且所提供的往往是带有一定技艺的服务性劳动。服务过程就是消费过程，例如，美容、理发、沐浴使人们得以达到修饰整洁的目的，服务结束，消费也就终止了。有些服务业，如照相、洗染、修理等行业，除了有服务的职能外，还有加工生产的职能。但服务企业又不同于一般的生产加工企业，它边生产边销售，生产过程短，且生产者直接与消费者见面，因此，服务经营业务同时具有生产、服务、销售三项职能。

一、旅馆经营业务的核算

旅馆业是为住宿的客人提供住房、生活设施和服务人员的劳动，并收取一定费用的行业。旅馆的客房是一种特殊商品，它不出卖所有权，只出售使用权，并可在不同时期反复经销，客人买到的仅是某时期的客房使用权。客房的使用价值可以出租但不能储存，如在规定时间内不出租，其效用就自然消失。因此，客房经营情况的好坏主要看其出租和收入情况，反映这一信息的是客房出租率和租金收入率两个指标。

（一） 客房出租率和租金收入率的计算

1. 客房出租率

客房出租率又称客房利用率和客房开房率，是指已出租客房占可以出租客房的比例。其计算公式为：

客房出租率＝计算期客房实际出租天数÷（可出租客房数量×计算期天数）×100%

客房出租率越高，说明经营效益越好；反之，则说明经营效益越差。若是小旅店，可出租客房数量按出租床位数算。

【例3-16】 幸运宾馆现有可供出租的客房150间，3月共出租3 650天，则该宾馆3月的客房出租率为：

客房出租率＝3 650÷（150×31）×100%＝78.49%

2. 租金收入率

租金收入率是指在一定时期内客房的实收客房租金总额占应收房租总额的比例。其计算公式为：

租金收入率＝报告期实收客房租金总额÷［∑（某类可出租客房数量×该类客房日租金）×

报告期天数］×100%

【例3-17】 海青宾馆现有可供出租的总统套房1间，每间日租金为1 600元；豪华套房20间，每间日租金为900元；豪华标准间82间，每间日租金为600元；普通标准间75间，每间日租金为500元；单人间35间，每间日租金为400元。3月实收客房租金总额为2 500 000元，则该宾馆3月的租金收入率为：

租金收入率＝2 500 000÷［（1×1 600+20×900+82×600+75×500+35×400）×31］×100%

＝67.04%

考核这两个指标时，要注意将因维修或其他原因而暂时不能出租的客房在"可出租客房数量"中扣除。此外，还要注意客房出租率只能反映客房的利用情况，而不能全面反映客房收入和经营情况。在客房出租率完全相同的两个月份里，其客房的实际收入情况可能并不相同。这是因为宾馆出于经营的需要，会根据具体情况给客人以不同的优惠，如在不同的季节实行不同的价格，对在宾馆举行的大型会议的客人、定点的旅游团体等客人，都会给予不同程度的优惠，甚至免费。在这种情况下，客房出租率可能很高，但租金收入率却不一定很高。不过，也有租金收入率高于客房出租率的时候，因为宾馆的某日宿费的结算时间一般是次日中午12点或者下午2点，在结算时间之后退房的客人要支付当天的宿费。而在旅游旺季，由于客人多，客房紧张，前一批客人在当晚退房后，宾馆又在当晚将这些客房再次出租，使这些客房在同天的不同时段入住了两批客人，这时客房出租率是100%，而租金收入率却会超过100%。

（二） 客房营业收入的核算

客房营业收入的入账时间应为客房实际出租时间，即按权责发生制的原则进行核算。其入账价格应以实际出租价格为准。

宾馆的总服务台负责接待前来入住的客人，并负责为客人办理宿费结算。在一般情况下，客人入住时，办完登记手续后，要根据预计住宿的时间先预交一定的押金，客人退房时，再到总服务台办理结算，多退少补。每日营业终了，总服务台应编制"主营业务收入日报表"（其格式见表3-10）和"内部交款单"（其格式见表3-11），连同当日收到的现金及宿费发票记账联一并送交宾馆财务部，财务部对总服务台送交的报表、发票及款项审核无误后，据以入账。

表 3-10　主营业务收入日报表

2023 年 7 月 7 日　　　　　　　　　　　　　　　　　　单位：元

预收房金	上日结存（预收款）	本日应收（当日收入）	本日支付		本日结存（预收款）
			预收款	补交款	
	250 000	80 000	65 000	0	235 000
实交现金（大写）：陆万伍仟元整					
备注：					

表 3-11　内部交款单　　　　　　　　　　　　　　金额单位：元

2023 年 7 月 7 日　　　　　　　　　　　　　　　　　收款员：李睿

交纳现金			支票及信用卡	
种　类	张　数	金　额	种　类	金　额
100 元	140	14 000	转账支票	
50 元	30	1 500	牡丹卡	15 700
20 元	25	500	长城卡	11 560
10 元	100	1 000	龙卡	10 280
5 元			金穗卡	10 460
1 元			一卡通	
合　计		17 000		48 000
	实交现金（大写）：陆万伍仟元整			

记账时，应按预收的押金，借记"库存现金"或"银行存款"账户，贷记"预收账款"账户；按当日应收的客房租金（即已实现的营业收入），借记"应收账款"账户，贷记"主营业务收入"（不含税收入金额）账户；按现行增值税制度规定计算的销项税额，贷记"应交税费——应交增值税（销项税额）"账户，同时，还应冲减结账客人预交的押金，借记"预收账款"账户，贷记"应收账款"账户。

【例 3-18】7 月 7 日，好再来宾馆财务部收到总服务台转来的"主营业务收入日报表"（见表 3-10）和"内部交款单"（见表 3-11）及现金。根据表中有关部门数据，财务部应作会计处理如下（不考虑相关税费）：

（1）根据当日预收的押金（本日交付）：

借：银行存款   48 000

    库存现金   17 000

    贷：预收账款   65 000

（2）根据当日实现的营业收入（本日应收）：

借：应收账款   80 000

  贷：主营业务收入   （80 000-4 528.30）75 471.70

    应交税费——应交增值税（销项税额）   （80 000÷1.06×6%）4 528.30

（3）同时，冲减预收押金：

借：预收账款   80 000

  贷：应收账款   80 000

二、理发、美容、浴池经营业务的核算

理发、美容、浴池经营业务是通过服务人员利用各种服务设施及工具，为消费者进行剪发、修面、烫发、焗油、文眉、洁身、按摩等项目的一种业务。随着科技水平的不断提高，理发、美容、池浴服务项目也在不断增加。理发、美容、浴池经营业务收入主要来自为消费者提供上述服务项目的收入。

（一）收款方式

由于各理发店、美容店和浴池的等级、设备、技术水平不同，收费标准的差距也较大，在管理上有先收款后服务和先服务后收款两种方式。

1. 先收款后服务

这种方式适用于大型理发店、美容店和大众浴池。顾客来理发、美容和洗浴时，需先到统一的收款处按自己要求服务的项目交款，然后凭票（牌）理发、美容和洗浴。每日营业终了，收款员将收到的现金与各个服务员收到的票（牌）核对相符后，编制"主营业务收入日报表"（理发、美容企业的主营业务收入日报表格式见表 3-12，浴池业与此大体相同），连同收到的现金一并送交财务部，财务部据此记账。

表 3-12　主营业务收入日报表　　　　金额单位：元

2023 年 4 月 13 日　　　　收款员：王璟怡

项　目	单　价	人　数	金　额	备　注
一、理发收入				
男　发	25	100	2 500	
女　发	30	70	2 100	
烫　发	50	40	2 000	
头发护理	85	60	5 100	

续表

项　目	单　价	人　数	金　额	备　注
……				
二、美容收入				
面　膜	100	35	3 500	
新娘妆	150	20	3 000	
纹　眉	100	20	2 000	
……				
三、其他收入				
合　计			20 200	

实收现金（大写）：贰万零贰佰元整

2. 先服务后收款

这种方式适用于中小型理发店、美容店和高档浴池。中小型理发店、美容店不设专门的收款台，而由理发员或美容师先为客人服务，然后根据服务项目按标准收费，并随时登记到自己的"主营业务收入台账"上。每日营业终了，由专人负责统计每一服务人员服务的人次及收入的金额，经与现金核对无误后，填制"主营业务收入日报表"，报送财务部门入账。高档浴池则设总收款台，顾客在洗浴后到总服务台根据消费的项目按标准交款。当日营业终了，收款员将收到的现金与各个服务员转来的由顾客本人及服务员签字的消费单据核对相符后，编制"主营业务收入日报表"，报送财务部入账。

（二）营业收入的账务处理

服务企业的营业收入应在提供劳务、收到货款或者索取货款的凭证时确认营业收入的实现。企业每天营业终了时，营业部门应根据存根编制"营业日报"，并与收到的现金一起送交财务部门审核、入账。财务部门借记"应收账款""库存现金"等账户，贷记"主营业务收入""应交税费——应交增值税（销项税额）"账户。在"主营业务收入"账户下也可以按照服务收入的种类设置明细账进行核算。

【例3-19】时尚美容美发厅财务部门4月13日收到统计员转来的"主营业务收入日报表"（见表3-12），经审核无误后，作会计处理如下：

借：库存现金　　　　　　　　　　　　　　　　　　　　20 200
　　贷：主营业务收入——理发收入　　　　　　　　（11 700÷1.06）11 037.74
　　　　　　　　　　——美容收入　　　　　　　　（8 500÷1.06）8 018.87
　　　　应交税费——应交增值税（销项税额）　　（20 200÷1.06×6%）1 143.39

【例3-20】家家修理店（增值税一般纳税人）财务部2023年9月15日收到统计员转来的"营业日报"，其中接活40件，应收修理费200元，交活60件，收到现金800元。财务部门审核无误后作会计分录如下：

（1）接受业务时：

借：应收账款　　　　　　　　　　　　　　　　　　　　　　　　　200

　　贷：主营业务收入　　　　　　　　　　　　　　（200-11.32）188.68

　　　　应交税费——应交增值税（销项税额）　　　［200÷（1+6%）×6%］11.32

（2）交货收到现金时：

借：库存现金　　　　　　　　　　　　　　　　　　　　　　　　　800

　　贷：应收账款　　　　　　　　　　　　　　　　　　　　　　　　800

三、照相、洗染、修理经营业务的核算

照相、洗染、修理业务的营业成本内容如下：①照相企业的营业成本包括耗费的底片、相纸、化学药剂等原材料的成本和进行零售业务的商品进价成本；②洗染企业的营业成本包括耗用的染料、助染剂、织补材料、洗染材料等原材料的成本；③浴池企业的营业成本包括在营业过程中发生的水费和燃料费用等；④修理企业的营业成本包括在经营过程中发生的修理配件、修理材料等的费用。

照相业是利用摄影艺术和造型艺术，为顾客提供人物和实物影像的经营服务型行业。照相企业的服务项目有照相、着色、扩印、代客冲洗和出售胶卷、出租礼服等，有些照相企业还经营照相器材和相册零售、照相机出租和修理等业务。

照相企业在收入核算上是先收款后交件。顾客照相、洗印照片时，需先开票交款，收款员开出一式三联的"工作单"，一联交顾客凭单取件，一联是工作凭证，一联留作存根。每日营业终了，收款员将存根联汇总金额与收到的现金核对无误后，填制"主营业务收入日报表"（其格式与理发、美容企业的主营业务收入日报表格式大体相同），连同收到的现金一并报送财务部门入账。

随着照相业服务内容的不断丰富，其收费内容越来越细化，一些摄影业务预约服务的内容成为其收入的主要来源。现以某婚纱摄影"预约单"为例，进一步说明其服务收入的多样化，见表3-13。

洗染业是从事服装及纺织品的洗烫、染色、织补、干洗等业务的服务行业。洗染业的收款办法一般是先服务后收款。营业员在接收顾客送来的洗染物品时，开出一式三联的"取衣凭单"，一联交顾客作取件凭证，一联交业务部门保存，一联作为存根并据以登记"营业日记簿"。每日营业终了，营业员根据"营业日记簿"填制"主营业务收入日报表"（其格式与理发、美容企业的主营业务收入日报表格式大体相同），连同收到的现金一并报送财务部门入账。

修理业是从事修理的技术人员应用必要的设备和工具，对家用电器、钟表、照相机、文体用品等进行修复的行业。修理业的收款方式一般有先服务后收款、先收款后服务、上门服务和立等可取等。虽然收款方式不同，但其核算方法与同行业的其他企业大体相同。

表 3-13　预约单　　　　　　　　　　　　　　　　　　单位：元

新郎：田文		联系方式：		新娘：李丽		联系方式：	
预约时间：2023 年 4 月 10 日		拍照时间：2023 年 4 月 15 日			取件时间：2023 年 6 月 15 日		
预约内容							
1. 包装设计	价格	4. 结婚当日	价格	6. 自由消费		价格	
海报	250	早妆造型	400	造型师			
进口油画框	1 030	婚庆服装	3 100	摄影师			
电子相册	350	套系名称	典藏玫瑰	设计师			
		套系金额	8 000	看样顾问			
2. 摄影设计				加急消费			
尊享铂金贵宾区	370						
外景	700						
3. 服装造型		5. 看样内容		售后服务			
室内白纱	1 700						
室内晚礼	1 100						
预约定金：2023 年 4 月 10 日　　￥15 000.00　　人民币（大写）壹万伍仟元整							
预约尾款：2023 年 4 月 15 日　　￥2 000.00　　人民币（大写）贰仟元整							
预约声明：本预约单所承诺所有产品均已取件，质量满意							
顾客确认：田文							

四、娱乐经营业务的核算

娱乐业的经营场所具体包括舞厅、音乐茶座、台球室、保龄球馆、网球场、游泳池、乒乓球馆、溜冰场、健身房和游戏机房等。随着人民生活水平的提高，我国娱乐业也得到了较快的发展。

各种娱乐项目的价格是根据购置与维护固定资产和低值易耗品的费用、服务人员的工资、房租、水电费及各种直接费用加上一定的利润制定的。其计算公式为：

$$收费价格 = [（固定资产月折旧 + 月间接费用）\div（月接待能力 \times 上客率）+$$
$$每次服务的直接费用] \div（1 - 毛利率）$$

【例 3-21】 飘飘音乐茶座固定资产的各个月份的折旧额均为 7 000 元，房租、水电费、员工工资等各种间接经营费用每月为 12 500 元，给每位客人赠送的饮料、瓜子、毛巾等成本为 1 元。该茶座的日接待能力为 220 人，每天一场，上座率为 95%。每场乐队和演唱人员的酬金为 400 元，毛利率为 50%。该音乐茶座的门票价格应为：

$$门票价格 = [(7\ 000+12\ 500) \div (30 \times 220 \times 95\%) + 400 \div (220 \times 95\%) + 1] \div (1-50\%)$$
$$= 12.05 （元）$$

为了薄利多销，门票价格应定在 12 元。

娱乐业一般由专人售票，每日营业终了，售票员根据售出的门票和收到的现金，填制"主营业务收入日报表"，连同收到的现金一并送财务部门入账。

本章小结

旅游、餐饮、服务企业会计具有核算对象多样性、成本核算特殊性和货币结算涉外性的特点。旅游业经营业务中旅行社可充当组团社与接团社等不同的角色。组团社的营业成本的一部分，对接团社来说则是营业收入。餐饮业饮食制品成本的核算有"领料制"和"以存计耗"两种核算方法；饮食制品定价可采用销售毛利率法或成本毛利率法。服务业的宾馆、理发、美容、浴池、照相、洗染、修理及娱乐业营业收入根据每日的"主营业务收入日报表"记账；销售费用则根据实际支出直接列入。月终两者均转入"本年利润"核算经营成果。

思考与练习

一、单项选择题

1. 旅游、餐饮、服务企业可以不设置（　　）账户。

A. 主营业务收入　　　　　　　　　　B. 其他业务收入

C. 营业外收入　　　　　　　　　　　D. 营业外支出

2. 客户以支付宝支付的服务费应记入（　　）账户。

A. 库存现金　　　　B. 银行存款　　　　C. 其他货币资金　　　D. 交易性金融资产

3. 采用会员制向客户收取的会员年费应贷记（　　）账户。

A. 应付账款　　　　B. 应收账款　　　　C. 预付账款　　　　D. 预收账款

4. 当组团社收到旅游团预先交来的游客费用时，应借方登记银行存款，贷方登记的科目为（　　）。

A. 预付账款　　　　B. 应付账款　　　　C. 预收账款　　　　D. 应收账款

5. 旅游者与组团社签订旅游合同，并预付了旅游款后，因故要求退出旅游团时，旅游者将要按合同规定承担一定数额的手续费。组团社收取的手续费，应列入（　　）。

A. 其他业务收入　　　B. 主营业务收入　　　C. 其他应收款　　　D. 综合服务成本

6. 接团社一般以向组团社发出"（　　）"时确认经营业务收入的实现。

A. 旅游团费用结算报告表　　　　　　B. 旅游团结算账单

C. 旅游团费用拨款结算通知单　　　　D. 签订组团协议

7. 旅游经营收入通常只有在旅游团队（　　）才能确认。

A. 旅游开始时　　　B. 旅游结束时　　　C. 旅游途中　　　D. 旅游结算时

8. （　　）是指非组团社为组团社派出全程陪同、翻译、导游人员，按规定开支的各项费用。

A. 综合服务成本　　　B. 劳务成本　　　C. 零星服务成本　　　D. 其他服务成本

9. 以下原材料中，不入库管理的原材料是（　　）。

A. 粮食　　　B. 鲜活商品　　　C. 调味品　　　D. 干货

10. （　　）企业可将购入的材料，按其实际成本直接记入"主营业务成本"。

A. 制造企业　　　B. 商品流通企业　　　C. 餐饮企业　　　D. 农业企业

11. （　　）手续简便，但不能在账面上随时反映原材料发生和结存的情况。

A. 永续盘存制　　　B. 实地盘存制　　　C. 先进先出法　　　D. 移动平均法

12. 采用销售毛利率法制定餐饮制品售价的公式为（　　）。

A. 售价＝成本×（1+销售毛利率）　　　B. 售价＝成本×（1+成本毛利率）

C. 售价＝成本÷（1-销售毛利率）　　　D. 售价＝成本÷（1-成本毛利率）

13. 餐饮企业的厨房领用原材料时，借方应计入（　　）账户。

A. 其他业务成本　　　B. 主营业务成本　　　C. 原材料　　　D. 库存商品

14. 客房业务收入的入账金额为（　　）。

A. 预收的定金　　　　　　　　　　　B. 实际收款

C. 客房的实际不含税出租价　　　　　D. 客房规定的出租价

15. 客房营业收入应根据"客房营业日报表"结算栏中的"（　　）"栏金额分析计算。

A. 昨日结存　　　B. 本日预收　　　C. 本日应收　　　D. 本日结存

16. 客房费用核算中不设置"（　　）"账户。

A. 销售费用　　　B. 管理费用　　　C. 财务费用　　　D. 主营业务成本

二、多项选择题

1. 以下不属于旅游、餐饮、服务企业的是（　　）。

A. 搬家公司　　　　　　　　　　　B. 食品生产企业

C. 旅游工艺品生产企业　　　　　　D. 航空公司

2. 以下原材料中，不宜入库管理的原材料有（　　）。

A. 鲜肉　　　B. 豆油　　　C. 调味品　　　D. 蔬菜

3. 随着组织旅游的营业活动的进行，组团社应进行相应会计核算的是（　　）。

A. 与接团社签订接团协议　　　　　B. 旅游活动结束

C. 月底，组团旅游尚在进行　　　　D. 接团社发来拨款结算通知单

4. 旅行社的销售价格常见的有（   ）等形式。

A. 组团包价　　　　　B. 小包价　　　　　C. 半包价　　　　　D. 单项服务价格

5. 一般情况下，组团社（   ），接团社（   ）。

A. 先收费后接待　　　B. 先接待后收费　　C. 同时收费　　　　D. 没有先后顺序

6. 旅游企业的经营收入主要包括（   ）。

A. 票务收入　　　　　　　　　　　　B. 地游及加项收入

C. 综合服务收入　　　　　　　　　　D. 零星服务收入

7. 如果组团社组织的旅游团的旅游开始和结束分属不同的年度，不仅要确认本年度的经营业务收入，同时，还应按照（   ）确认其本年度的经营业务成本。

A. 计划成本　　　　　　　　　　　　B. 实际成本

C. 完工程度百分比　　　　　　　　　D. 其他类

8. 原材料按其在餐饮产品中所起的作用可分为粮食类、（   ）等。

A. 副食类　　　　　　B. 鲜活商品类　　　C. 干货类　　　　　D. 其他类

9. 餐饮企业外购材料的成本包括（   ）。

A. 买价　　　　　　　　　　　　　　B. 进货费用

C. 采购人员的差旅费　　　　　　　　D. 不能抵扣的税金

10. 餐饮企业在发出原材料时，通常可采用（   ）等方法确定其价值。

A. 个别计价法　　　　B. 加权平均法　　　C. 先进先出法　　　D. 后进先出法

11. 原材料在内部厨房之间调拨时，对（   ）账户不做调整，仅调整（   ）账户。

A. 其他业务成本　　　B. 主营业务成本　　C. 原材料　　　　　D. 库存商品

12. 餐饮企业在经营过程中发生的各项直接支出计入成本，包括直接耗用的（   ）。

A. 原材料　　　　　　B. 配料　　　　　　C. 燃料　　　　　　D. 工资

13. 餐饮制品成本的核算方法有（   ）。

A. 收付实现制　　　　B. 权责发生制　　　C. 永续盘存制　　　D. 实地盘存制

14. 委托加工原材料成本由（   ）构成。

A. 拨付的原材料成本　　　　　　　　B. 加工费用

C. 支付的增值税税额　　　　　　　　D. 往返运杂费

15. 餐饮经营业务收入可以分为（   ）进行明细分类核算。

A. 食品销售收入　　　B. 饮料销售收入　　C. 服务费收入　　　D. 其他收入

16. 从财务核算的角度看，客房业务管理流程中最为重要的环节是（   ）。

A. 宾客入住管理　　　　　　　　　　B. 宾客住宿服务管理

C. 宾客离店管理　　　　　　　　　　D. 宾客回访调查管理

17. 以下关于客房业务收入的说法中，正确的是（   ）。

A. 客房业务收入是通过出租客房而取得的收入

B. 客房一经出租，不论是否收到房金，都作为收入实现处理

C. 客房出租收入的入账价值以客房出租的不含税价格为准

D. 客房出租收入的入账价值以客房规定的价格为准

18. 客房免费附送的早餐券属于（　　）。

A. 客房收入的折扣　　B. 客房的费用　　　C. 餐厅的收入　　　D. 餐厅的费用

三、判断题

1. 餐饮业的生产成本一般只计算总成本，不计算单位成本。　　　　　　　　　（　　）

2. 旅游、餐饮、服务企业也会有产品生产，所以也应设立"生产成本"和"制造费用"等成本核算账户。　　　　　　　　　　　　　　　　　　　　　　　　（　　）

3. 为核算接团社的经营成果，无论款项是否已收到，都应以向有关组团社发出"旅游团费用拨款结算通知单"的时间和金额作为计算本期营业收入的依据。　　　　（　　）

4. 组团社按拨款标准及规定，拨付给接团社的综合服务费、加项服务费、全程陪同费等款项，对组团社来说是营业成本的一部分，对接团社来说则是营业收入。　　（　　）

5. 旅游企业一般不存在将营业成本在当期和以后期间分配的问题。　　　　　（　　）

6. 就某一具体旅游团而言，组团社的营业成本就是拨付给接团社的支出。　　（　　）

7. 自制原材料成本包括自制生产过程中耗用的材料、人工费用，不包括管理费用。

（　　）

8. 一般纳税人的餐饮企业从农业生产企业处取得的销售发票可以按发票金额的 11% 计算抵扣增值税进项税额。　　　　　　　　　　　　　　　　　　　　　　（　　）

9. 餐饮企业采用永续盘存制核算材料成本时，因为发出材料时都有账簿记录，所以月末不需要盘点。　　　　　　　　　　　　　　　　　　　　　　　　　　（　　）

10. 永续盘存制适用于实行领料制的餐饮企业。　　　　　　　　　　　　　（　　）

11. 餐饮企业不论月末对盘存的原材料是否办理退料手续，本月消耗的原材料总成本都应是"主营业务成本"账户的借方发生额合计数。　　　　　　　　　　　　　（　　）

12. 宾馆主要以出租客房的使用权为其主营业务。　　　　　　　　　　　　（　　）

13. 租金收入率有可能超过 100%。　　　　　　　　　　　　　　　　　　（　　）

14. 因客人损坏物品而收取的赔偿金应记入"营业外收入"。　　　　　　　（　　）

四、业务核算题

1. 旅行社营业收入的核算。

（1）春风旅行社系组团社，2023 年 7 月发生下列有关经济业务。

① 5 日，组织编号为 0703 的旅游团本月 10 日至 17 日去北京旅游，陆续收取 30 人旅游费，每人 6 000 元，共计 180 000 元，存入银行。

② 7 日，0703 号旅游团中共有 2 人因故要求退团，按合同规定扣除其预付旅费 10% 的手续费后，以现金形式退还其剩余的款项。

③ 17 日，0703 号旅游团返回，确认已实现的经营业务收入。

④ 22 日，组织境外旅游者 7 月 28 日至 8 月 2 日去云南旅游，旅游团编号为 0720，共收取 20 人旅游费，每人 1 500 美元，共计 30 000 美元，当日美元汇率的中间价为 6.74。

⑤ 31 日，按提供劳务与应提供劳务总量的比例，确认 0720 号旅游团已实现的经营业务收入，当日美元汇率的中间价为 6.75。

（2）华夏旅行社为 0703 号旅游团接团社。7 月 17 日，华夏旅行社结束接待春风旅行社 0703 号旅游团，将旅客送离北京，并向春风旅行社报送了"旅游团费用拨款结算通知单"，共计金额 127 200 元。

要求：根据以上春风旅行社和华夏旅行社所发生的经济业务进行相应的会计核算。

2. 旅行社营业成本的核算。

接上题，春风旅行社和华夏旅行社（0703 号旅游团接团社）发生下列有关经济业务。

（1）7 月 8 日，春风旅行社签发转账支票给铁路局，支付 0703 号旅游团往返北京的车票款 24 000 元。

（2）7 月 18 日，春风旅行社接到华夏旅行社报来的"旅游团费用拨款结算通知单"和普通发票，共计金额 127 200 元，经审核无误，转账支付了全部账款。

（3）7 月 31 日，春风旅行社按提供劳务与应提供劳务总量的比例，确认 0720 号旅游团本月发生的经营业务成本，0720 号旅游团的接团社为阳光旅行社，计划拨付给接团社的综合服务成本为 150 000 元。

（4）7 月 31 日，华夏旅行社在接待春风旅行社 0703 号旅游团过程中，共支出 95 400 元，已用银行存款进行了支付。

要求：根据以上春风旅行社和华夏旅行社发生的经济业务进行相应的会计核算。

3. 餐饮企业原材料的核算。

博览饭店为增值税一般纳税人，采用永续盘存制对原材料进行核算。5 月初仓库结存粮食类原材料 3 960 元，其中大米 200 千克，每千克 9.8 元；面粉 200 千克，每千克 10 元。以下是 5 月发生的部分经济业务。

（1）1 日，上月厨房假退料大米 20 千克，每千克 9.8 元，现根据上月末的"月末剩余原材料、半成品和待售制成品盘存表"填制领料单，作为厨房本月领料处理。

（2）2 日，向新兴粮油公司购进面粉 1 000 千克，每千克不含税价为 10.6 元，增值税税率为 10%，已验收入库，取得增值税专用发票，签发转账支票支付了账款。

（3）4 日，向光谷粮行购进大米 800 千克，取得税务部门代开的小规模纳税人增值税专用发票，征收率为 3%，发票含税金额为 9 000 元，大米已验收入库，账款以转账支票付讫。

（4）5 日，向中南路蔬菜公司购进新鲜蔬菜一批，共 2 500 元，取得增值税普通发票，直接交厨房使用，以转账支票付讫账款。

（5）月末，经统计本月共发出大米 700 千克，发出面粉 850 千克，结转本月耗用的原材料成本。

（6）月末，厨房经盘点，编制"月末剩余原材料、半成品和待售制成品盘存表"，列明盘存大米 50 千克，经审核无误后，做假退料入账。

要求：根据以上资料编制相应的会计分录。

4. 餐饮制品售价的制定。

红叶餐厅新推出两道菜肴。一道是"蟹黄海子"，每份用料为：蟹黄 200 克，每千克 120 元；海子 30 克，每千克 200 元；其他调料 2 元。另一道是"粉蒸通芯"，每份用料为：

五花肉 400 克，每千克 36 元；莲藕 250 克，每千克 10 元；其他配料 5 元。该餐厅的销售毛利率为 60%。

要求：请计算出上述两道菜肴的售价。

5. 餐饮企业营业收入的核算。

10 月 8 日，幸福餐厅财务部收到收款台报送的当日营业收入日报表，如表 3-14 所示。在表中，支票支付的 16 000 元用于结算以前欠款；签单 1 000 元为当日赊欠；定金 600 元用于预订某一活动的晚餐，以信用卡支付，银行手续费费率为 5‰。当日实收：现金 2 550 元；转账支票 1 张，金额 16 000 元；支付宝收款 7 200 元；微信收款 6 600 元。

要求：根据上述资料，进行会计处理。

表 3-14　营业收入日报表
2023 年 10 月 8 日　　　　　　　　单位：元

项　目	现　金	支付宝	微　信	支　票	签　单	定　金	合　计
中　餐	1 300	2 800	1 800	16 000	1 000	600	23 500
西　餐	400	2 900	3 100				6 400
外卖快餐	250	1 500	1 700				3 450
合　计	1 950	7 200	6 600	16 000	1 000	600	33 350

6. 客房营业收入和营业成本的核算。

美年达酒店是增值税一般纳税人，客房部共有客房 200 间，其中标准间 140 间，每间每天租金为 180 元；商务标准间 50 间，每间每天租金为 260 元；豪华套间 8 间，每间每天租金为 480 元；海景套间 2 间，每间每天租金为 980 元。以下是其 10 月 30 日发生的部分经济业务。

（1）"客房营业日报表"如表 3-15 所示。实际收到现金 3 000 元；支付宝收款 9 500 元；微信收款 10 500 元；信用卡收款 11 000 元，信用卡手续费费率为 5‰；收到转账支票 1 张，金额 1 500 元，系红日公司用于结清前欠房金。本日 2 间维修房为海景套间。请根据报表数据进行相关业务核算，并计算该日的客房出租率和租金收入率。

表 3-15　美年达酒店客房营业日报表
2023 年 10 月 30 日

今日应收		结　算	
项　目	金额（元）	项　目	金额（元）
房　金	32 080.00	昨日结存	5 000.00
加　床	500.00	本日预收	35 500.00
酒水食品	700.00	本日应收	33 880.00
洗　衣	600.00	本日结存	6 620.00

续表

今日应收		结　算		
应收合计	33 880.00	宾客挂账		
附　注	本日可出租房（间）	198	单位或姓名	金额（元）
	本日实际出租房（间）	155	飞鸿公司	480.00
	客房出租率（%）			
	本日维修房（间）	2		
	本日空房（间）	43		

客房部主管：王立　　　　　　　　　　　　　制单：李睿

（2）餐厅共回收入住宾客早餐券 280 张，每张早餐券价值 20 元。餐饮部和客房部各自独立核算。分别编制客房部和餐饮部的会计分录。

（3）一位入住客人损坏了房间里的茶杯，按规定收取赔偿金 10 元。编制相应的会计分录。

（4）本月客房应计提固定资产折旧 361 000 元，摊销床上用品 82 600 元、绿化费 46 830 元。编制相应的会计分录。

五、案例分析

【案例一】

湖滨酒楼 9 月的"原材料"和"库存商品"总账记录见表 3-16。

表 3-16　总账记录表　　　　　　　　　　　　单位：元

账户名称	月初结存	本月购进	本月发出	月末结存
原材料	13 000	158 000	162 000	9 000
库存商品	5 600	98 800	97 000	7 400

9 月原材料购入后直接出库计入成本的总金额为 43 900 元。

9 月 30 日盘点的结果是：

原材料：仓库结存 8 200 元；操作间结存 1 460 元。

库存商品：仓库结存 7 300 元；前台结存 2 320 元。

要求：请分别采用"领料制"和"以存计耗"两种核算方法计算湖滨酒楼 9 月耗用的原材料总成本和库存商品的销售成本，并说明两种核算方法产生差异的原因，指出可能存在的问题。

【分析提示】

分别计算出采用"领料制"和"以存计耗"两种核算方法的销售成本，从计算过程中找出差异的原因，从管理的角度分析可能存在的问题。

【案例二】

清风旅行社接待一个香港旅游团，全团共有成年人14人，于2023年5月10日21:30抵达武汉天河机场。该团在武汉市游览1天后于5月12日清晨吃过早餐（标准每人20元）后乘飞机离开武汉。该旅行社到飞机场的接送费用为每人20元，该团的综合服务费为每人200元。在这期间旅行社指定一位导游全程服务，该导游的劳务费为300元。

要求：计算该旅行社的收入和发生的费用成本，并进行账务处理。

【案例三】

一般纳税人美年达酒店2023年8月营业额为100万元，当月购进面粉、油等原材料花费20万元（适用税率9%），购买酒水、饮料等花费6万元（适用税率13%），当月煤气、水电费用为4万元（适用税率9%），购买生鲜食材花费5万元（取得农副产品销售发票）。

要求：计算美年达酒店2023年8月增值税应纳税额。

【案例四】

小规模纳税人东方旅行社2023年8月全部营业额为60 000元，支付给其他接团旅游企业的费用为20 000元。

要求：按差额计税的方法计算东方旅行社2023年8月增值税应纳税额。

第四章　交通运输企业会计

知识目标

了解交通运输行业区别于其他行业生产经营的特点；

熟悉交通运输企业典型的业务类型和业务流程；

熟悉交通运输企业特色经济业务的会计核算方法。

能力目标

能对交通运输企业的特色经济业务进行会计核算；

具备交通运输行业会计的职业判断能力；

具备胜任交通运输企业财务会计工作岗位的能力。

交通运输是现代社会的血脉，是社会及经济可持续发展的保证。从服务性质来看，交通运输业属于第三产业。目前，随着社会经济的不断发展，交通运输业的发展取得了非常显著的成绩。交通运输业的发展在很大程度上决定了我国国民经济的发展。交通运输业可把社会再生产过程的生产、分配、消费有机地结合起来，是联结社会生产、消费领域的桥梁和纽带，它在国民经济中占有非常重要的地位。

第一节　交通运输企业会计概述

一、交通运输企业及其主要经营活动

交通运输企业是指利用运输工具专门从事运输生产或直接为运输生产服务的企业。交通运输生产活动的结果是使劳动对象发生空间位置上的变化，将人员输送到需要去的地方，将材料物资提供给生产者，将产品送交给消费者，促进各地经济文化交流，使社会资源得到充分利用。所以说，交通运输业可把社会再生产过程的生产、分配、消费有机地结合起来，它是联结社会生产、消费领域的桥梁和纽带。

交通运输按其运输方式分为公路运输、水上运输、铁路运输、民用航空运输、管道运输五种。公路运输将汽车作为运输工具，以货物和旅客为运输对象，分长途运输和短途运

输。水上运输分内河运输和海洋运输，后者又分为沿海运输和远洋运输，其运输工具是船舶，运输对象为货物和旅客。铁路运输以火车为运输工具，对外提供运输劳务服务以获得经营收入，包括货运和客运两部分。航空运输将飞机作为运输工具提供劳务服务，分货运和客运两种。管道运输则以管道为运输工具，主要进行特定货物的运输，如自来水、石油、天然气等的运输。

二、交通运输企业与制造企业生产经营特点的比较

由于交通运输企业与制造企业经济业务不同，因此它们的生产经营特点有所区别，如表 4-1 所示。

表 4-1　交通运输企业与制造企业的生产经营特点比较

区　别	交通运输企业生产经营特点	制造企业生产经营特点
生产过程不同	交通运输企业的生产过程具有流动性、分散性的特点，除车站、港口装卸场地固定外，整个运输生产过程始终是在一个广阔的空间内流动进行的，是通过沿线各单位、各工种持续不断地分工协作来完成的，是一个点多、线长、面广、多环节、多工种的联合生产过程。因此，必须把一系列生产活动按照一定的流程加以组织，在统一的生产指挥下协调起来，保持各生产环节的连续性、协调性和平衡性，这样才能保证运输生产活动的顺利进行	一般是在一个固定的厂区内从事生产活动，其生产组织工作相对简单
提供的产品不同	交通运输企业提供的是没有实物形态的产品——劳务，包括货物运输劳务和旅客运输劳务。运输劳务作为物和人的位移，其效用是与运输业的生产过程紧密结合的，而且只能在运输生产过程中被消费掉。因此，运输业的生产和消费在时间上和空间上都是结合在一起的，其生产过程和销售过程是统一的，生产过程完成，销售过程也就完成了，既不能储存产品，也不能转让产品。因此，交通运输企业要提高经济效益，就要提高满座率和载运率，避免回程空载	生产和消耗不同时进行。生产有形产品，能储存产品，也能转让产品
对劳动对象的影响不同	交通运输企业的劳动对象是被输送的货物和旅客，其生产过程并不改变劳动对象的属性和形态，只改变劳动对象的空间位置。其在生产过程中只消耗劳动工具，主要是燃料和运输工具，而不消耗劳动对象（原材料）	制造企业在生产过程中通过对劳动对象（原材料等）的加工，不断创造新的物质产品，在生产过程中既消耗劳动工具（如机器设备等），又消耗劳动对象（原材料）
资产的构成比例不同	交通运输企业固定资产的比重大，流动资产的比重小，流动资产中燃料、备品备件、轮胎等的比重大，原材料的比重小	在流动资产中，原材料的比重大
替代性不同	各种运输方式之间替代性较强	不同的生产经营活动的替代性较弱

表 4-1 所示的交通运输企业生产经营特点决定了其会计核算特点。

三、交通运输企业会计核算的特点

与一般工商企业相比较，交通运输企业会计核算主要有以下几个特点。

（一）存货核算的特殊性

由于交通运输企业持有存货的目的不是生产或销售，而是为其开展的运输业务服务，因此与制造业、流通业企业相比，其存货所占比重不大，而且存货中不包括制造业和流通业企业大量持有的原材料和库存商品等，而以燃料、轮胎及修理用备件为主，因而其核算具有一定的特殊性。

（二）成本结转的直接性

交通运输企业的生产过程就是其销售过程，所以其成本核算不区分生产成本和销售成本。因此，交通运输企业的营业成本直接通过损益类账户"主营业务成本"进行归集，而不必像工业企业那样，先将发生的生产成本归集到"生产成本"账户，待其加工完成后入库转入"库存商品"账户，产品销售后再将已销产品的成本从"库存商品"账户结转到"主营业务成本"账户进行当期损益的计算。

（三）主营业务核算对象的多样性

交通运输企业的运输业务按运输方式可分为公路运输、铁路运输、水上运输、民用航空运输和管道运输五种。其中：公路运输又可分为长途运输和短途运输；水上运输又可分为内河运输、沿海运输和远洋运输。运输业务按运输对象又可分为货运和客运。此外，运输企业的装卸、堆存等业务也属于主营业务。对这些主营业务都需要设置专门的账户进行单独核算。交通运输企业运输生产的结果是劳动对象的位移，这就决定了运输生产计量单位的特殊性。运输生产计量单位是货物与旅客的周转量。周转量的计量取决于两个因素：一是数量，即货物的重量和旅客的人次；二是距离，即位移的公里、海里等。因此，运输生产的计量单位为人公里（海里）、吨公里（海里）和换算吨公里（海里）等。与一般工商企业相比，其核算对象具有多样性。

（四）收入结算的复杂性

交通运输企业取得运输业务收入的方式是向旅客发售客票和向货物托运人开出货票，同时收取票款。这种一手交票、一手收钱的方式是一种特殊的销售行为。由于交通运输企业生产点多线长、流动性大，其生产过程要许多部门、许多单位共同参与才能完成，这就决定了其收入结算方式的多样化。交通运输企业既要在其营运区域或线路上设营业站、所、代办机构等，直接对外售票结算运费，并将其汇缴集中；还需要与其他运输企业对代理业务收入进行相互划转与清算。

第二节　交通运输企业存货的核算

一、交通运输企业存货的种类

存货，一般是指企业在生产经营过程中为销售或耗用而储存的实物资产，主要包括各种材料、在产品、半成品、库存商品、低值易耗品等。但交通运输企业的存货通常不包括构成产品实体的原材料和在产品、半成品、库存商品等，而主要是为运输业务服务的燃料、修理用备件和运输途中的用品等。以公路运输企业为例，按存货在生产过程中发挥的作用不同，可分为以下几类。

（一）燃料

运输企业的燃料包括企业库存和车存的各种用途的液体、气体、固体燃料以及各种可用于燃烧的废料。燃料在汽车运输过程中消耗的数量较大，是一项主要的存货，在存货中所占比重最大。

（二）材料

交通运输企业的材料主要是指企业为维护、保养和修理拥有的各种运输设备、装卸机械等而储存的各种材料，主要包括各种消耗性材料、修理用备件等。

（三）轮胎

轮胎是指交通运输企业在库和在用的轮胎，它是汽车重要的部件，也是运输过程中损耗最大、更换最频繁的部件，在存货中所占比重较大，如车辆、装卸机械用的外胎、内胎和垫带。

（四）备品配件

备品配件是指修理本企业车辆、装卸机械及其他机器设备的各种零件和备件。

（五）低值易耗品

低值易耗品指企业单位价值较低或使用年限较短，达不到固定资产的标准而不作为固定资产核算的各种物品、工具等，如修理用具、玻璃器皿以及在营运过程中周转使用的包装容器等。

存货的日常核算既可以采用计划成本，又可以采用实际成本，具体采用哪种方法由企业根据具体情况自行决定。

在上述存货中，材料和低值易耗品的核算与工业企业的原材料和低值易耗品的核算方法基本相同，这里不再专门介绍。

二、燃料的核算

（一）燃料的分类

燃料按用途可分为以下两种类型。

1. 营运耗用的燃料

营运耗用的燃料是指营运车辆在营业性运行中直接消耗的燃料，主要是指营运车辆在运行时消耗的燃料和装卸车倾卸货物时消耗的燃料。

2. 非经营用耗用的燃料

非经营用耗用的燃料是指非经营用车辆耗用的燃料与营运车辆在试用和保修过程中消耗的燃料。

（二）燃料的管理

燃料的管理包括车存燃料的管理和车耗燃料的管理两方面。

1. 车存燃料的管理

车存燃料是指营运车辆投产后，接受任务出车运行前储存于车辆油箱内的燃料，在实际工作中，车存燃料的管理方法有满油箱制和盘存制两种。

（1）满油箱制油耗管理制度。满油箱制油耗管理制度即营运车辆在投入运输生产之初，由车辆根据满箱容积填制领油凭证加满油箱，以其作为车存燃料的管理制度。车存燃料仍属于库存燃料的一部分，而不能作为燃料消耗。营运车辆每日工作完毕，驾驶员凭行车路单到油库加油时要加满油箱，以补足车存燃料的原领数。因此，车存燃料数是一个固定数，即油箱容量。在这种制度下，车辆当月加油数就是当月的耗用量，而且在车辆调出、停用、进厂大修和改装时必须办理车存燃料退料手续。

（2）盘存制油耗管理制度。盘存制油耗管理制度是指车辆在投入运营后每次根据实际需要加油，月末盘点油箱的实存数后计算出当月实际耗油数的管理制度。因此，在此种方法下，车存燃料不再是固定数。

2. 车耗燃料的管理

在实际工作中，管理车耗燃料可以采用行车路单领油记录表、行车燃料发放记录表、行车路单贴附燃料领用凭证、定额油票等凭证。

（三）燃料的具体核算

燃料的核算是通过"原材料——燃料"账户进行的，一般根据存放地点在"原材料——燃料"账户下开设"车存"及"库存"两个三级明细账户，分别用来核算车存和库存燃料增减变动及结存数。实行满油箱制的企业则只需开设"原材料——燃料"账户来核算燃料的增减及结存数。

1. 满油箱制油耗的核算

实行满油箱制的企业要求投入运营的车（船），在每次加油时必须装满油箱，月末根据领油凭证计算出车（船）耗油的数额，以此考核（船）耗油情况。

在满油箱制下，日常领用油时，领料部门只填制领油凭证，不用记账。在月初、月末车（船）都充满油的情况下，车（船）本月耗油的总数应该等于该车（船）本月领油凭证上每次领油的累计数。在采用实际成本计价的情况下，月末用领油凭证耗油数乘以按先进先出、加权平均等方法计算的发出燃料的实际单位成本，计算出各部门的耗油总额后，借记"主营业务成本——运输支出——××车（船）""管理费用""其他业务成本"等账户，贷记"原材料——燃料"账户；实行计划成本核算的企业，还应在月末计算结转燃料的成本差异，应借记"主营业务成本——运输支出——××车（船）""管理费用""其他业务成本"等账户，贷记"材料成本差异——燃料"账户（若实际成本小于计划成本即节约，使用红字）。

【例4-1】华远汽车运输企业实行满油箱油耗管理制度核算燃料费用，并按计划成本核算，2023年8月材料成本差异率为2%。本月燃料发出汇总表如表4-2所示。

表4-2　燃料发出汇总表

2023 年 8 月　　　　　　　　　　　　　　　　　　　　单位：元

领用单位或者用途	计划成本
客运一部	20 000
客运二部	18 000
货运一部	30 000
货运二部	32 000
公司交通车队	5 000
企业管理部门	2 000
对外销售	15 000
合　　计	122 000

（1）领用燃料计划成本时：

借：主营业务成本——运输支出——客运一部	20 000
——客运二部	18 000
——货运一部	30 000
——货运二部	32 000
应付职工薪酬	5 000
管理费用	2 000
其他业务成本	15 000
贷：原材料——燃料	122 000

（2）结转材料成本差异时：

借：主营业务成本——运输支出——客运一部	400
——客运二部	360
——货运一部	600
——货运二部	640
应付职工薪酬	100
管理费用	40
其他业务成本	300
贷：材料成本差异——燃料	2 440

2. 盘存制油耗的核算

采用盘存制油耗管理制度管理燃料的企业，投入运营的车（船）都应根据实际需要领料加油，月末盘存油箱的实存数后，计算出当月实际耗油数量。

采用盘存制油耗管理制度时，企业应设置"库存"和"车存"两个明细账户。领油时，根据领油凭证，借记"原材料——燃料——车存"账户，贷记"原材料燃料——库存"账户；月末，在实际测量油箱的存油数后，计算出当月耗油的实际数量，借记"主营业务成本——运输支出""管理费用""其他业务成本"等账户，贷记"原材料燃料——车存"账户。企业若采用计划成本核算，月末还要计算并结转材料成本差异。

采用盘存制油耗管理制度进行核算时，月末车（船）实际耗油数可按以下公式计算：

当月实际耗油数=月初车（船）存油数+本月领用油料数−月末车（船）存油数

月初、月末车（船）实际存油数均需经过实际盘存，因为它是一个变量，而不是一个固定数。

【例4-2】大风汽车运输企业采用盘存法管理制度，按计划成本计价进行燃料核算。2023年9月末，根据燃料领料凭证及车存燃料盘点表等有关资料编制的燃料耗用计算表如表4-3所示。

表4-3 燃料耗用计算表

2023年9月

领用部门	月初车存数量（升）	本月领用数量（升）	月末车存数量（升）	本月耗用数量（升）	计划成本（10元/升）	成本差异（1%）（元）
一车队	1 200	20 000	1 000	20 200	202 000	2 020
二车队	1 500	23 000	2 000	22 500	225 000	2 250
对外销售		800		800	8 000	80
公司交通车队	100	1 100	200	1 000	10 000	100
行政管理部门	150	1 500	200	1 450	14 500	145
合 计	2 950	46 400	3 400	45 950	459 500	4 595

（1）油库发出燃料的核算（按照计划成本发出将"库存"转化为"车存"，对外销售部分直接售出）。

借：原材料——燃料——车存　　　　　　　[（46 400−800）×10] 456 000
　　其他业务成本　　　　　　　　　　　　　　　　　　　　　　 8 000
　　贷：原材料——燃料——库存　　　　　　　　　　　　　　　 464 000

（2）结转本月车队、公司交通车队以及行政管理部门耗用燃料的计划成本时：

借：主营业务成本——运输支出——车队　　　　　　　　　　　 202 000
　　　　　　　　　　　　　　　——二车队　　　　　　　　　　 225 000
　　应付职工薪酬　　　　　　　　　　　　　　　　　　　　　　 10 000
　　管理费用　　　　　　　　　　　　　　　　　　　　　　　　 14 500

    贷：原材料——燃料——车存　　　　　　　　　　　　　　451 500

（3）结转本月材料成本差异时：

    借：主营业务成本——运输支出——一车队　　　　　　　2 020

                   ——二车队　　　　　　　2 250

        其他业务成本　　　　　　　　　　　　　　　　　　80

        应付职工薪酬　　　　　　　　　　　　　　　　　100

        管理费用　　　　　　　　　　　　　　　　　　　145

      贷：材料成本差异——燃料　　　　　　　　　　　　　4 595

三、轮胎的核算

运输车辆领用的车轮的内胎、垫带以及轮胎零星修补费用，按照实际发生数直接计入各成本计算对象的成本。外胎的价值较高，使用时间较长。企业领用轮胎时，核算方法有两种，即一次摊销法和按行驶公里数预提法。企业可以根据实际情况，采用上述方法来进行核算。

（一）一次摊销法

一次摊销法，就是领用轮胎外胎时，一次性将轮胎外胎的成本计入运输支出中（但是对原车装轮胎不进行账务处理）。轮胎的核算可以按照实际成本计价，也可以按照计划成本计价，企业运输成本的核算应通过"主营业务成本——运输支出"账户，领用轮胎时，借记"主营业务成本——运输支出"账户，贷记"原材料——轮胎"账户。采用计划成本核算的企业，月末还要计算并结转材料成本差异。

【例4-3】 某汽车运输公司2023年6月用新轮胎外胎，计划成本为6 000元，应分摊的材料成本差异（超支差）为200元。根据有关资料，编制会计分录如下：

    借：主营业务成本——运输支出　　　　　　　　　　　　6 200

      贷：原材料——轮胎　　　　　　　　　　　　　　　　6 000

        材料成本差异　　　　　　　　　　　　　　　　　200

（二）按行驶公里数预提法

按行驶公里数预提法是指将按轮胎行驶的公里数逐月预提轮胎费用计入主营业务成本，待轮胎更换时，再将领用的轮胎价值冲销预提的轮胎费用。

1. 轮胎预提费用的计算

轮胎的价值损耗与其行驶的里程有密切的关系，因此可以将领用轮胎的价值按各月行驶公里计算预提额，分月计入各月的运输支出。其有关计算公式如下：

$$千公里轮胎费用=[（外胎计划成本-预计残值）÷外胎使用里程定额]×1 000$$

$$每月预提胎费用=该月行驶里程×千公里轮胎费用$$

由于千公里轮胎费用是按照外胎使用里程计算的，因此当报废轮胎实际行驶里程与定额行驶里程出现差异时，应调整运输成本。其计算公式如下：

$$超驶或亏驶里程应调整的运输成本=轮胎超驶或亏驶里程×千公里轮胎费用$$

【例4-4】 某种汽车外胎的计划成本为1 050元，外胎行驶里程定额为125 000公里，预计报废时残值为 50 元，本月车队汽车共计行驶 300 000 公里，本月报废轮胎一批，共计亏驶里程 8 000 公里。

$$千公里轮胎费用 = [（1\ 050 - 50）÷ 125\ 000] × 1\ 000 = 8（元）$$

$$本月预提轮胎费用 = 300\ 000 × 8 ÷ 1\ 000 = 2\ 400（元）$$

$$因亏驶而应补提的轮胎费用 = 8\ 000 × 8 ÷ 1\ 000 = 64（元）$$

2. 在用轮胎耗费的核算

按行驶公里预提的轮胎费用计入运输成本，应在"其他应付款"账户下设"预提轮胎费"明细账进行核算。

【例 4-5】华运汽车运输公司 2023 年 5 月发生有关轮胎的业务如下：

（1）领用新轮胎一批，实际成本为 6 000 元。

（2）本月报废轮胎一批，其残值部分作价 300 元，验收入库。

（3）报废轮胎总共亏驶里程 8 000 公里，应补提轮胎费用 72 元。

（4）本月营运汽车共计行驶 400 000 公里，按千公里轮胎费 9 元，预提本月轮胎费用。

业务处理如下：

（1）领用新轮胎：

借：其他应付款——预提轮胎费   6 000

  贷：原材料——轮胎   6 000

（2）报废轮胎，其残值部分验收入库：

借：原材料——其他   300

  贷：主营业务成本——运输支出   300

（3）报废轮胎亏驶里程，补提轮胎费用：

借：主营业务成本——运输支出   72

  贷：其他应付款——预提轮胎费   72

（4）本月营运汽车共计行驶 400 000 公里，按千公里轮胎费 9 元，预提本月轮胎费用：

借：主营业务成本——运输支出   3 600

  贷：其他应付款——预提轮胎费   3 600

需要指出的是，随车原装外胎的价值包括在整车原值内，应通过折旧方式计入运输成本，但由于新车投入运营后即按行驶里程预提轮胎费用计入运输成本，因而当车辆报废时，应根据第一套轮胎的胎卡记录，按其实际行驶里程和千公里轮胎费用，计算其已计入运输支出的预提轮胎费，并予以冲回。编制的会计分录为：

借：其他应付款——预提轮胎费

  贷：主营业务成本——运输支出

汽车运输企业无论采用上述哪种核算形式，都应该加强在用轮胎的管理，核定车队周转轮胎数量定额，定期盘点，实行交旧领新措施，建立和健全单胎里程记录。轮胎在清查盘点时，若发现有盘盈、盘亏或毁损的情况，应按实际成本、估计价值或计划成本，先记入"待处理财产损溢"账户，待查明原因后，再进行处理。

第三节　交通运输企业营业收入的核算

一、交通运输企业营业收入分类及特点

(一) 交通运输企业营业收入分类

交通运输企业的营业收入是指企业在提供与运输有关的各种劳务后按规定取得的收入。其营业收入按照经营业务划分，可分为以下六类。

1. 运输收入

运输收入是指企业经营旅客、货物运输业务所取得的各项营业收入。它是交通运输企业的主营业务收入，包括客运收入、货运收入以及其他运输收入。客运收入是指企业经营旅客运输业务所取得的营业收入；货运收入是指企业经营货物运输业务所取得的营业收入；其他运输收入是指随客、货运输业务而收取的其他附加收入，如行李包裹的托运收入、邮件收入、空调收入等。

2. 装卸收入

装卸收入是指企业经营装卸业务所取得的主营业务收入，包括按规定费率向货物托运人收取的装卸费，联运货物换装及火车、汽车倒装收入，临时出租装卸机械的租金收入，等等。

3. 堆存收入

堆存收入是指企业经营仓库、堆场业务所取得的主营业务收入。

4. 代理业务收入

代理业务收入是指企业办理联运业务以及为其他运输企业办理各种代理业务收取的手续费收入。

5. 港务管理收入

港务管理收入是指企业从事港务管理工作而取得的收入，包括港务费、港务监督费及船舶检验费等收入。

6. 其他业务收入

其他业务收入是指企业经营除以上主营业务以外的其他业务收入，包括客运服务收入，以及车辆修理、材料销售、转让技术、广告收入等其他收入。

(二) 营业收入的特点

交通运输企业的营业收入与其他企业主营业务收入相比，主要有以下两个特点。

1. 劳务报酬的取得通常在劳务提供之前

劳务报酬的取得通常在劳务提供之前。例如，旅客一般先购买客票，后乘车旅行；货物的托运人先支付运杂费，后托运货物。其与一般工商企业经常采用的营销方式不同。

2. 收入实现的分散性和收入结算的复杂性

交通运输企业业务种类繁多，并且分布在沿线各个车站、港口、机场等，这使得提供

劳务收入的实现比较分散，实行联运的企业更是如此。由于收入分别由沿线不同地点的车站、港口、营业所、代办站等收取，结算环节多，结算方式多样，各种计费标准不同，运价和费率复杂，因此，财会部门在收入结算和核算上工作量较大。

二、营业收入的确认

营业收入的确认必须满足《企业会计准则》所规定的条件。由于交通运输企业一般提供劳务前就取得劳务报酬，因此其应在售出客票或开出货票时确认收入。交通运输企业劳务收入分布分散，通常由沿线各车站获取，因此，交通运输企业的收入管理应采用集中管理和分散管理相结合的方法。

交通运输企业根据营运票据确认收入额。营运票据是指货物和旅客运输的业务凭证，主要有客运票据、货运票据及其他票据。客运票据主要有固定票据、定额票据、客运包车票据、补充客票等；货运票据主要有整车货票、行李包裹票、零担货票、代理业务货票等；其他票据是指行李装卸费收据、零担装卸费收据、临时收款收据等。若企业发生退票、退运等业务，应直接冲减营业收入。

三、汽车运输企业营业收入的核算

汽车运输企业营业站所的设置一般有两种：一种是企业在其负责营运的区域、线路上设置车站、营业所、代办站等机构，直接售票、结算运费和解缴进款；另一种是在大城市由交通主管机关集中设置营业所或货运站，统一组织受理货物托运业务并收取运费，汽车运输企业承运货物后与这些所、站结算营业收入。

（一）企业营业收入核算

汽车运输企业要正确核算各项营业收入，应分别设置"主营业务收入"和"其他业务收入"等账户，并按每项收入的具体类别或场所设置明细分类。

为了核算运输企业营运收入，应在"主营业务收入"账户下设置"运输收入""装卸收入""堆存收入""代理业务收入"等明细账。

（二）企业内部营业收入结算的核算

1. 基层站、所营业收入的核算

目前我国的运输企业多采用客运、货运兼营的形式，在组织设置上一般是在公司之下设置基层车站或基层营业所，在基层车站或基层营业所下设车间或车队。基层车站或基层营业所一般是内部独立核算单位，而车队和车间一般为内部核算单位，只向上级报账而不独立核算。若是与车站平行设置的车队，则车辆保养修理车间一般也为企业内部独立核算单位。

基层站、所将所实现的营业收入定期上报公司，并及时将收入向上级解缴。为了核算运输企业内部往来款，可增设资产类"应收内部单位款"账户和负债类"应付内部单位款"账户。

【例4-6】华运达汽车运输公司下设第一中心站、第二中心站两个分站，为实行独立核算的基层站。第一中心站设有甲、乙两个分所，第二中心站设有丙、丁两个分所。本月

第一中心站发生的有关营业收入的业务如下：(1日到5日业务省略)

(1) 第一中心站8月6日的营业收入日报表显示：客运收入12 000元，货运收入18 000元。增值税税额为2 700元。

借：银行存款（或库存现金）　　　　　　　　　　　　　　　　　　　　　32 700
　　贷：主营业务收入——运输收入——客运收入　　　　　　　　　　　　12 000
　　　　　　　　　　——运输收入——货运收入　　　　　　　　　　　　18 000
　　　　应交税费——应交增值税（销项税额）　　　　　　　　　　　　　2 700

注意：企业根据每日营业收入日报表编制以上会计分录，由于每日根据营业收入日报表所进行的会计处理相同，其他日期有关营业收入的会计分录就省略了。(为了减轻工作量，实际工作中可以将每日营业收入日报表汇总来进行业务处理，可以每5天一汇总，也可以每10天一汇总，也可以月末一次性汇总，但是月末一次性汇总，工作量很大，也不便于企业了解收入情况，本案例的第9笔业务采用5天汇总的结果编制会计分录。)

(2) 第一中心站收到本月代理远大企业车辆运输收入53 000元，将按协议规定扣收的2%的手续费作为代理业务收入，将其列入当月营业收入月报表，余下部分归远大企业。如表4-4所示。

表4-4　华运达汽车运输公司第一中心站代理业务事项月报表

2023年8月31日　　　　　　　　　　　　　　　　　　　　　　　单位：元

站名		被代理企业名称	收取的代理款项	代理收入（2%）（含税）	代理收入（不含税）	税额	代理办事的余款
第一中心站	本站	远大企业	53 000	1 060	1 000	60	51 940

借：银行存款　　　　　　　　　　　　　　　　　　　　　　　　　　　53 000
　　贷：主营业务收入——代理业务收入　　　　　　　　　　　　　　　　1 000
　　　　应交税费——应交增值税（销项税额）　　　　　　　　　　　　　60
　　　　应付内部单位款——公司总部　　　　　　　　　　　　　　　　　51 940

注意：对一般纳税人而言，货物运输的增值税税率为9%，物流服务增值税税率为6%。

(3) 同时，第一中心站收到下设的甲分所交来的本月代理A企业车辆运输收入106 000元，收到下设的乙分所交来的本月代理B企业车辆运输收入106 000元，如表4-5所示。

根据收到的甲分所报来的代理业务收入月报表，将其中2%作为收入处理，其余款项上交总公司转付给A企业。

借：应收内部单位款——甲分所　　　　　　　　　　　　　　　　　　　106 000
　　贷：主营业务收入——代理业务收入　　　　　　　　　　　　　　　　2 000
　　　　应交税费——应交增值税（销项税额）　　　　　　　　　　　　　120
　　　　应付内部单位款——公司总部　　　　　　　　　　　　　　　　　103 880

表 4-5　华运达汽车运输公司第一中心站下设分所代理业务事项月报表

2023 年 8 月 31 日　　　　　　　　　　　　　　　　单位：元

站名		被代理企业名称	收取的代理款项	代理收入（2%）（含税）	代理收入（不含税）	税额	代理办事的余款
第一中心站	甲分所	A 企业	106 000	2 120	2 000	120	103 880
	乙分所	B 企业	106 000	2 120	2 000	120	103 880
	小计		212 000	4 240	4 000	240	207 760

（4）收到甲分所交来款项时：

借：银行存款　　　　　　　　　　　　　　　　　　　　　　106 000
　　贷：应收内部单位款——甲分所　　　　　　　　　　　　　　　106 000

注意：对于收到乙分所的代理 B 企业车辆运输收入，也按以上原则处理。

（5）将扣除手续费后的余额上交总公司转付给远大企业和 A 企业、B 企业。

借：应付内部单位款——公司总部　　　　　　　　　　　　　259 700
　　贷：银行存款　　　　　　　　　　　　　　　　　　　　　　259 700

（6）将上月第一中心站欠交公司总部的营业收入 1 500 000 元上交公司总部。

借：应付内部单位款——公司总部　　　　　　　　　　　1 500 000
　　贷：银行存款　　　　　　　　　　　　　　　　　　　　1 500 000

（7）第一中心站收到宏达企业预交货物托运费 10 000 元，存入银行。

借：银行存款　　　　　　　　　　　　　　　　　　　　　10 000
　　贷：预收账款——宏达企业　　　　　　　　　　　　　　　　10 000

（8）宏达企业托运的货物已发运，运费 20 000 元，税款 1 800 元列入当日营业收入日报表。与宏达企业办理结算，宏达企业补交运费 11 800 元，存入银行。

借：预收账款——宏达企业　　　　　　　　　　　　　　　21 800
　　贷：主营业务收入——运输收入——货运收入　　　　　　　　20 000
　　　　应交税费——应交增值税（销项税额）　　　　　　　　　1 800

借：银行存款　　　　　　　　　　　　　　　　　　　　　11 800
　　贷：预收账款——宏达企业　　　　　　　　　　　　　　　　11 800

（9）假定第一中心站根据甲、乙两个分所编制的营业收入日报表定期汇总确认营业收入（此时各分所交来的每日营业收入日报表不进行业务处理，而是将 5 天营业收入日报表汇总后一并处理），8 月 6 日—8 月 10 日第一中心站汇总确认营业收入（本例五天一汇总，实际工作中也可以 10 天一汇总或者月末一次性汇总，但是工作量很大，也不便于了解企业收入情况）。第一中心站汇总确认五天营业收入为：甲分所营业收入为 100 000 元（不含税），其中客运收入 60 000 元，货运收入 40 000 元；乙分所营业收入为 80 000 元（不含税），其中客运收入 40 000 元，货运收入 40 000 元。

注意：代理业务收入及其税额，已经在前面的分录中确认过，在此不能再重复确认。

借：应收内部单位款——甲分所 （100 000+100 000×9%）109 000

　　　　　　　——乙分所 （80 000+80 000×9%）87 200

　　贷：主营业务收入——运输收入——客运收入 100 000

　　　　　　　　　　　　　　——货运收入 80 000

　　　　应交税费——应交增值税（销项税额）（180 000×9%）16 200

（10）第一中心站收到甲、乙分所交来的营业收入和税额。

借：银行存款 196 200

　　贷：应收内部单位款——甲分所 109 000

　　　　　　　　　　——乙分所 87 200

（11）8月31日（月末），第一中心站编制营业收入月报表（如果是5天汇总编制收入入账，此时就是6次汇总的收入总和作为月收入）上报公司总部转账。本月客运收入800 000元（不含税），货运收入900 000元（不含税），代理业务收入5 000元（不含税）。

借：主营业务收入——运输收入——客运收入 800 000

　　　　　　　　　　　　——货运收入 900 000

　　　　　　　——代理业务收入 5 000

　　贷：应付内部单位款——公司总部 1 705 000

（12）第一中心站将中心与分所的营业收入上交公司总部。

借：应付内部单位款——公司总部 1 705 000

　　贷：银行存款 1 705 000

2. 企业总部营业收入的核算

【例4-7】承例4-6，华运达汽车运输公司8月发生的有关运输收入的经济业务及账务处理如下：

（1）收到各分所上月欠交的营业收入3 200 000元入账，其中第一中心站1 500 000元，第二中心站1 700 000元（各分所上月月末没有按时上交，本月初才交上来）。

借：银行存款 3 200 000

　　贷：应收内部单位款——第一中心站 1 500 000

　　　　　　　　　　——第二中心站 1 700 000

（2）月末，即8月31日，编制营业收入汇总表，如表4-6所示。

借：应收内部单位款——第一中心站 1 705 000

　　　　　　　　——第二中心站 1 806 000

　　贷：主营业务收入——运输收入——客运收入 1 800 000

　　　　　　　　　　　　——货运收入 1 700 000

　　　　　　　——代理业务收入 11 000

（3）收到各中心站交来收入款项（本月按时上交）。

借：银行存款 3 511 000

　　贷：应收内部单位款——第一中心站 1 705 000

				1 806 000

——第二中心站

表 4-6　华运达汽车运输公司营业收入汇总表

2023 年 8 月 31 日　　　　　　　　　　　　　　　　单位：元

站名		客运收入	货运收入	代理收入	营业收入合计
第一中心站	本站	200 000	300 000	1 000	501 000
	甲分所	350 000	350 000	2 000	702 000
	乙分所	250 000	250 000	2 000	502 000
	小计	800 000	900 000	5 000	1 705 000
第二中心站	本站	200 000	100 000	2 000	302 000
	丙分所	400 000	300 000	1 500	701 500
	丁分所	400 000	400 000	2 500	802 500
	小计	1 000 000	800 000	6 000	1 806 000
合计		1 800 000	1 700 000	11000	3 511 000

（4）收到各中心交来的代理业务余款。

借：银行存款　　　　　　　　　　　　　　　571 340
　贷：应付账款——远大企业　　　　　　　　　51 940
　　　　　　——A 企业　　　　　　　　　　103 880
　　　　　　——B 企业　　　　　　　　　　103 880
　　　　　　——××企业　　　　　　　　　311 640

（三）企业之间营业收入的相互结算

1. 客运收入的相互结算

不同运输企业就同一条线路对开固定班车时，若相互代售车票，其相互结算一般有以下两种方法。

（1）互不结算。在双方企业对等发送客运班车，而且路段里程和站点设置基本相当，双方车辆完成的客运周转量和客运收入大致相同的情况下，经双方协议，各站点的客运收入，不管是哪个企业承运的旅客，都作为各站点主管企业的收入，双方不作补差结算。

（2）差额结算。在双方企业各自负责经营的路段里程和站点设置相差较远，以致双方车辆完成的客运周转量和客运收入对比悬殊的情况下，可由双方协议，制定差额结算办法。例如：根据相互代售客票的售票月报结算；根据各自行车路单，计算在对方站点乘车旅客的周转量，按标准客运费率每月结算；根据双方对开班车数、车辆座位、实载率、站点设置等资料，计算出双方客运收入的每月差额，用补差办法按月结算；在设有总公司的情况下，由总公司根据各分公司客运周转量，对汇总的全部总公司客运收入统一分配结算；等等。

【例 4-8】宣化汽车运输公司与华夏汽车运输公司均为一般纳税人企业，两公司之间路段对开客运班车。根据本月行车路单汇总计算，宣化汽车运输公司在华夏汽车运输公司区间运费收入为 80 000 元，华夏汽车运输公司在宣化汽车运输公司区间（该区间属第一中心站）运费收入为 60 000 元，两者差额为 20 000 元，已由华夏汽车运输公司按协定扣除 3% 的手续费后汇付给宣化汽车运输公司 19 400 元。

（1）宣化汽车运输公司编制的会计分录：

①第一中心站的业务处理：

a. 第一中心站收到代理收入 60 000 元，扣除手续费 1 800 元作为代理业务收入。

借：银行存款　　　　　　　　　　　　　　　　　　　　　　　　　60 000
　　贷：主营业务收入——代理业务收入　　　[1 800÷(1+6%)] 1 698.11
　　　　应交税费——应交增值税（销项税额）　　　　　　　　　　　101.89
　　　　应付内部单位款——公司总部　　　　　　　　　　　　　　58 200

b. 第一中心站将扣除手续费 1 800 元的款项上交公司总部。

借：应付内部单位款——公司总部　　　　　　　　　　　　　　　58 200
　　贷：银行存款　　　　　　　　　　　　　　　　　　　　　　58 200

②宣化汽车运输公司总部与第一中心站之间的业务处理：

a. 借：应收内部单位款——第一中心站　　　　　　　　　　　　58 200
　　　　贷：应付账款——华夏汽车运输公司　　　　　　　　　　58 200

同时：

b. 借：银行存款　　　　　　　　　　　　　　　　　　　　　　58 200
　　　　贷：应收内部单位款——第一中心站　　　　　　　　　　58 200

③宣化汽车运输公司确认运输收入。宣化汽车运输公司在华夏汽车运输公司区间运费收入为 80 000 元，扣除 3% 的手续费即 2 400 元后作为运输收入。

借：应收账款——华夏汽车运输公司　　　　　　　　　　　　　77 600
　　贷：主营业务收入——运输收入——客运收入　[77 600÷(1+9%)] 71 192.66
　　　　应交税费——应交增值税（销项税额）　　　　　　　　　6 407.34

④宣化汽车运输公司收到华夏汽车运输公司汇来的差额 19 400 元。

借：银行存款　　　　　　　　　　　　　　　　　　　　　　　19 400
　　应付账款——华夏汽车运输公司　　　　　　　　　　　　　58 200
　　贷：应收账款——华夏汽车运输公司　　　　　　　　　　　77 600

（2）华夏汽车运输公司的会计处理（华夏汽车运输公司未设独立核算的基层站）：

①华夏汽车运输公司运费收入为 60 000 元，扣除 3% 的手续费即 1 800 元后作为运输收入。

借：应收账款——宣化汽车运输公司　　　　　　　　　　　　　58 200
　　贷：主营业务收入——运输收入——客运收入　[58 200÷(1+9%)] 53 394.50
　　　　应交税费——应交增值税（销项税额）　　　　　　　　　4 805.50

②华夏汽车运输公司的代理收入为 2 400 元（80 000×3%）。

借：银行存款　　　　　　　　　　　　　　　　　　　　　　　80 000
　　贷：主营业务收入——代理业务收入　　　　[2 400÷(1+6%)] 2 264.15

应交税费——应交增值税（销项税额）	135.85
应付账款——宣化汽车运输公司	77 600

③华夏汽车运输公司根据运费收入差额扣除手续费后汇给宣化汽车运输公司。

借：应付账款——宣化汽车运输公司 　　　　　　　　　　77 600

　　贷：应收账款——宣化汽车运输公司 　　　　　　　　　58 200

　　　　银行存款 　　　　　　　　　　　　　　　　　　19 400

2. 货运收入的相互结算

汽车运输企业之间相互为对方办理货物运输业务所取得的运输收入，收款企业可在月终根据各基层站、所营业收入月报中按货票、代理业务货票分别统计列报的应付其他企业货运收入进行汇总，根据双方协议规定汇付给对方，也可由对方企业凭货票结算联汇总，一次向收款企业办理托收。进行结算时，按议定的手续费费率扣收的手续费，应作为代理业务收入入账。

【例 4-9】华夏汽车运输公司为甲企业代办货运业务，本月货运收入 90 000 元，按3%扣除手续费后，余款转汇给乙企业。

华夏汽车运输公司的会计处理：

（1）确认代理收入。

借：银行存款 　　　　　　　　　　　　　　　　　　　　90 000

　　贷：主营业务收入——代理业务收入 　[2 700÷(1+6%)] 2 547.17

　　　　应交税费——应交增值税（销项税额） 　　　　　　152.83

　　　　应付账款——乙企业 　　　　　　　　　　　　　　87 300

（2）华夏汽车运输公司按 3% 扣除手续费后，余款转汇给乙企业。

借：应付账款——乙企业 　　　　　　　　　　　　　　　87 300

　　贷：银行存款 　　　　　　　　　　　　　　　　　　87 300

乙企业的会计处理（根据货物运输运费及手续费结算凭证和银行收款通知）：

借：银行存款 　　　　　　　　　　　　　　　　　　　　87 300

　　贷：主营业务收入——运输收入——货运收入 [87 300÷(1+9%)] 80 091.74

　　　　应交税费——应交增值税（销项税额） 　　　　　7 208.26

四、水路运输收入的核算

水路运输包括旅客运输、直达货物运输、海江河货物联运、远洋运输等，各种不同的运输方式具有不同的收入核算和结算办法。

（一）旅客运输

航运企业将印制好的客运票据交给港口企业的客运站发售，客运站扣收代理费后将客票收入和行李运费解缴给航运企业。

【例 4-10】顺达港客运站出售客票收入中，A 航运局 80 000 元，B 航运局 60 000 元，客运站码头 10 900 元（含税）。该港代理手续费按照 3% 收取，应计收 A 航运局客运代理费 2 400 元，B 航运局客运代理费 1 800 元。

（1）顺达港口企业的会计处理。

①凭收入凭证计列本港收入和代收的航运企业收入。

借：银行存款　　　　　　　　　　　　　　　　　　　　150 900

　　贷：其他业务收入——旅客服务收入　　　　　　　　　10 000

　　　　应交税费——应交增值税（销项税额）　　　　　　　900

　　　　应付账款——A 航运局　　　　　　　　　　　　　80 000

　　　　　　　　——B 航运局　　　　　　　　　　　　　60 000

②向各航运企业扣收代理客运费并支付款项。

借：应付账款——A 航运局　　　　　　　　　　　　　　80 000

　　　　　　——B 航运局　　　　　　　　　　　　　　60 000

　　贷：主营业务收入——代理业务收入　　　［4 200÷(1+6%)］3 962.26

　　　　应交税费——应交增值税（销项税额）　　　　　　237.74

　　　　银行存款　　　　　　　　　　　　　　　　　　135 800

（2）A 航运局的会计处理。

①根据港口企业报送的营运收支月报及所附单据计列营运收入。

借：应收账款——顺达港　　　　　　　　　　　　　　　80 000

　　贷：主营业务收入——运输收入——客运收入　［80 000÷(1+9%)］73 394.50

　　　　应交税费——应交增值税（销项税额）　　　　　6 605.50

②将客运代理费计列运输支出。

借：主营业务成本——运输支出——船舶费用——客运费　（不考虑税）2 400

　　贷：应收账款——顺达港　　　　　　　　　　　　　　2 400

（3）B 航运局的会计处理。

①根据港口企业报送的营运收支月报及所附单据计列营运收入。

借：应收账款——顺达港　　　　　　　　　　　　　　　60 000

　　贷：主营业务收入——运输收入——客运收入　［60 000÷(1+9%)］55 045.87

　　　　应交税费——应交增值税（销项税额）　　　　　4 954.13

②计列运输支出。

借：主营业务成本——运输支出——船舶费用——客运费　（不考虑税）1 800

　　贷：应收账款——顺达港　　　　　　　　　　　　　　1 800

（二）直达货物运输

直达货物运输是指货物在起运港托运，从起运港到目的港的全程运输由一个航运企业来完成的运输方式。直达货物的运费及港杂费都由起运港在承运时一次向发货人核收（一般不收到达港港杂费），简称"起收"。起运港在扣除本港收入后，将运费解缴航运企业。

【例4-11】某航运局承运从甲港至乙港直达运输货物一批。甲港按规定向发货人收取本港装卸费2 800元，航运局运费50 000元，航运局货运代理费按照3%收取。乙港向收货人计收本港装卸费3 000元。

（1）甲港的会计处理。

①向发货人收取装卸费和运费。

借：银行存款　　　　　　　　　　　　　　　　　　　　　52 800
　贷：主营业务收入——装卸收入　　　　[2 800÷(1+9%)] 2 568.80
　　　应交税费——应交增值税（销项税额）　　　　　　　231.20
　　　应付账款——航运局　　　　　　　　　　　　　　　50 000

②向航运局收取货运代理费并支付款项。

借：应付账款——航运局　　　　　　　　　　　　　　　　50 000
　贷：主营业务收入——代理业务收入　　[1 500÷(1+6%)] 1 415.09
　　　应交税费——应交增值税（销项税额）　　　　　　　84.91
　　　银行存款　　　　　　　　　　　　　　　　　　　　48 500

（2）航运局的会计处理。

①根据甲港报送的营运收支日报及所附单据计列营运收入。

借：应收账款——甲港　　　　　　　　　　　　　　　　　50 000
　贷：主营业务收入——运输收入——货运收入 [50 000÷(1+9%)] 45 871.56
　　　应交税费——应交增值税（销项税额）　　　　　　　4 128.44

②将货运代理费计列运输支出。

借：主营业务成本——运输支出——船舶费用——货物费　（不考虑税）1 500
　贷：应收账款——甲港　　　　　　　　　　　　　　　　　1 500

③收到甲港转来的运费。

借：银行存款　　　　　　　　　　　　　　　　　　　　　48 500
　贷：应收账款——甲港　　　　　　　　　　　　　　　　48 500

（3）乙港的会计处理。

向货主收取装卸费时：

借：银行存款　　　　　　　　　　　　　　　　　　　　　3 000
　贷：主营业务收入——装卸收入　　　　[3 000÷(1+9%)] 2 752.29
　　　应交税费——应交增值税（销项税额）　　　　　　　247.71

（三）海江河货物联运

海江河货物联运是指货物在起运港托运，从起运港到目的港的全程运输由几个航运企业（海运企业、江运企业、河运企业）联合完成。对海江河联运货物运费及港杂费，一般办理"起收"。但在特殊情况下，如发货人不在起运港，并经航运企业同意，也可办理"到收"，即由目的港向收货人计收全程运费和港杂费。航港之间按照"逐段解缴和扣收"的原则结算。

在"起收"情况下，第一个港口收到全部款项。起运港向发货人核收全程运费和港杂费，扣除本港收入后，应将所收取的各段运费和换装费等全部解缴起运航运企业。第一换装港在换装时，从前段航运企业的进款中扣收本港换装费及以后各段运费和换装费等，扣除本港收入后，将其余的运费和换装费等转解给接运的航运企业。以此顺序进行结算，直到目的港交货时，向收货人计收本港收入。

在"到收"情况下，最后一个港口收到全部款项。起运港在起运航运企业的进款内扣除本港收入。第一换装港在换装时，将运单所列的起运港港杂费、前段运费、本港换装费从接运航运局进款中扣收，并将起运港港杂费、前段运费结付给前段航运企业。依此顺序结算，目的港在货物交付时，向收货人计收全程运费和港杂费，在扣除本港收入后，将起运港港杂费、各段运费和换装费等解缴给前段航运企业。

【例4-12】从甲港经乙港至丙港海江河联运货物一批。甲港发生装卸费1 090元；甲港至乙港由海运企业承运，运费为54 500元；乙港发生换装费2 180元；乙港至丙港由内河航运企业承运，运费为43 600元；丙港发生装卸费981元；全程运杂费共计102 351元。假定不考虑货运代理费用。

（1）"起收"情况下航、港间结算的核算。

①甲港向发货人收款时：

借：银行存款		102 351
贷：主营业务收入——装卸收入		1 000
应交税费——应交增值税（销项税额）		90
应付账款——海运企业		101 261

②海运企业根据甲港报送的营运收支日报及所附的单据，计算本企业营运收入和暂收的后段运费、换装费等。

借：应收账款——甲港		101 261
贷：主营业务收入——运输收入——货运收入		50 000
应交税费——应交增值税（销项税额）		4 500
应付账款——乙港		46 761

③乙港根据运单向海运企业扣收本港换装费和全段运费。

借：应收账款——海运企业		46 761
贷：主营业务收入——装卸收入		2 000
应交税费——应交增值税（销项税额）		180
应付账款——内河航运企业		44 581

④内河航运企业根据乙港营运收支日报及所附单据计列营运收入。

借：应收账款——乙港		44 581
贷：主营业务收入——运输收入——货运收入		40 000
应交税费——应交增值税（销项税额）		3 600
应付账款——丙港		981

⑤丙港收取装卸费。

借：应收账款——内河航运企业		981
贷：主营业务收入——装卸收入		900
应交税费——应交增值税（销项税额）		81

同时：

借：银行存款		981

  贷：应收账款——内河航运企业   981

  （2）"到收"情况下航、港间结算的核算。最后一个港口的业务处理，参照"起收"的第一个港口进行处理，逐步分解给前面的业务单位。

  ①甲港向海运企业扣收本港收入。

  借：应收账款——海运企业   1 090

    贷：主营业务收入——装卸收入   1 000

      应交税费——应交增值税（销项税额）   90

  同时：

  借：银行存款   1 090

    贷：应收账款——海运企业   1 090

  ②海运企业根据甲港报送的营业收支日报和所附单据向乙港扣收本企业营运收入和垫付甲港的收入。

  借：应收账款——乙港   55 590

    贷：主营业务收入——运输收入——货运收入   50 000

      应交税费——应交增值税（销项税额）   4 500

      应付账款——甲港   1 090

  ③乙港根据运单向内河航运企业扣收本港换装费和垫付的前段运杂费等。

  借：应收账款——内河航运企业   57 770

    贷：主营业务收入——装卸收入   2 000

      应交税费——应交增值税（销项税额）   180

      应付账款——海运企业   55 590

  ④内河航运企业根据乙港报送的营运收支日报及所附单据，向丙港扣收本企业营运收入和垫付的前段运杂费。

  借：应收账款——丙港   101 370

    贷：主营业务收入——运输收入——货运收入   40 000

      应交税费——应交增值税（销项税额）   3 600

      应付账款——乙港   57 770

  ⑤丙港向收货人收取全程运杂费，包括本港收入和前段运杂费。

  借：银行存款   102 351

    贷：主营业务收入——装卸收入   900

      应交税费——应交增值税（销项税额）   81

      应付账款——内河航运企业   101 370

（四）远洋运输

  远洋货运运费由基本运费和附加运费两部分组成。基本运费是按货种和航线规定的费率向托运人计收的运费。附加运费是除基本运费之外由于船舶、货物、港口及其他方面原因，船方在运输货物时增加了费用的开支，船方为补偿这些开支而增加的费用。经常出现的附加费有超重附加费、超长附加费、港口附加费、燃油附加费、直航附加费、转船附加费、绕航附加费、变更卸货港附加费等。

货主支付运费的方式有预付运费和到付运费两种。预付运费是指货物托运人在货物装船后和领取提货单前付清全部运费。到付运费是指收货人在货物抵达目的港后和领取货物前付清全部运费。在进口预付、出口到付以及承运第三国货物时，运费一般由国外代理行代为计收，一并汇给远洋运输企业。

由于远洋运输一般按船舶已完航次统计运输周转量和计算运输成本，因此为使报告期内收入、支出和运输周转量口径一致，运输收入的核算必须以已完航次为准。远洋运输企业对未完航次预收的收入不直接记入"主营业务收入——运输收入"账户，而是通过"预收账款——未完航次收入"明细账户核算，待船舶航次完成再转入"主营业务收入——运输收入"账户。因计列运输收入和结算收款的进账日期不同，外汇汇率发生变动造成的外币折算差额，作为财务费用计入当期。

五、铁路运输收入的核算

铁路运输企业实行全路核算，其所属各营业站、列车段收取的运输收入进款，属于中国铁路总公司专用资金，在铁路网线各个营业站点上集中后，履行规定的手续通过银行向铁路分局、铁路局上缴，最后由中国铁路总公司集中，重新分配使用。各营业站点的运输收入进款包括运输收入、铁路建设基金和各种代收款。

运输收入是铁路运输企业的销售收入，是其在进行旅客和货物运输过程中向旅客和托运人核收的票价及运杂费等。运输收入一般包括货物运输收入、旅客票价收入、行李运输收入、包裹运输收入、邮运费收入、客货运输服务收入、保价收入和其他收入等。

铁路建设基金是指铁路运输企业经国家批准向货主收取的用于铁路建设方面的资金。

代收款是指铁路运输企业代收的路内外装卸费、无主货物变价收入、无法处理的多缴多收款等。这些款项不属于铁路运输企业应得的收入，应随客货运收入等一并上缴，然后由铁路分局、铁路局或中国铁路总公司拨付有关单位。

（一）运输收入进款的核算

运输收入进款的核算由站段、铁路分局、铁路局分别进行。

1. 站段运输收入进款的核算

站段一般应配备专职负责进款的人员，进行运输收入进款的管理，每天按规定的结账时间结清运输收入进款，在所设置的"运输收入进款日记账"收入栏中分项登记客运收入、货运收入、行李收入、其他收入及收回欠缴款、收回垫付款等各项收入数；在支出栏中登记退旅客票价款、退货主款以及发生的欠款、支出垫款等各项支出数；同时结出每日运输收入进款总额。运输收入进款每日送存银行的数额和上缴铁路分局的数额应在所设置的"运输收入银行存款明细账"中进行登记，每日根据"上日结余"加"本日存入"减"上缴进款"计算"本日结余"。

2. 铁路分局运输收入进款的核算

【例4-13】某铁路分局本月有关运输收入进款的业务及账务处理如下。

（1）根据各营业站、段运输收入进款编制运输收入总表，如表4-7所示。

表 4-7　某铁路分局运输收入总表　　　　　　　　单位：元

项目（收方）	金　额	项目（支方）	金　额
旅客票价收入	200 000	退票款	9 000
行李包裹运费收入	50 000	迟交运杂费	8 000
货物运输收入	250 000	应交款项	517 000
邮运运费收入	8 000		
货物保价收入	6 000		
铁路建设基金	15 000		
收取迟交运杂费	5 000		
收方合计	534 000		

①根据收方记录登记运输进款。

借：运输进款　　　　　　　　　　　　　　　　　　　　　534 000
　　贷：应缴运输收入——客运收入　　　　　　　　　　　200 000
　　　　　　　　　　　——行包收入　　　　　　　　　　　50 000
　　　　　　　　　　　——货运收入　　　　　　　　　　250 000
　　　　　　　　　　　——邮运收入　　　　　　　　　　　8 000
　　　　　　　　　　　——保价收入　　　　　　　　　　　6 000
　　　　应交税费——铁路建设基金　　　　　　　　　　　15 000
　　　　应收账款——迟交运杂费　　　　　　　　　　　　　5 000

②根据支方记录冲减运输进款。

借：应缴运输收入——客运收入　　　　　　　　　　　　　9 000
　　应收账款——迟交运杂费　　　　　　　　　　　　　　8 000
　　贷：运输进款　　　　　　　　　　　　　　　　　　　17 000

③结转运输进款净额。

借：车站在途　　　　　　　　　　　　　　　　　　　　517 000
　　贷：运输进款　　　　　　　　　　　　　　　　　　517 000

（2）收到站段汇缴的运输收入进款 500 000 元。

借：银行存款　　　　　　　　　　　　　　　　　　　　500 000
　　贷：车站在途　　　　　　　　　　　　　　　　　　500 000

（3）向铁路局上缴运输进款 520 000 元。

借：已缴运输进款　　　　　　　　　　　　　　　　　　520 000
　　贷：银行存款　　　　　　　　　　　　　　　　　　520 000

（4）年终，铁路分局"已缴运输进款"账户全年累计借方余额为 6 000 000 元；"应缴运输收入"账户全年累计贷方余额为 5 880 000 元；"应缴税费——铁路建设基金"账户全年累计贷方余额为 130 000 元。

①结转已缴运输进款。

借：欠缴上级运输进款 6 000 000

　贷：已缴运输进款 6 000 000

②结转应缴运输收入和应缴税费。

借：应缴运输收入 5 880 000

　　应交税费——铁路建设基金 130 000

　贷：欠缴上级运输进款 6 010 000

两者相抵，铁路分局年终欠缴铁路局运输进款 10 000 元（6 010 000-6 000 000）。

3. 铁路局运输收入进款的核算

【例4-14】某铁路局本月有关运输收入进款的业务如下。

（1）根据各铁路分局运输收入进款编制运输收入总表，如表4-8所示。

表4-8　某铁路局运输收入总表　　　　　　单位：元

项　目	甲铁路分局	乙铁路分局	合　计
旅客票价收入	191 000	201 000	392 000
行李包裹运费收入	50 000	60 000	110 000
货物运输收入	247 000	235 000	482 000
邮运运费收入	8 000	8 500	16 500
货物保价收入	6 000	7 500	13 500
铁路建设基金	15 000	21 000	36 000
合　计	517 000	533 000	1 050 000

借：下级欠缴运输进款——甲铁路分局 517 000

　　　　　　　　　　——乙铁路分局 533 000

　贷：应缴运输收入——客运收入 392 000

　　　　　　　　——行包收入 110 000

　　　　　　　　——货运收入 482 000

　　　　　　　　——邮运收入 16 500

　　　　　　　　——保价收入 13 500

　　　应交税费——铁路建设基金 36 000

（2）根据各铁路分局汇缴的运输收入进款，甲铁路分局 520 000 元，乙铁路分局530 000 元。

借：其他货币资金——分局汇缴途中款——甲铁路分局 520 000

　　　　　　　　　　　　　　——乙铁路分局 530 000

  贷：下级欠缴运输进款——甲铁路分局   520 000

          ——乙铁路分局   530 000

（3）实际收到各铁路分局汇缴的运输收入进款的收账通知时：

  借：银行存款   1 050 000

    贷：其他货币资金——分局汇缴途中款——甲铁路分局   520 000

               ——乙铁路分局   530 000

  有关铁路局上缴运输收入进款以及年终结转"应缴运输收入""应交税费""已缴运输进款"等账户的核算方法与铁路分局的核算相同，此处不再赘述。

（二）运输收入的计算

  1. 铁路局运输收入的计算

  铁路局运输收入由以下内容组成：

  （1）客货运输清算收入。其计算公式如下：

$$清算单价=\frac{单位产品成本\times(1+成本利润率)}{1-税率}$$

$$换算吨公里清算收入=清算单价\times实际完成的换算周转量$$

  （2）运输进款挂钩收入。它是指各铁路局根据实际完成的运输进款和核定的挂钩率，向铁道部清算的收入。它由"基数挂钩收入"和"超收加成收入"组成。

  基数挂钩收入的计算公式如下：

$$挂钩率=\frac{与运输进款挂钩分配的进款\times\left(\frac{本局运输进款}{全局运输进款}\times60\%+\frac{本局换算吨公里}{全局换算吨公里}\times40\%\right)}{本局运输进款}$$

$$与运输进款挂钩的清算收入=（本局运输进款-本局运输进款中的其他收入）\times本局的挂钩率$$

  超收加成收入是铁路局实际完成的运输进款收入扣除一定项目后，超过基数内挂钩的运输收入部分按25%加成率取得的收入。

  （3）卸排车加给收入。其中包括卸车加给收入和排空车加给收入。其计算公式如下：

$$卸车加给收入=卸车数量\times加给的卸车单价$$

$$排空车加给收入=排空车数\times加给的排空车单价$$

  （4）杂项收入。

  （5）离休费用清算收入。

  （6）互补劳动收入。

  （7）装车去向扣罚清算收入。

  （8）各种加价清算收入。

  （9）运输支出补偿的清算收入。

  2. 铁路分局运输收入的计算

  铁路分局运输收入的计算办法是由铁路局比照铁道部的计算办法制定的，一般可以采用"双挂钩"的清算办法，也可以采用现收抵现支的清算办法。

  3. 基层运营单位运输收入的计算

  基层运营单位如车站、机务段、工务段、电务段等取得的运输收入，一般按实际完成的工作量及其质量确定，可以采用按工作量乘以一定的清算指标、单价的方法进行计算。

六、民航运输收入的核算

（一）民航运输收入及其分类

民航运输企业收入是指民航运输企业在提供运输服务活动中形成的经济利益的流入。按照《民航企业会计核算办法》，民航运输企业收入可分为主营业务收入和其他业务收入，其中，主营业务收入又可根据所从事的具体业务分为运输收入、通用航空收入、机场服务收入，以及其他业务收入。

1. 运输收入

运输收入是指运输旅客、货邮而产生的收入，即民航运输企业提供旅客、货邮位移服务而得到的报酬。

按收入的构成不同，运输收入可分为承运本公司运输凭证的运输收入和承运其他公司运输凭证的运输收入；按航线不同，运输收入可分为国际航线收入和国内航线收入。在这两类收入下又可按具体运输业务分为客运收入、货邮运收入和专包机收入三种。

2. 通用航空收入

通用航空收入是指利用飞机从事公共航空运输以外的民用航空飞行活动按规定计算取得的营业收入。根据具体承担的飞行业务类型，通用航空收入可分为航空摄影收入、护林航空收入、护农航空收入、后勤支援收入和航空旅游收入等。

3. 机场服务收入

机场服务收入是指机场为飞机起降和过港旅客提供各种地面服务及设施租赁所取得的营业收入，一般可分为飞机服务收入、地面服务收入和场地柜台租赁收入等。

4. 其他业务收入

其他业务收入是指经营除主营业务收入以外的其他业务所取得的收入，主要有行李、货物、邮件的声明价值附加费，出租飞机收取的租金收入及航线补偿收入等。

（二）运输收入的核算

民航企业的运输收入一般分为国际航线运输收入和国内航线运输收入，二者分别进行核算。由于民航企业运输生产具有流动性大、点多线长的特点，不可能在每条航线的起讫点都设置自己的售票点，跨国界、跨地区的运输任务往往是由多家民航企业通过联程运输共同完成的。

民航运输企业销售的运输票证，可由本企业、其他企业或外国航空公司等承运，存在着运输票证待结算款项。对于销售企业而言，销售的票款是其负债，需进行结算与偿付，民航企业的收入核算主要是运输票证的结算问题。

1. 国际票证结算

由民航企业销售的国际运输票证，应通过"国际票证结算"账户核算。该账户贷方反映销售国际运输票证所取得的销售票款，借方反映销售票款的结算或偿付，期末余额在贷方，反映尚未结算的国际运输票证款项。

销售票款一般是由出具运输凭证的企业在旅客或货物承运之前于起运地或目的地一次

性预先收取的，因而民航运输企业的国际航线运输业务涉及其他国家。例如，两国民航运输企业之间签订代理业务合同，在两国商定的国际航线上两国民航飞机共同飞行、相互承运对方销售的运输票证业务；不通航的国家则要通过与两国均有通航关系的第三国民航企业建立代理业务关系，进行国际联运。

国际票证结算涉及两个方面的内容：一是本企业发售的国际运输票证，由本企业或其他航空公司承运；二是本企业承运其他航空公司或其他单位销售票证的运输业务。

当企业销售国际运输票证取得销售款时，应按所得的金额或企业接受的外航客票、旅费证预付票款通知等运输票证，换开本企业国际运输票证，按换开的金额，借记"银行存款"或"应收账款"账户，贷记"国际票证结算"账户。

当企业承运收取国际票证时，凡本企业发售或换开的国际票证，按票证所列金额，借记"国际票证结算"账户，贷记"主营业务收入"账户；凡属其他企业销售的国际运输票证，按票面金额扣除手续费的余额，借记"应收账款"账户，按代理手续费金额，借记"销售费用"账户，按票证所列金额，贷记"主营业务收入"账户。

【例4-15】南方航空公司有关国际运输票证的经济业务及账务处理。

（1）销售上海—纽约航班客票300张，每张票价3 000元，取得票款900 000元。

借：银行存款　　　　　　　　　　　　　　　　　　　　900 000
　　贷：国际票证结算　　　　　　　　　　　　　　　　　　900 000

（2）售票部门接受上述票证退票20张，每张票退票时核收20%的手续费，支付退票款34 000元。

借：国际票证结算　　　　　　　　　　　　　　　　　　　60 000
　　贷：其他业务收入　　　　　　[（20×3 000×20%）÷（1+9%）] 11 009.17
　　　　应交税费——应交增值税（销项税额）　（12 000-11 009.17）990.83
　　　　银行存款　　　　　　　　　　　　　（20×3 000×80%）48 000

（3）该航空公司发售的上述运输票证有100张由某外国航空公司承运，按规定收取10%的手续费后将余款转付外国航空公司。

借：国际票证结算　　　　　　　　　　　　　　　　　　300 000
　　贷：其他业务收入　　　　　　[（100×3 000×10%）÷（1+9%）] 27 522.94
　　　　应交税费——应交增值税（销项税额）　　　　　　　2 477.06
　　　　银行存款　　　　　　　　　　　　　　　　　　　270 000

（4）该航空公司发售的上述运输票证中有180张由本公司承运。

借：国际票证结算　　　　　　　　　　　　　　　　　　540 000
　　贷：主营业务收入——运输收入　　[（180×3 000）÷（1+9%）] 495 412.84
　　　　应交税费——应交增值税（销项税额）　　　　　　　44 587.16

2. 国内票证结算

民航运输企业发售的国内运输票证，应通过"国内票证结算"账户核算，其贷方反映销售国内运输票证所取得的销售票款，借方反映销售票款的结算或偿付情况，期末余额在贷方，反映尚未结算的国内运输票证款项。

企业发售国内航线的旅客、货物、邮件、超重行李票证，组织专机包机运输业务时，应按实际得到的金额借记"银行存款"或"库存现金"等账户，按应支付给代办单位的代理手续费，借记"销售费用"账户，按票证所列金额，贷记"国内票证结算"账户。企业在国内航线上承运本企业销售的票证时，按规定的办法计算的应得运输收入，借记"国内票证结算"账户，贷记"主营业务收入"账户。企业收到承运由本企业发售的国内航线票证的其他航空公司按规定计算的账单支付的票款时，应按票证所列金额借记"国内票证结算"账户，按扣收的手续费贷记"其他业务收入"账户，按其余款贷记"银行存款"账户。

【例4-16】南方航空公司有关国内运输的经济业务及账务处理。销售国内航线机票800张，每张机票价格为1 000元，其中自己出售500张（其中退票50张，每张票退票时核收20%的手续费），300张为代理单位出售，手续费费率为10%。销售的机票中550张由公司自己承运，200张由其他公司承运，公司收取10%的手续费。

（1）本公司销售500张机票。

借：银行存款　　　　　　　　　　　　　　　　　　　　　　　　　　500 000
　　贷：国内票证结算　　　　　　　　　　　　　　　　　　　　　　　500 000

（2）500张中退票50张。

借：国内票证结算　　　　　　　　　　　　　　　　　　　　　　　　50 000
　　贷：其他业务收入　　　　　　　[（50×1 000×20%）÷（1+9%）] 9 174.31
　　　　应交税费——应交增值税（销项税额）（10 000-9 174.31）825.69
　　　　银行存款　　　　　　　　　　　　　　（50×1 000×80%）40 000

（3）收到代理公司300张代销机票款，手续费费率为10%。

借：银行存款　　　　　　　　　　　　　　　　　　　　　　　　　　270 000
　　销售费用　　　　　　　　　　　　　　　　　　　　　　　　　　30 000
　　贷：国内票证结算　　　　　　　　　　　　　　　　　　　　　　　300 000

（4）550张票（800-50-200）由本公司自行承运。

借：国内票证结算　　　　　　　　　　　　　　　　　　　　　　　　550 000
　　贷：主营业务收入——运输收入　　　[（550×1 000）÷（1+9%）] 504 587.16
　　　　应交税费——应交增值税（销项税额）（550 000-504 587.16）45 412.84

（5）200张由其他公司承运，公司收取10%的手续费。

借：国内票证结算　　　　　　　　　　　　　　　　　　　　　　　　200 000
　　贷：其他业务收入　　　　　　　[（200×1 000×10%）÷（1+9%）] 18 348.62
　　　　应交税费——应交增值税（销项税额）（20 000-18 348.62）1 651.38
　　　　银行存款　　　　　　　　　　　　　　　　　　　　　　　　180 000

第四节　交通运输企业营业成本的核算

一、交通运输企业成本核算的特点

（一）成本构成不同

工业企业产品成本中，原材料所占的比重较大，交通运输企业由于不创造实物产品，不消耗劳动对象，因此其营运成本中无原材料，主要由运输工具和设备的折旧费、修理费、燃料费及营运间接费用构成。

（二）成本计算对象不同

工业企业主要以产品的品种为成本计算对象。交通运输企业运输过程的直接结果是使被运输对象即旅客或货物发生位移，因此要根据被运输对象的不同分别计算成本。

（三）成本计算单位不同

工业企业的成本计算单位是产品产量。交通运输企业的成本计算单位为周转量，即按业务量及其相关指标计算的工作量；需要综合考虑运输数量、运输距离等因素采用复合计算单位，按其不同业务进行确定。例如，铁路运输、内河运输、航空运输等业务的成本计算单位为人公里、吨公里和换算吨公里，其中，人公里、吨公里分别为客运业务和货运业务的成本计算单位，换算吨公里是客货综合运输业务的成本计算单位。海洋运输业务的成本计算单位为人海里、吨海里和换算海里。装卸业务的成本计算单位为装卸工作量，用千吨表示。堆存业务的成本计算单位为堆存工作量，用吨天表示，其含义为堆存量（吨）与堆存天数的乘积。

（四）成本计算期不完全相同

工业企业成本计算期一般采用月历制，虽然交通运输企业的运输周期相对较短，一般也按月计算运输成本，但远洋运输除外。远洋运输如果以航次为成本计算对象，则应按"航次时间"计算成本。航次时间一般为单程航次时间，单程空驶时，则以往复航次时间计算。

（五）期末成本计算不同

工业企业生产一般期末需要将生产费用在完工产品和在产品之间分配。交通运输企业在运输过程中发生的各种消耗就是运输产品的成本，将各类业务发生的费用支出在"运输支出"或"运输成本"账户汇集分配后，便可计算各种运输成本，并直接转入本期损益。

二、交通运输企业营运成本的构成和账户设置

交通运输企业营运成本是指企业在营运生产过程中实际发生的与运输、装卸、堆存和代理业务等生产直接有关的支出。营运成本主要分为运输成本、装卸成本、堆存成本等类别。运输成本是指企业完成一定客运和货运运输周转量所发生的各项营运费用。装卸成本是指企业完成一定装卸操作量所发生的各项营运费用。堆存成本是指企业经营仓库和堆存

业务完成一定业务量所发生的各项营运费用。交通运输企业的期间费用主要包括管理费用和财务费用，其核算方法与制造企业会计核算相似。

（一）交通运输企业营运成本构成

为按成本项目核算运输企业的营运成本，应将其所发生的运输费用按经济用途进行分类。

1. 直接材料

直接材料是指营运车辆运行中所耗用的各种消耗性材料，即消耗各种燃料、轮胎、材料、润料、低值易耗品、备品配件、热隔材料、专用工器具等发生的支出。

2. 直接人工

直接人工是指直接从事营运生产活动人员（如司机和助手等）的工资、奖金、津贴、福利费和补贴等。

3. 其他直接费用

其他直接费用是指企业在运营生产过程中发生的固定资产折旧费、修理费、行车杂费、车辆牌照和检验费、车辆清洗费、养路费、过路费、司机途中住宿费、保险费、差旅费、取暖费、办公费等支出。

4. 营运间接费用

营运间接费用是指基层单位组织与管理汽车营运所发生的车队经费和车站经费等支出，包括所属汽车场、站人员的工资，以及办公费、水电费、差旅费、劳动保护费等。

（二）会计账户的设置

为正确核算交通运输企业营运成本，需设置"主营业务成本""其他业务成本""劳务成本"等总账户，以及"主营业务成本——运输支出""主营业务成本——装卸支出""主营业务成本——堆存支出""主营业务成本——代理业务支出""劳务成本——辅助营运费用""劳务成本——营运间接费用"等明细账户。

1. "主营业务成本——运输支出"账户

"主营业务成本——运输支出"账户用来核算汽车运输企业和沿海、远洋运输企业经营旅客、货物运输业务所发生的各项费用支出。其借方登记运输业务所发生的各项费用，贷方登记期末转入"本年利润"账户的本期运输支出的实际发生额。结转后，本账户一般无余额。本账户按运输工具类型或单车（船）设置明细账进行核算。

2. "主营业务成本——装卸支出"账户

"主营业务成本——装卸支出"账户用来核算交通运输企业经营装卸业务所发生的各项费用支出。其借方登记装卸支出的全部发生额，贷方登记月终转入"本年利润"账户的全部装卸支出。结转后，本账户一般无余额。该账户一般按专业区域或按货种和规定的成本项目设置明细账进行明细核算。

3. "主营业务成本——堆存支出"账户

"主营业务成本——堆存支出"账户用来核算企业经营仓库和堆存业务所发生的费用支出。其借方登记堆存支出的全部发生额，贷方登记月末转入"本年利润"账户的全部堆存支出。结转后本账户一般无余额。该账户按装卸作业区、仓库、堆存场地设置明细账，进行明细核算。

4. "主营业务成本——代理业务支出"账户

"主营业务成本——代理业务支出"账户用来核算企业经营各种代理业务所发生的各项费用支出。其借方登记各项代理业务发生的支出，包括工资、职工福利费、材料、低值易耗品摊销、折旧费、水电费、修理费、租赁费、差旅费、取暖费、劳动保护费等；贷方登记月末转入"本年利润"账户的数额。结转后本账户无余额。

5. "劳务成本——辅助营运费用"账户

"辅助营运费用"账户核算企业生产产品、提供劳务所发生的辅助生产费用，包括工资、福利费支出、燃料费用、折旧费用、劳动保护费及事故损失费。发生辅助营运费用时，借记本账户，贷记"应付职工薪酬""原材料""银行存款"等账户。月末，按照规定的分配标准由各项受益业务对象负担时，借记"主营业务成本——运输支出""主营业务成本——装卸支出""主营业务成本——堆存支出""其他业务成本""在建工程"等账户，贷记本账户。

6. "劳务成本——营运间接费用"账户

"劳务成本——营运间接费用"账户主要用来核算运输企业基层单位，如车队、车站为组织和管理营运过程所发生的费用。该账户借方核算运输企业发生的各种营运间接费用，贷方核算期末按规定标准结转至"主营业务成本——运输支出""主营业务成本——装卸支出""主营业务成本——堆存支出"等明细账户的数额。期末分配后该账户无余额。

7. "其他业务支出"账户

"其他业务支出"账户用来核算企业经营的不属于上述业务的其他主要业务所发生的费用。当企业发生不能直接记入上述不同成本项目的费用时，借记本账户，贷记"原材料""银行存款""预付账款"等账户，期末将本账户余额转入"本年利润"账户。

三、交通运输企业成本核算程序

（一）明确成本核算对象

交通运输企业的成本核算对象可以概括为以下三种：

1. 以运输生产的各类业务以及构成各类业务的具体项目为成本核算对象

交通运输企业的营运业务主要有运输业务、装卸业务、堆存业务、代理业务等。

2. 以运输工具为成本核算对象

根据成本管理的需要，交通运输企业可按运输工具的类型如客车、货车、集装箱车辆、客轮、货轮等确定成本核算对象，也可按运输工具的个体（如单车、单船、单机等）确定成本核算对象。

3. 以运输工具的运行情况为成本核算对象

交通运输企业可以按运输对象沿运输路线所经过的路程，即运输路线或运输航次（班次）等确定成本核算对象。

交通运输企业的运输成本可以客运、货运或单车、单船，以及线路、航次等为成本核算对象；装卸成本可以人工装卸、机械装卸等为成本核算对象。

（二）划分成本项目

交通运输企业的成本项目主要有薪酬、燃料费、折旧费、修理费、养路费等。

（三）按成本核算对象和成本项目设置多栏式明细分类账，进行营运成本的核算

其具体核算方法是：企业在经营运输业务中发生的各项支出，应按不同的成本核算对象及其成本项目予以归集，能直接划分成本核算对象的直接费用，直接计入其相应的成本项目；不能直接计入成本项目的间接费用，应以一定方式汇集后，在期末按规定的分配标准，分配给各有关的成本核算对象。间接费用的分配标准可以是客货运输的直接费用比例、客货运输周转量比例等。

（四）期末进行成本核算

除了远洋运输企业以航次时间为成本核算期外，其他交通运输企业一般以月、季、年为成本核算期，在期末应编制成本核算表，按成本核算对象列示各项成本开支，汇总核算总成本和单位成本。

四、汽车运输企业的成本核算

汽车运输企业主要经营旅客运输和货物运输业务，少数企业还兼营装卸和车辆修理等业务。由于公路运输的运载工具主要是汽车，因此现以公路汽车运输企业为例说明其成本核算。

（一）成本核算对象

汽车运输企业的成本核算对象是客车和货车的运输业务，即按客车运输和货车运输分别汇总计算其完成运输周转量的总成本和单位成本。此外，为反映不同车型的成本水平，还可以车型为成本核算对象计算各种车型的成本。以旅客、货物的综合运输业务为成本核算对象的，还要计算其运输综合成本。

（二）成本核算单位

客车运输成本的核算单位为人公里（即：运输人数×运输公里），用元/千人公里表示。货车运输成本的核算单位为吨公里［即：运输重量（吨）×运输公里］，用元/千吨公里表示。

当客车附带载运行李或货物时，应将其完成的周转量换算为旅客周转量；当货车临时载客时，也应将其完成的周转量换算为货物周转量。这样，就可以统一计算客车或货车的运输成本。货物周转量和旅客周转量的换算比率为：1 吨公里＝10 人公里。以旅客、货物的综合运输业务为成本核算对象的，应按换算吨公里为成本计算单位，以综合反映客货运输总量的单位成本。换算吨公里可用下列公式表示：

换算吨公里＝［货物量（吨）+客运（人）×换算比率］×运输里程（公里）
　　　　　＝吨公里+人公里×换算比率

公式中的换算比率是人公里折算成吨公里的比率，一般参照运输成本来确定。运输企业主管部门为保证各企业成本资料的可比性，一般分运输方式统一规定换算比率。

（三）运输费用的归集与分配

汽车运输企业的运输费用是指企业经营旅客、货物运输业务所发生的各项费用，包括营运车辆（客车、货车）从事运输所发生的各项费用和企业所属汽车场、站所发生的营运费用（不包括行政管理费用）。为此，企业应设置"主营业务成本——运输支出"账户，以归集运输费用和计算营运成本。"主营业务成本——运输支出"账户的借方归集营运过程中发生的各项运输费用，贷方反映本期运输业务的营运成本减少；期末，应将营运成本结转到"本年利润"账户。为便于按成本核算对象和成本项目归集各项运输费用，还需在"主营业务成本——运输支出"账户下按成本计算对象设置明细账，并在账内按成本项目设置专栏。

为按成本项目核算汽车运输企业的营运成本，应将其所发生的运输费用按经济用途进行分类，即分为：直接材料，即营运车辆运行中所耗用的各种消耗性材料；直接燃料，即营运车辆中所耗用的各种燃料；轮胎费用，即营运车辆耗用的外胎、内胎、垫带等费用；直接工资，即直接从事营运生产活动人员（如司机和助手等）的工资、奖金、津贴和补贴等；其他直接费用，即直接计入成本核算对象的保险费、折旧费、修理费等；营运间接费用，即包括所属汽车场、站人员的工资，以及办公费、水电费、差旅费、劳动保护费等。

运输费用按该成本核算对象和上述成本项目归集完全后，凡是能直接计入成本项目的费用，应根据各项费用分配表中实际发生额借记"主营业务成本——运输支出"账户，贷记"原材料""燃料""轮胎""应付职工薪酬"等账户。

1. 燃料费用的归集与分配

燃料费用在营运成本中占有相当的比重，耗用的燃料应按其各种用途实际耗用数进行计算，实际耗用数的计算又因企业车存燃料管理方式的不同而不同：

（1）在实行满油箱制车存燃料管理的企业，营运车辆在投入运输生产时，由车队根据油箱容积填制领油凭证后到油库加满油箱，将其作为车存燃料。车存燃料属于库存燃料的一部分，不能作为燃料消耗。在每日工作结束后，由营运车辆驾驶员凭行车路单到油库加满油箱，以补足车存燃料的原领数。在这种管理方式下，把车辆当月的加油数作为消耗数。

（2）在实行盘存制车存燃料管理的企业，营运车辆在投入使用前，也需领用一定数量的燃料并存在油箱内备用，即形成车存燃料，平常使用后根据耗用数量进行加油，但不一定加满油箱。月末，需对车存燃料数进行实地盘点，在此基础上就可确定本月实际耗用数（即：月初车存数+本月领用数−月末车存数）。

2. 轮胎费用的归集与分配

汽车轮胎费用也属于直接营运费用。轮胎分为外胎、内胎、垫带三部分。内胎和垫带价值较低，在领用时，可视同一般的消耗材料直接将其价值计入营运成本，即借记"主营业务成本——运输支出"账户，贷记"原材料"账户。轮胎费用的归集有两种方法：

（1）按行驶公里提取，计入营运费成本。采用这种方法，要求企业月末按照轮胎实际行驶里程和规定的胎公里提取额计算轮胎费用。提取时，应借记"主营业务成本——运输支出"账户，贷记"其他应付款——预提轮胎费"账户。领用新胎时，应借记"其他应付款——预提轮胎费"账户，贷记"轮胎"账户。企业按计划成本核算时，月末应按领用轮胎的计划成本，计算应负担的成本差异，并将其直接计入营运成本，即借记"主营业务成本——运输支出"账户，贷记"材料成本差异"账户。当轮胎不能继续使用，需要报废时，应按收回的残料价值借记"原材料"账户，贷记"主营业务成本——运输支出"账户。将报废轮胎的实际行驶里程与定额里程做比较，其超驶、亏驶里程应按规定的胎公里提取额计算调整营运成本：对于亏驶里程，应用蓝字调增营运成本，即借记"主营业务成本——运输支出"账户，贷记"其他应付款——预提轮胎费"账户；对于超驶里程，则应用红字调减营运成本。

（2）一次摊销。采用这种方法领用轮胎时，将费用一次计入营运成本。领用新胎时，应借记"主营业务成本——运输支出"账户，贷记"轮胎"账户。企业按计划成本核算时，月末也需将本月领用新胎应负担的成本差异直接计入运输支出。企业不论采用哪种归集方法，都应加强对在用轮胎的管理。

3. 间接营运费用的归集与分配

汽车运输企业发生的不能直接计入成本项目的费用，即间接营运费用，应先根据各项费用分配表及有关凭证计入营运间接费用进行归集，借记"劳务成本——营运间接费用"账户，贷记"库存现金""银行存款""原材料""应付职工薪酬""累计折旧"等账户。月末，按照一定的分配标准分配当月发生的营运间接费用，借记"主营业务成本——运输支出"等账户，贷记"劳务成本——营运间接费用"账户。对于汽车运输企业辅助生产部门生产的产品和供应的劳务，如制造工具、备件，修理车辆，供应水、电、气等所发生的辅助生产费用，应先在"劳务成本——辅助营运费用"账户的借方进行归集，月末按照规定的分配标准分配计入运输业务和其他有关业务（如装卸业务、堆存业务、代理业务等）的营运成本，借记"主营业务成本——运输支出（装卸支出、堆存支出）"等账户，贷记"劳务成本——辅助营运费用"账户。

4. 事故费用的归集与分配

汽车运输企业发生的事故费用，应在"主营业务成本——运输支出"账户单设项目进行核算。事故费用发生时，应借记"主营业务成本——运输支出"账户，贷记"原材料""银行存款"等账户。向保险公司投保收回的赔偿收入和应由事故对方或过失人负担的部分，应冲减事故费用，借记"银行存款""其他应收款"等账户，贷记"主营业务成本——运输支出"账户。年终，对于当年不能结案的事故，应根据有关资料计算出应付事故费用，并列入当年的营运成本，借记"主营业务成本——运输支出"账户，贷记"其他应付款——预提事故费用"账户；待事故结案时，根据实际事故费用与预提数的差额，调整结案年度的营运成本。

综上所述，企业发生的运输费用，直接或间接根据费用汇总凭证及费用分配表计入"主营业务成本——运输支出"账户的借方和其所属的成本核算对象设置的明细账借方的有关成本项目。在此基础上，企业就可按客、货车运输及规定的成本项目计算营运成本。

（四）营运成本的核算

企业的运输费用经过归集和分配以后计入各成本核算对象，从而可以按照制造成本法计算客车运输业务和货车运输业务的营运成本，即根据"主营业务成本——运输支出"账户的本期营运费用净额计算本期客车运输业务和货车运输业务的营运总成本。本期营运费用净额是通过"主营业务成本——运输支出"账户的借方费用总额减去其贷方费用冲减数后的余额计算的。企业将计算出的客、货车运输业务的营运总成本除以本期运输周转量，便可确定客、货车运输业务的营运单位成本。其计算公式如下：

$$客车营运单位成本（元/千人公里）=\frac{客车营运总成本（元）}{客车运输周转量（人公里）}\times 1\,000$$

$$货车营运单位成本（元/千吨公里）=\frac{货车营运总成本（元）}{货车运输周转量（吨公里）}\times 1\,000$$

经营客、货综合运输业务的企业，为综合反映其客货运输的平均消耗水平，需将客运量折算成货运量后计算运输周转量（即换算周转量），然后据以计算换算吨公里的营运成本。

其计算公式如下：

$$客、货营运换算单位成本（元/换算吨公里）=\frac{客、货营运综合总成本（元）}{客、货营运换算周转量（换算吨公里）}\times 1\,000$$

式中，"客、货营运换算周转量"是将旅客周转量（人公里）按换算比率换算为货物周转量（吨公里）后与货物周转量相加之和。

下面通过举例来讲解营运成本核算方法和程序。

【例 4-17】华远汽车运输公司经营客、货两类运输业务，同时设有一个修理辅助生产部门。2023 年 10 月，客车营运数为 180 辆，货车营运数为 260 辆。本月客车营运总量为 80 200 千人公里，货车营运总量为 6 500 千吨公里。本月发生的各项营运费用如下。（本例只对运输环节进行处理，其他环节省略。）

第一步：各要素费用归集和分配

（1）直接燃料、直接材料费用归集和分配，如表 4-9 所示。

表 4-9 直接燃料、直接材料费用分配表

2023 年 10 月   单位：元

项 目	燃 料			材 料		
	计划成本	成本差异	实际成本	计划成本	成本差异	实际成本
运输支出						
客　车	180 000	1 000	181 000	12 000	100	12 100
货　车	250 000	2 300	252 300	15 000	120	15 120
营运间接费用	12 100	-100	12 000	21 000	-200	20 800
辅助营运费用	18 000	200	18 200	15 000	200	15 200
合　计	460 100	3 400	463 500	63 000	220	63 220

企业根据直接燃料费用和直接材料费用分配表，按照燃料和材料的不同用途，遵循谁受益谁承担的原则，将其分配计入对应的账户。其中：运输车辆所耗的燃料、材料费用，应记入"主营业务成本——运输支出"账户；车队管理部门耗用的燃料、材料费用，应记入"劳务成本——营运间接费用"账户；辅助生产部门耗用的燃料、材料费用，应记入"劳务成本——辅助营运费用"账户。

根据表4-9编制如下分录：

直接燃料费用耗用的分录：

借：主营业务成本——运输支出——客车　181 000

　　　　　　　　　　　　　——货车　252 300

　　劳务成本——营运间接费用　12 000

　　劳务成本——辅助营运费用　18 200

　贷：燃料　460 100

　　　材料成本差异——燃料成本差异　3 400

直接材料费用耗用的分录：

借：主营业务成本——运输支出——客车　12 100

　　　　　　　　　　　　　——货车　15 120

　　劳务成本——营运间接费用　20 800

　　劳务成本——辅助营运费用　15 200

　贷：原材料　63 000

　　　材料成本差异　220

根据分录登记有关账户。

（2）轮胎领用和费用提取计算分配，如表4-10所示。

表4-10　轮胎领用和费用提取计算分配表

2023年10月　　　　　　　　　　　　　　单位：元

项　　目	轮胎领用			费用提取		
	计划成本	成本差异	实际成本	本月应计提取胎公里	千胎公里提取额	提取金额
运输支出						
客　车	13 000	-500	12 500	3 000 000	4.5	13 500
货　车	18 000	800	18 800	3 500 000	6.2	21 700
辅助营运费用	4 000	100	4 100			
管理费用	1 500	-50	1 450			
合　　计	36 500	350	36 850			35 200

进行该企业轮胎费用的核算，客车、货车运输业务采取按行驶胎公里提取法，也就是本月领用的轮胎在本月和以后的月份按照行驶的公里数进行分摊，轮胎费用提取就是将以前月份领用的轮胎和本月领用的轮胎，按照本月行驶公里数进行摊销；管理部门、辅助生产部门采取领用时一次摊销法。根据表4-10编制会计分录如下：

借：主营业务成本——运输支出——客车　　500

　　　　　　　　　　　　　——货车　800

	其他应付款——预提轮胎费	31 000
	劳务成本——辅助营运费用	4 100
	管理费用	1 450
贷：	轮胎	36 500
	材料成本差异——轮胎成本差异	350

摊销时：

借：主营业务成本——运输支出——客车　　　　　　　　　　　　13 500

　　　　　　　　　　　　　　　　——货车　　　　　　　　　　　21 700

　　贷：其他应付款——预提轮胎费　　　　　　　　　　　　　　　35 200

根据分录登记有关账户。

（3）职工薪酬费用归集和分配，如表4-11所示。

表4-11　职工薪酬费用归集和分配表

2023年10月　　　　　　　　　　　　　　　　　　　　单位：元

项　　目	职工薪酬
运输支出	
客　　车	220 000
货　　车	350 000
营运间接费用	60 000
辅助营运费用	40 000
管理费用	100 000
合　　计	770 000

职工薪酬包括工资费用和其他人工费用，工资费用包括工资、奖金、津贴、补贴等，其他人工费用包括按照工资总额一定比例提取的社会保险、租房公积金、职工福利费、职工教育经费和工会经费等。

企业每月发生的职工薪酬费用应按其用途进行分配。其中司机、司机助手、售票员等直接生产人员的工资应记入"主营业务成本——运输支出"；车队管理人员的工资应记入"劳务成本——营运间接费用"账户；辅助生产部门人员的工资应记入"劳务成本——辅助营运费用"账户；公司管理人员的工资应记入"管理费用"账户。

根据表4-11编制以下会计分录：

借：主营业务成本——运输支出——客车　　　　　　　　　　　220 000

　　　　　　　　　　　　　　　　——货车　　　　　　　　　　350 000

　　劳务成本——营运间接费用　　　　　　　　　　　　　　　　60 000

　　劳务成本——辅助营运费用　　　　　　　　　　　　　　　　40 000

　　管理费用　　　　　　　　　　　　　　　　　　　　　　　100 000

　　贷：应付职工薪酬　　　　　　　　　　　　　　　　　　　770 000

根据分录登记有关账户。

（4）固定资产折旧费用归集和分配，如表 4-12 所示。

表 4-12　固定资产折旧费用归集和分配表

2023 年 10 月　　　　　　　　　　　　　　　　　　　　　　　　单位：元

车辆类型	运输车辆折旧			其他固定资产折旧	
	行驶公里	千车公里折旧额	折旧额	固定资产种类	折旧额
客车	7 000 000	70	490 000	车队固定资产	35 000
				辅助生产部门固定资产	50 000
货车	8 000 000	80	640 000	行政管理部门固定资产	13 000
合计	15 000 000		1 130 000	合　计	98 000

企业运输车辆是按工作量计提折旧的，即按营运车辆的行驶里程计提折旧；其他固定资产是使用年限法计提折旧的。表中客车、货车的折旧费应记入"主营业务成本——运输支出"账户；车站、车队、车场的房屋建筑物及其他固定资产的折旧费应记入"劳务成本——营运间接费用"账户；辅助生产部门的固定资产折旧费应记入"劳务成本——辅助营运费用"账户；行政管理部门的固定资产折旧费应记入"管理费用"账户。

根据表 4-12 编制会计分录如下：

借：主营业务成本——运输支出——客车　　　　　　　　　　　　490 000

　　　　　　　　　　　　　　——货车　　　　　　　　　　　　640 000

　　劳务成本——营运间接费用　　　　　　　　　　　　　　　　35 000

　　劳务成本——辅助营运费用　　　　　　　　　　　　　　　　50 000

　　管理费用　　　　　　　　　　　　　　　　　　　　　　　　13 000

　　贷：累计折旧　　　　　　　　　　　　　　　　　　　　　1 228 000

根据分录登记有关账户。

（5）大修理费用归集和分配。客车、货车的大修一般由专门的维修厂进行。本月大修理费用归集和分配，如表 4-13 所示。

表 4-13　大修理费用归集和分配表

2023 年 10 月　　　　　　　　　　　　　　　　　　　　　　　　单位：元

项　目	大修理费用
运输支出	
客　车	120 000
货　车	150 000
营运间接费用	12 000
辅助营运费用	11 000
管理部门	2 000
合　计	295 000

借：主营业务成本——运输支出——客车　　　　　　　　　　120 000

　　　　　　　　　　　　　——货车　　　　　　　　　　150 000

　　劳务成本——营运间接费用　　　　　　　　　　　　　12 000

　　劳务成本——辅助营运费用　　　　　　　　　　　　　11 000

　　管理费用　　　　　　　　　　　　　　　　　　　　　2 000

贷：银行存款（或应付账款）　　　　　　　　　　　　　　295 000

根据分录登记有关账户。

客车、货车的保养及小修，一般由车站、车场、车队的保修班进行。保养、小修所领用的材料、低值易耗品应根据其保养领用数直接计入营运成本。如果保养及小修由附属修理厂进行，则视为辅助生产，应将有关费用归集在"劳务成本——辅助营运费用"账户，月末，按受益情况分配计入营运成本。

（6）其他费用归集和分配，如表 4-14 所示。

表 4-14　其他费用归集和分配表

2023 年 10 月　　　　　　　　　　　　　　　　　　单位：元

项　　目	其他费用
运输支出	
客　车	20 000
货　车	34 000
营运间接费用	8 000
辅助营运费用	1 500
管理部门	2 000
合　计	65 500

其他费用是指不属于以上各项目的与营运车辆运行有关的费用，包括水电费、办公费、车辆管理费（即按照规定向运输管理部门缴纳的营运车辆管理费）、行车事故损失（即运营车辆在运行过程中，因行车事故发生的损失，但不包括因车站责任发生的货物损耗及由不可抗力造成的损失）、车辆牌照和检验费、保险费、车船税、过桥费、洗车费、轮渡费、司机途中住宿费、行车杂费等。

借：主营业务成本——运输支出——客车　　　　　　　　　　20 000

　　　　　　　　　　　　　——货车　　　　　　　　　　34 000

　　劳务成本——营运间接费用　　　　　　　　　　　　　8 000

　　劳务成本——辅助营运费用　　　　　　　　　　　　　1 500

　　管理费用　　　　　　　　　　　　　　　　　　　　　2 000

贷：银行存款（或应付账款）　　　　　　　　　　　　　　65 500

根据分录登记有关账户。

第二步：辅助营运费用归集和分配

（7）辅助生产部门费用归集和分配。将该企业辅助生产部门本月发生的辅助营运费用进行归集，如表4-15所示，然后按各项营运业务修理小时进行分配，其分配结果如表4-16所示。

①将该企业辅助生产部门本月发生的辅助营运费用进行归集，如表4-15所示。

表4-15 辅助营运费用明细账

辅助车间：修理车间　　　　　　　　　　　　2023年10月　　　　　　　　　　　　单位：元

摘 要	燃料及材料	轮 胎	职工薪酬	折旧费	大修理费	其他费用	合 计	转 出
直接燃料、直接材料费用分配表：表4-9	33 400						33 400	
轮胎领用和费用提取计算分配表：表4-10		4 100					4 100	
职工薪酬费用归集和分配表：表4-11			40 000				40 000	
固定资产折旧费用归集和分配表：表4-12				50 000			50 000	
大修理费用归集和分配表：表4-13					11 000		11 000	
其他费用归集和分配表：表4-14						1 500	1 500	
辅助营运费用分配表：表4-16								140 000
合 计	33 400	4 100	40 000	50 000	11 000	1 500	140 000	140 000

②将上述归集费用140 000元按各项营运业务修理小时进行分配，其分配结果如表4-16所示。

表 4-16　辅助营运费用分配表

2023 年 10 月　　　　　　　　　　　　　　　　　　　　单位：元

项　目	分配标准（工时）	分配率	分配金额
运输支出			
客　车	15 000		30 000
货　车	35 000		70 000
装卸支出	10 000	2	20 000
营运间接费用	4 000		8 000
其他业务支出	5 000		10 000
管理部门	1 000		2 000
合　计	70 000		140 000

根据表 4-16，编制会计分录如下：

借：主营业务成本——运输支出——客车　　　　　　　　　　　　30 000

　　　　　　　　　　　　——货车　　　　　　　　　　　　70 000

　　主营业务成本——装卸支出　　　　　　　　　　　　　　　　20 000

　　劳务成本——营运间接费用　　　　　　　　　　　　　　　　8 000

　　其他业务支出　　　　　　　　　　　　　　　　　　　　　　10 000

　　管理费用　　　　　　　　　　　　　　　　　　　　　　　　2 000

　　贷：劳务成本——辅助营运费用　　　　　　　　　　　　　140 000

第三步：营运间接费用归集和分配

（8）营运间接费用归集和分配。营运间接费用是指运输企业下属基层营运单位（车队、车站、车场等）在组织和管理营运过程中所发生的不能直接计入成本计算对象的各种间接费用，一般通过"劳务成本——营运间接费用"账户进行核算。

各基层营运单位发生的营运间接费用经归集后于月末进行分配，计入各有关成本计算对象的成本中。货车队和客车队的营运间接费用，可直接计入货车队和客车队的运输成本；车站经费全部由运输业务负担，月末分配计入货车队和客车队的运输成本；装卸队经费可直接计入装卸成本。

①将营运间接费用进行归集，如表 4-17 所示。

表 4-17　营运间接费用明细账

2023 年 10 月　　　　　　　　　　　　　　　　　　　　单位：元

摘　要	燃料及材料	职工薪酬	折旧费	大修理费	其他费用	辅助车间分配费用	合　计	转　出
直接燃料、直接材料费用分配表：表 4-9	32 800						32 800	

续表

摘　要	燃料及材料	职工薪酬	折旧费	大修理费	其他费用	辅助车间分配费用	合　计	转　出
职工薪酬费用归集和分配表：表4-11		60 000					60 000	
固定资产折旧费用归集和分配表：表4-12			35 000				35 000	
大修理费用归集和分配表：表4-13				12 000			12 000	
其他费用归集和分配表：表4-14					8 000		8 000	
辅助营运费用分配表：表4-16						8 000	8 000	
营运间接费用分配表：表4-18								155 800
合　计	32 800	60 000	35 000	12 000	8 000	8 000	155 800	155 800

②将上述归集费用155 800元，按客车、货车车队薪酬比例进行分配，其分配结果如表4-18所示。

表4-18　营运间接费用分配表

2023年10月　　　　　　　　　　　　　　　　单位：元

项　目	分配标准	分配率	分配金额
运输支出			
客　车	220 000	0.273 3	60 126
货　车	350 000		95 674
合　计	570 000		155 800

根据表4-18，编制会计分录如下：

借：主营业务成本——运输支出——客车　　　　　　　　　　60 126

　　　　　　　　　　　　　　——货车　　　　　　　　　　95 674

贷：劳务成本——营运间接费用　　　　　　　　　　　　155 800

第四步：计算运输业务的营运成本

（9）登记"运输支出——客车"及"运输支出——货车"明细账，如表4-19和表4-20所示。

表4-19　运输支出明细账

运输类别：客车　　　　　　　　　　　　　　　　　　　　　　　　单位：元

摘要	燃料	材料	轮胎	薪酬	折旧费	修理费	其他费用	营运间接费用	合计
直接燃料、直接材料费用分配表：表4-9	181 000	12 100							193 100
轮胎领用和费用提取计算分配表：表4-10			13 000						13 000
职工薪酬费用归集和分配表：表4-11				220 000					220 000
固定资产折旧费用归集和分配表：表4-12					490 000				490 000
大修理费用归集和分配表：表4-13						120 000			120 000
其他费用归集和分配表：表4-14							20 000		20 000
辅助营运费用分配表：表4-16						30 000			30 000
营运间接费用分配表：表4-18								60 126	60 126
本月合计	181 000	12 100	13 000	220 000	490 000	150 000	20 000	60 126	1 146 226
本月结转（红字）	181 000	12 100	13 000	220 000	490 000	150 000	20 000	60 126	1 146 226

表 4-20　运输支出明细账

运输类别：货车　　　　　　　　　　　　　　　　　　　　　　　　　　　　　单位：元

摘要	燃料	材料	轮胎	薪酬	折旧费	修理费	其他费用	营运间接费用	合计
直接燃料、直接材料费用分配表：表 4-9	252 300	15 120							267 420
轮胎领用和费用提取计算分配表：表 4-10			22 500						22 500
职工薪酬费用归集和分配表：表 4-11				350 000					350 000
固定资产折旧费用归集和分配表：表 4-12					640 000				640 000
大修理费用归集和分配表：表 4-13						150 000			150 000
其他费用归集和分配表：表 4-14							34 000		34 000
辅助营运费用分配表：表 4-16						70 000			70 000
营运间接费用分配表：表 4-18								95 674	95 674
本月合计	252 300	15 120	22 500	350 000	640 000	220 000	34 000	95 674	1 629 594
本月结转（红字）	252 300	15 120	22 500	350 000	640 000	220 000	34 000	95 674	1 629 594

（10）根据"运输支出——客车"及"运输支出——货车"明细账汇集的各项营运费用总额和客车、货车营运总量，计算客车和货车运输业务的营运成本，计算结果如表 4-21 所示。

表 4-21 华远汽车运输公司成本计算表

2023 年 10 月   单位：元

项　目	行　次	本月实际数			本年累计		
		客　车	货　车	合　计	略	略	略
一、营运直接费用							
燃　料		181 000	252 300	433 300			
材　料		12 100	15 120	27 220			
轮　胎		13 000	22 500	35 500			
工　资		220 000	350 000	570 000			
折旧费		490 000	640 000	1 130 000			
修理费		150 000	220 000	370 000			
其他费用		20 000	34 000	54 000			
二、营运间接费用		60 126	95 674	155 800			
三、营运总成本		1 146 226	1 629 594	2 775 820			
四、周转量 　（人公里、吨公里）		80 200 000	6 500 000	14 520 000			
五、营运单位成本		14.29 元/ 千人公里	250.71 元/ 千吨公里	191.17 元/换算 千吨公里			

换算吨公里＝吨公里＋人公里×换算比例（1∶10）

＝6 500 000＋80 200 000×0.1＝14 520 000（吨公里）

（五）装卸成本的核算

汽车运输企业的成本一般实行企业和装卸队两级核算，装卸队计算其装卸成本。装卸成本的计算对象分机械装卸和人工装卸，计算单位为"元/千吨"。

1. 汽车运输企业的装卸成本

汽车运输企业的装卸成本一般分为四大类。

（1）直接材料。直接材料是指装卸机械耗用的燃料和动力（如汽油、电力等）以及轮胎（外胎、内胎、垫带及外胎翻新）费等。

（2）直接人工。直接人工是指支付给装卸机械司机、助手和装卸工人的工资、职工福利费等。

（3）其他直接费用。其他直接费用是指装卸机械保养修理费、折旧费，以及与装卸业务直接有关的工具费、劳动保护费、事故损失等。

（4）营运间接费用。营运间接费用是指各装卸队为组织与管理装卸业务而发生的管理费用和业务费用。

2. 装卸费用核算与成本核算

装卸成本通过"主营业务成本——装卸支出"账户进行归集与分配，该账户一般按成本计算对象设置明细账户。装卸成本核算方法和程序与运输支出核算相似。

（六）堆存成本的核算

经营堆存业务的企业，根据实际情况，可分别以堆存业务、装卸作业区等为成本核算对象，按规定的成本项目设置专栏，分别归集堆存业务发生的各项费用；月末"主营业务成本——堆存支出（作业区）"等账户借方归集的全部费用，减去与堆存业务无关的支出，即为该成本核算对象的堆存成本。企业汇集的各成本核算对象的堆存成本，即为该企业堆存总成本。

堆存业务一般只计算堆存总成本，不用计算堆存单位成本，可以不编制"堆存成本计算单"。汽车运输企业除计算运输成本、装卸成本和堆存成本外，有时还计算一些其他业务的成本。对企业的其他业务，可以业务种类为成本核算对象，分别归集各类业务发生的营运费用，并据以计算其他业务的营运成本。

五、水上运输企业的成本核算

水上运输企业按船舶航行水域不同，分为内河运输企业、沿海运输企业和远洋运输企业。由于各种运输企业所使用的船舶、运输距离、航次时间等不同，因此在成本核算上也有所不同。

（一）内河运输企业的成本核算

1. 成本计算对象

内河运输企业是指船舶航行于江河航线上，往来于江河港口之间，主要经营运送旅客和货物业务的运输企业。其成本计算对象应分别按下列情况确定：

（1）为计算客运成本、货运成本和客货综合运输成本，应分别以客运业务、货运业务和客货综合运输业务为成本计算对象。

（2）为计算船舶类型成本，应分别以不同类型的船舶运输业务为成本计算对象。

（3）为计算航线成本，应分别以不同航线的运输业务为计算对象。

（4）为计算单船成本，应以单船的运输业务为成本计算对象。

2. 成本计算单位

内河运输企业的成本计算单位是人公里、吨公里和换算吨公里，分别用元/千人公里、元/千吨公里、元/换算千吨公里表示。

3. 运输费用的归集与分配

运输费用包括船舶航行费用（船舶在航行中发生的工资、燃料费、润料费、物料费、航养费、过闸费、外付港口费、折旧费、修理费、外付业务费、事故损失费等）、船舶维护费用（在封冻、枯水等非通航期发生的应由通航期运输成本负担的费用），以及营运间接费用。其中，船舶航行费用应根据原始凭证和费用分配表直接计入按客轮、货轮、油轮、驳船等船舶类型设置的运输支出明细账的有关成本项目中，归集完全后再分别由客运、货运、油运等成本负担。对于客货轮费用，还需按一定标准在客运和货运之间进行分配。企业发生的船舶维护费用应根据有关凭证和费用分配表，在按船舶类型设置的船舶维护费用明细账的规定费用项目中进行归集，归集完全后再根据规定的分配标准，计算通航期每月应负担的船舶维护费用，并据以编制船舶维护费用分配表，然后计入各运输种类成本。年度终了，企业应按全年船舶维护费用的实际发生数与分配数的差额，调整当年的运输成本。企业发生的营运间接费用应根据有关凭证和费用分配表归集在"劳务成本——营运间接费用"账户中，月末归集完全后，再按运输种类船舶航行费用比例，分配计入各运输种类成本。

4. 营运成本的计算

内河运输企业各运输种类的总成本是根据各运输种类负担的船舶航行费用加上船舶维护费用和营运间接费用进行计算的。将各运输种类的总成本除以各自完成的运输周转量，便可计算出各运输种类的单位成本。

(二) 沿海运输企业的成本核算

1. 成本计算对象

沿海运输企业是船舶航行于近海航线上，往来于各沿海港口之间，直接运送旅客和货物的运输企业。其成本计算对象是客运、货运业务以及客货综合运输业务。为满足企业不同成本管理的要求，还应分别以旅客运输、货物运输、航线、航次、船舶类型和单船为成本计算对象。

2. 成本计算单位

沿海运输企业的成本计算单位是人海里、吨海里和换算吨海里，分别用元/千人海里、元/千吨海里和元/换算千吨海里表示。

3. 运输费用的归集和分配

运输费用包括船舶航行费用和营运间接费用。对船舶航行费用，应在按单船设置的"主营业务成本——运输支出——船舶费用"明细账中规定的成本项目中进行归集，月末归集完全后，需根据成本计算的要求，将其在各成本计算对象中进行分配。其营运间接费用的归集和分配与内河运输企业相同。

4. 营运成本的计算

营运总成本是由其运输业务负担的船舶航行费用与营运间接费用之和构成的。各种营运单位成本的计算如下：

$$客运单位成本（元/千人海里）=\frac{客运成本（元）}{客运周转量（人海里）}\times1\,000$$

$$货运单位成本（元/千吨海里）=\frac{货运成本（元）}{货运周转量（吨海里）}\times1\,000$$

$$换算周转量单位成本（元/换算千吨海里）=\frac{客、货综合运输成本（元）}{换算周转量（换算吨海里）}\times1\,000$$

公式中的客货周转量的换算是以一个吨海里等于一个铺位人海里或三个座位人海里进行计算的。

(三) 远洋运输企业的成本核算

1. 成本计算对象

远洋运输企业是利用船舶在海洋上进行国际旅客和货物运输的企业。其成本计算对象是客运、货运业务以及客货综合运输业务。但由于远洋运输的航次时间较长，运输量和运输费用较大，因此为正确计算其成本，通常分别以航次客运业务、货运业务和客货综合运输业务为成本计算对象。

2. 成本计算单位

远洋运输企业的成本计算单位与沿海运输企业相同。

3. 运输费用的归集和分配

类似于汽车运输的核算，运输费用包括航次运行费用（船舶在运行过程中发生的燃料费、港口费、货物费、中转费、速遣费、垫隔材料费、客运费、事故损失费、航次其他费用等直接费用）、船舶固定费用（为保持船舶适航状态所发生的工资、船舶折旧费、修理费、机物料消耗等）、集装箱固定费用（集装箱在营运过程中发生的保管费、折旧费、修理费、保险费、租赁费、底盘车费用以及其他费用等），以及营运间接费用。对于船舶运行费用，应按单船分航次归集在"主营业务成本——运输支出——船舶航次费用"明细账中。对于船舶固定费用，应先按单船设置其明细账，并按规定的项目进行归集，然后按一定的分配标准在各航次之间进行分配，记入"主营业务成本——运输支出——船舶航次费用"明细账中。对于集装箱固定费用，应先按集装箱类型设置明细账，并按规定的费用项目进行归集，然后按一定分配标准分配记入"主营业务成本——运输支出——船舶航次费用"明细账中。对于营运间接费用，应先归集在"劳务成本——营运间接费用"明细账中，然后按照一定标准在各船、各航次之间进行分配，并记入"主营业务成本——运输支出——船舶航次费用"明细账中。

4. 营运成本的计算

船舶航次终了，可根据"主营业务成本——运输支出——船舶航次费用"明细账各项费用之和计算该航次的运输总成本，将其运输总成本除以运输周转量，便可计算出该航次的运输单位成本。其计算公式如下：

$$航次运输单位成本（元/换算千吨海里）＝\frac{航次运输总成本（元）}{航次运输周转量（换算吨海里）}×1\ 000$$

公式中的周转量是以一人海里等于一吨海里计算的。

六、铁路运输企业的成本核算

（一）成本计算对象

铁路运输企业主要经营客、货运输业务，以及与货运相联系的装卸业务。其成本计算对象为运输业务和装卸业务。

（二）成本计算单位

铁路运输企业运输业务成本计算单位有人公里、吨公里和换算吨公里三种，分别用元/万人公里、元/万吨公里和元/换算万吨公里表示，以计算客运成本、货运成本和综合运输成本（换算周转量成本）。铁路运输企业的装卸业务一般只综合计算其装卸吨成本。

（三）运输费用的归集和分配

铁路运输企业的组织结构由中国铁路总公司、铁路局、铁路分局、基层单位（机务段、车辆段、车站）等层次构成。其营运过程中发生的费用由铁路局、铁路分局、基层单位分别核算。为便于汇总核算资料，分析运输生产过程中各项作业的具体耗费，可按运输工作的类别及主要阶段对其运输费用进行划分，概括起来可分为七大类，即运行准备费用（列车运行前的各项准备费用）、旅客服务费用（运送旅客服务的各项费用）、列车运行费用（运输车辆运行过程中发生的各种消耗和支出）、运输设备维护修理费（运输车辆及相关设备的维护、检修费用）、铁路线路费用（铁路线路发生的各项费用）、通信费用（通信设备、线路的使用费、修理费等），以及非生产性支出（由各运输成本负担的事故损失等费用）等。

由于铁路运输费用实行分级核算，因此各基层单位只按作业内容及具体费用项目汇集运输支出。例如：车辆段分别按客车维护、段修，货车维修、辅修、段修，货车轴箱检查，罐车清扫，机械保温车运行和维修等项目汇集所发生的材料、燃料、工资以及应分摊的间接营运费用等；车站按运转列车货物装卸、货物零担中转、旅客发送、旅客服务、行包发送等项目汇集费用。因此，铁路运输成本不能直接利用"主营业务成本——运输支出"账户进行计算，只能先由基层单位按完成作业的各项费用编制运输支出表，然后由企业进行逐级汇总后编制汇总运输支出表，并据以计算运输成本。

企业在汇总过程中，凡是与客运有关的费用，如客运人员工资、车站旅客服务费、行包装卸费、旅客列车服务费、客车整备费、客车折旧费、修理费、客车运行消耗的燃料费、行车杂费、旅客救援费、旅客事故损失费及客运其他支出等，应直接列入客运成本；凡是与货运有关的费用，如货运人员工资、货运车辆整备费、货物装卸费、货运车辆折旧费及修理费、货运车辆燃料费、行车杂费、货运事故损失及货运其他支出等，应直接列入货运成本；凡是与客运和货运共同相关的费用，应按适当的分配标准分配计入客运成本和货运成本。

（四）营运成本的计算

铁路运输企业的营运成本是根据汇总运输支出表及其他有关资料计算的。其中，运输支出表所列的客运支出合计数为客运总成本，货运支出合计数为货运总成本，运输支出合计数为综合运输总成本。用总成本除以运输周转量便可确定营运单位成本。

其计算公式如下：

$$客运单位成本（元/万人吨公里）=\frac{客运总成本（元）}{客运周转量}×10\,000$$

$$货运单位成本（元/千吨公里）=\frac{货运总成本（元）}{货运周转量（吨公里）}×10\,000$$

$$换算周转量单位成本（元/换算万吨公里）=\frac{综合运输总成本（元）}{换算周转量（吨公里）}×10\,000$$

七、航空运输企业的成本核算

（一）成本计算对象

航空运输企业是利用飞机实现旅客、货物、邮件的位置转移和为工农业生产服务的运输企业。其成本计算对象一般是航空运输业务和通用航空业务。为便于企业按机型归集费用，计算每种型号飞机的机型成本，航空运输企业还可以各种机型的运输周转量（或飞行小时）及全部飞机的运输周转量（或飞行小时）为成本计算对象。

（二）成本计算单位

航空运输企业为计算航空运输的吨公里成本和通用航空作业的飞行小时成本，一般以"吨公里"和"飞行小时"分别为航空运输业务和通用航空业务的成本计算单位。

（三）运输费用的归集和分配

航空运输企业的运输费用包括飞行费用（为执行飞行任务而发生的、与飞行直接有关的空勤人员工资、油料费、国外加油价差、折旧费、修理费、租赁费、保险费、国外机场起降服务费、国内旅客餐食及供应费、国际联程旅客膳宿费、其他费用等）、熟练飞行训练费用（民航运输企业为培训飞行人员而发生的燃料费、润料费、折旧费、修理费等）、飞机维修费（航空公司所属机务大队、中队、航修厂和维修基地为维修本公司飞机、发动机和附件所发生的费用），以及业务经营费（各级航空运输企业、通用航空公司及民航驻国外办事处从事业务经营的费用）。其中，飞行费用和飞机维修费称为飞机的基本飞行费用。

航空运输企业在营运过程中发生的飞行费用，应归集在按机型设置的明细账中；发生的飞机维修费，应先按修理机型汇总，修理完毕后，各机型飞机的直接维修费应直接结转计入各机型成本，间接维修费应按各机型的修理小时等分配计入各机型成本；发生的熟练飞行训练费用经归集后，应按运输周转量、飞行小时等标准分配计入各机型成本；发生的业务经营费经归集后，也应按一定标准在各机型之间进行分配。

（四）营运成本的计算

将上述费用归集完全后，便可计算各类型飞机的总成本。在此基础上可按下列公式计算各类型飞机的吨公里成本、飞行小时成本和通用航空业务成本。

1. 计算吨公里成本

计算某机型飞机的吨公里成本，其公式是：

$$某机型吨公里成本（元/吨）= \frac{机型总成本（元）}{该机型运输周转量（吨公里）}$$

其中：

$$该机型运输周转量（吨公里）= [旅客人数×每名旅客体重折算标准（千克）+货物及邮件重量（千克）×运行距离（公里）]×1\,000（千克）$$

2. 计算飞行小时成本

按照飞行的性质，可把飞行小时分为生产飞行小时（取得收益的飞行小时）和非生产飞行小时（不取得收益的飞行小时）两类。由于非生产飞行发生的费用支出全部由生产飞行负担，因此每种机型在一定时期内为完成各种飞行任务所发生的总成本除以该机型的生产飞行小时，便是每种机型的生产飞行小时成本。即：

$$某机型的生产飞行小时成本（元/小时）= \frac{该机型通用航空成本（元）}{通用航空飞行小时}$$

式中的"该机型通用航空成本"需根据下列两种情况加以确定：第一种情况是飞机专

门经营通用航空业务，则该机型所归集的费用就是通用航空成本；第二种情况是飞机执行多种飞行任务，则该机型所归集的费用是完成多种飞行任务的成本，这时就需要通过计算确定机型的通用航空成本，即：

$$通用航空成本=通用航空各飞机费用+通用航空负担的机型成本$$

式中的"通用航空各飞机费用"是属于通用航空部分归集的飞行费用和飞机维修费用；"通用航空负担的机型成本"是按机型总成本扣除飞行费用和飞机维修费用后，根据通用航空飞行小时占生产飞行小时的比例进行分配的，即：

$$通用航空负担的机型成本=\left(机型成本-\frac{飞行费用+飞机维修费用}{生产飞行小时}\right)\times通用航空飞行小时$$

为了考虑旅客运输成本，合理制定客票价格，还应该计算旅客运输成本。其计算公式如下：

$$航空旅客运输成本（元/客公里）=\frac{\left[航空运输成本-货物周转量（吨公里）\right]\times航空运输吨公里成本}{完成的客公里}$$

上式既可按机型计算，也可按全部飞机计算。

本章小结

交通运输企业会计核算与一般工商企业会计核算相比，具有存货核算的特殊性、成本结转的直接性、主营业务核算对象的多样性和收入结算的复杂性四个方面的特点。

交通运输企业存货的核算对于公路运输来说，主要是燃料和轮胎的核算。车存燃料的管理有满油箱制和盘存制两种管理方法。轮胎的核算主要有一次摊销法和按行驶公里数预提法两种核算方法。

交通运输企业的营运收入是指企业在提供与运输有关的各种劳务后按规定取得的收入。其可分为汽车运输企业的营运收入、水路运输收入、铁路运输收入和民航运输收入。由于收入实现的分散性和收入结算的复杂性，企业之间营运收入相互结算的核算是运输企业收入核算的重点。

交通运输企业营运成本核算分为汽车运输企业成本核算、水上运输企业成本核算、铁路运输企业成本核算和航空运输企业成本核算。运输企业运输成本计算单位为周转量，即按业务量及其相关指标计算的工作量，不同周转量成本的计算是交通运输企业成本核算的重点。

思考与练习

一、单项选择题

1. 交通运输行业的核心业务是（　　）。

A. 包装　　　　　　B. 仓储　　　　　　C. 运输　　　　　　D. 配送

2. 以下用于计量运输企业货物周转量的计量单位是（　　　）。

A. 吨　　　　　　　　B. 吨小时　　　　　　C. 千米　　　　　　　D. 吨海里

3. 公路运输企业的成本项目分为车辆费用和（　　　）两类。

A. 折旧费用　　　　　B. 站队经费　　　　　C. 人工费用　　　　　D. 材料费用

4. 满油箱制和实地盘存制是（　　　）管理的两种方法。

A. 车耗燃料　　　　　B. 车存燃料　　　　　C. 库存燃料　　　　　D. 发出燃料

5. 公路运输企业领用新轮胎时，若金额不大，可一次性计入（　　　）。

A. 管理费用　　　　　　　　　　　　　　　B. 主营业务成本

C. 销售费用　　　　　　　　　　　　　　　D. 营运间接费用

6. 营运车辆一般按核算期的（　　　）计算应负担的轮胎摊销额。

A. 载客人数　　　　　B. 载货吨数　　　　　C. 行驶时间　　　　　D. 行驶胎千米

7. 公路运输企业的营运间接费用一般按（　　　）标准进行分配。

A. 营运车日　　　　　B. 人工费用　　　　　C. 材料费用　　　　　D. 折旧费用

8. 汽车运输总成本除以（　　　）即为汽车运输单位成本。

A. 行驶距离（千米）　　　　　　　　　　　B. 运输周转量

C. 行驶时间　　　　　　　　　　　　　　　D. 载货吨数

二、多项选择题

1. 以下说法中正确的是（　　　）。

A. 物流过程并不改变劳动对象的属性和形态

B. 物流过程并不消耗劳动对象

C. 物流的流动性特点决定了各物流企业之间存在较强的协作性

D. 物流生产过程与销售过程同步

2. 与制造企业相比，物流企业的业务核算特点是（　　　）。

A. 成本核算不必区分生产成本和销售成本

B. 仓储企业的存货所占比重较大

C. 物流企业的营运成本主要是与设备和工具相关的费用

D. 物流企业的收入种类比较单一

3. 轮胎领用发出时，核算方法有（　　　）。

A. 一次摊销法　　　　　　　　　　　　　　B. 五五摊销法

C. 按行驶里程摊销法　　　　　　　　　　　D. 分次摊销法

4. 以下属于运输企业存货的是（　　　）。

A. 外胎　　　　　　　B. 燃料　　　　　　　C. 低值易耗品　　　　D. 内胎

5. 下列耗用项目不在运输成本的"材料"项目中核算的是（　　　）。

A. 外胎　　　　　　　B. 内胎　　　　　　　C. 柴油　　　　　　　D. 机油

6. 运输企业的"营运间接费用"科目核算的内容包括（　　　）。

A. 车站水电费　　　　　　　　　　　　　　B. 车站折旧费

C. 修理车间维修人员工资　　　　　　　　　D. 职工班车燃料费

7. 公路运输企业的辅助营运费用主要包括（　　　　）。

A. 人工费用
B. 材料费用
C. 折旧费用
D. 劳动保护费

8. 下列属于公路运输企业会计核算特点的是（　　　　）。

A. 不需要进行在产品和产成品的核算
B. 成本项目较多，核算较为复杂
C. 车辆折旧一般采用加速折旧法
D. 一般需要预提车辆的大修理费用

三、判断题

1. 物流企业不创造新的物质产品，但物流是社会生产在流通领域中的继续。（　　　）

2. 物流企业不生产产品，不消耗原材料，所以不需要购置存货。（　　　）

3. 公路运输企业不需要核算在产品成本。（　　　）

4. 公路运输企业的成本项目即各项车辆费用。（　　　）

5. 公路运输企业管理部门的车用轮胎一般按核算期行驶胎千米计算应负担的轮胎摊销额。（　　　）

6. 公路运输企业燃料实际耗用数实行满油箱制的，月末需要对车存油进行盘点后才能确定耗用燃料的总成本。（　　　）

7. 公路运输企业的营运间接费用是指车站或车队管理组织运输业务发生的费用。（　　　）

四、业务核算题

1. 材料中轮胎费用的核算。鸿运运输公司对营运车辆的轮胎采用行驶里程摊提法，其他部门的车用轮胎按实际领用数计入成本。本月发生以下有关轮胎的经济业务。

（1）货车轮胎每个的计划成本为 800 元，材料成本差异率为 2%。本月货车队领用轮胎 4 个。

（2）行政管理部门领用小轿车轮胎 4 个，每个 300 元。

（3）本月货车车队中轮胎的摊提额为 8 元/（千胎·千米）。本月公司营运车辆实际行驶里程 2 000 000 千米，每车装胎 8 个。

要求：根据以上经济业务编制相应的会计分录。

2. 汽车运输成本的核算。鸿运运输公司下设一个车站、一个修理车间、一支甲车队和一支乙车队。车站和车队等基层营运单位的管理和业务费用合并设账归集和统一分配。本月汽车营运总计 2 300 车日，其中甲车队 1 000 车日，乙车队 1 300 车日。甲车队的运输周转量为 16 000 千吨·千米，乙车队的运输周转量为 2 200 千吨·千米。本月发生下列经济业务。

（1）以银行存款支付公司办公费 2 000 元，车站和各车队队部办公费 1 000 元。

（2）以银行存款支付不含税电费和水费共计 5 000 元，增值税税额为 650 元，其中公司管理部门应负担 1 000 元，车站负担 500 元，甲车队负担 1 500 元，乙车队负担 1 300 元，修理车间负担 700 元。

（3）计提本月有关人员薪酬费用，如表 4-22 所示。

表 4-22 鸿运运输公司本月 "工资费用分配表" 单位：元

人员薪酬	甲车队司机	乙车队司机	车站管理人员	车队管理人员	修理车间人员	公司管理人员	合计金额
金 额	50 000	68 000	12 000	10 000	13 000	25 000	178 000

（4）本月月末盘点公司车存燃料，燃料耗用成本为：甲车队 180 000 元，乙车队 200 000 元，公司交通车 7 000 元。

（5）本月轮胎摊提额为：甲车队 20 000 元，乙车队 18 000 元，公司交通车 600 元。

（6）计提本月固定资产折旧 150 000 元，其中：甲车队车辆 80 000 元，乙车队车辆 90 000 元，车站 4 000 元，修理车间 5 000 元，公司管理部门 10 000 元。

（7）修理车间领用修理用备件 20 000 元。

（8）本月以银行存款支付营运车辆牌照费、检验费、车船税、行车事故的有关费用等共计 60 000 元，其中甲车队 25 000 元，乙车队 35 000 元。

（9）以银行存款支付有关人员的报销费用，甲车队司机途中住宿费 500 元，洗车费 100 元；乙车队司机途中住宿费 1 200 元，洗车费 200 元；车站和车队管理人员的差旅费 1 200 元。

（10）本月发生的营运间接费用和辅助营运费用按营运车日分配计入各类运输成本。

要求：①编制上述业务的会计分录；

②计算本月汽车运输总成本和单位成本。

第五章 施工企业会计

知识目标

了解施工企业会计的特点；

了解施工企业材料的分类；

掌握施工企业周转材料的核算、摊销方法，以及周转材料摊销额的调整；

掌握临时设施的核算及账务处理；

掌握施工企业工程成本控制与核算的具体方法；

掌握工程成本构成与核算；

掌握工程价款结算的核算。

能力目标

熟悉施工企业会计核算的相关账户使用；

掌握施工企业周转材料摊销方法及会计处理；

掌握施工企业工程成本的核算对象、项目及会计处理；

全面掌握施工企业周转材料核算、临时设施核算、工程成本核算的账务处理。

施工企业主要是指从事建筑安装工程施工生产的企业。施工企业会计是会计学的一个分支，是应用于施工企业的一门专业会计。本章内容主要包括五大部分：第一部分是施工企业概述；第二部分是周转材料的核算；第三部分是临时设施的核算；第四部分是工程成本的核算；第五部分是工程价款结算的核算。

第一节 施工企业会计概述

一、施工企业及其主要经营活动

施工企业是指从事建筑安装工程施工生产的企业。建筑安装工程生产是指直接从事建筑工程和设备安装工程的施工。施工企业建筑安装工程施工生产活动的对象主要是不动产。

施工企业会计是会计学的一个分支，是应用于施工企业的一门专业会计。施工企业会计核算的特点，在很大程度上取决于建筑安装工程及其施工生产的特点。施工企业的经营活动主要包括承包与发包工程、销售商品、提供劳务、购买材料物资等。

二、施工企业会计核算的特点

（一）一般以单位工程为成本计算对象，采用分批法计算成本

施工企业的产品都具有特定的目的和专门的用途。因此，每一建筑安装工程几乎都有其独特的形式和结构，需要单独的设计图纸，采用不同的施工方法和施工组织。即使采用相同的标准设计，由于建造地点的地形、地质和水文等自然条件与运输等社会条件不同，需要对设计图纸以及施工方法、施工组织等作适当的改变。建筑安装工程多样性的特点，决定了施工企业的生产只能按照建设项目的不同设计要求进行施工生产，施工时需要采用不同的施工方法和施工组织，又使得施工企业的生产具有单件性的特点。

施工企业产品的多样性和生产的单件性，决定了施工企业的成本计算方法具有工业企业成本计算分批法的特点。另外，由于建设单位一般按单位工程编制工程预算、制定工程成本计划、结算工程价款，因此，施工企业一般以单位工程为成本计算对象，以便与建设单位制订的工程成本计划保持口径一致，便于工程成本比较和与建设单位结算价款。

（二）按照履约进度确认建造合同收入和合同费用

对于施工企业特别是从事地铁、隧道等市政建设的企业，其建造合同的产品具有不可替代的用途，且在整个合同期内有权就累计至今已完成的履约部分收取款项，故这种建造合同收入的确认基本都是符合新收入准则中"在某一时段内履约义务"条件的，应当按照履约进度确认收入。

应用指南在规定如何确定履约进度时，规定了多种可采用的具体方法，如：产出法中的实际测量完工进度、已达到的里程碑、时间进度，投入法中的投入的材料数量、花费的人工工时等，但这些其实大都是"量"的进度，只适合极少数易于计量的合同。对于绝大多数建造合同来说，由于工程构成极其复杂，单个建造合同中包含多项不同的分部、分项工程，甚至每个分部、分项工程中又包含多种不同的计量单位（如米、立方、吨、项等），较难用某个单一"量"的指标确定整体工程量和履约工程量，因此在用上述几种方法确定履约进度时存在一定的局限性。而以货币计量的"价"是适用于所有建造合同的，这也是实务中大多按照实际发生的成本占预计总成本确定履约进度的主要原因，即按应用指南投入法中"发生的成本"确定履约进度（以下简称"成本法"）。这种做法与原建造合同准则中按累计实际发生的合同成本占合同预计总成本的比例确定完工进度做法相同。

（三）费用分配一般采用全年工程数量平均分配的方法

建筑安装工程施工是在露天进行的，施工机械设备等经常露天存放，会受到自然力的侵蚀。因此，在计算这些施工机械损耗价值即折旧费时，除了考虑使用上的磨损外，还要充分考虑受自然力的侵蚀。另外，由于建筑安装工程施工受气候条件影响，一般在雨季和冬季完成的工作量明显减少，各个月份完成的工作量很不均衡。因此，在费用的分配上，一般不宜将当月发生的费用全部计入当月的工程成本，而应采用台班折旧法和待摊、预提

的核算方法，或采用按全年工程数量平均分配的方法。

三、施工企业与其他行业会计核算的比较

施工企业的会计核算同其他行业的会计核算相比，具有以下特点。

（一）成本核算对象具有单件性

由于建筑安装工程各有不同的功能和结构，需要单独的设计图纸，即使是根据同一标准设计进行施工的同类型、同规模的工程，也会因自然条件、交通条件、材料要求和物价水平等不同而使施工过程中的工料费用不同。因此，建筑安装工程只能按照建设要求和单个图纸组织单件生产，不能像工业企业那样成批生产。其施工生产的这一特性，决定了工程成本的核算应实行分批（订单）法，将每一独立编制施工图预算的单位工程作为成本核算对象。

（二）核算周期具有长期性

一项工程的实际施工成本和收益水平，只有当该工程竣工后，才能正确和完整地反映出来。而施工企业生产的建筑安装工程等产品，除了少部分造价低、耗费少的工程以外，大多是体积庞大、造价高、耗费大的工程，因而施工周期较长，一般都需要跨年度施工，有的工程工期甚至长达几年、十几年。

（三）产成品和在产品的划分具有特殊性

工业企业会计核算中，产成品是指本企业已经完成全部生产过程，并已验收入库可供销售的产品；在产品是指没有完成全部生产过程，不能作为商品销售的产品。施工企业如果采用与工业企业相同的方法来划分产成品，则只有当工程全部竣工，并办理竣工验收手续交付使用时，才能算作产成品。但是，建筑安装工程施工具有周期较长的特点，按照这种划分方法，在长期的施工过程中就不能对工程进度、工程质量和工程成本进行有效的监督。所以对建筑安装产品，需要人为地划分产成品和在产品，也就是将工程进度达到预算定额的工作内容、不需要在本企业内部进一步施工、可据以进行结算的分部分项工程，视作"已完工程"，即"产成品"；将已投料施工但尚未完成预算定额规定的全部工序和内容而暂时无法进行结算的分部分项工程，视作"未完施工"，即"在产品"。按照这种划分方法，施工企业可以及时对"已完工程"统计工程进度，进行工程价款结算，考核工程成本并计算财务成果。

（四）工程价款的结算方式具有多样性

由于建筑安装工程施工周期较长，资金占用最大，为了合理地解决工程所需资金的供应问题，工程价款结算可采用多种方式。例如：竣工后一次结算；按照工程进度，划分不同阶段进行结算；按期（月或季）对已完分部分项工程进行结算，竣工后清算；等等。此外，施工企业还可以根据工程承包合同规定，向发包单位预收工程备料款，为工程储备材料提供资金。

![知识扩展5-1]

知识扩展5-1

建设项目是指具有计划任务书等总体设计资料，在经济上进行统一核算，行政上有独立组织形式，实行统一管理的建设单位。每个建设项目都由若干单项工程组成。

单项工程是指在一个建设项目中具有独立设计资料，建成后能独立发挥生产能力或使用效益的工程。例如，工业建设项目中各个车间，职工宿舍，学校里的各栋教学楼、图书馆等都属于具体的单项工程。每一单项工程又包括若干单位工程。

单位工程是指在单项工程中具有独立设计资料，可以独立组织施工的工程，如一般土建工程、水暖安装工程等，每一单位工程都由若干分部工程组成。

分部工程一般是对各单位工程按照不同的工程部位、结构、材料、设备器材种类和型号、安装方式等具体条件进行的再划分。例如，一般土建单位工程划分为土石方工程、桩基础工程、脚手架工程、砌墙工程、混凝土工程、构建运输及安装过程、门窗及木结构工程等十多个分部工程。每一分部工程都由若干分项工程组成。

分项工程是用适当的计量单位表示的假定的单位合格建筑安装产品，如10立方米的混凝土梁、100平方米的平整场地。分项工程是确定建设工程价格最基本的计算单位。

第二节　周转材料的核算

一、周转材料及其分类

周转材料是指企业在施工生产过程中能够多次使用并可基本保持原来的形态而逐渐转移价值的材料，如模板、挡板等。

周转材料虽然保持材料形态，但在施工生产过程中却起着劳动资料的作用。它能够多次参加生产过程，不改变其实物形态，其价值逐渐转移到工程成本中。但是，周转材料种类较多，用量较大，使用频繁，经常需要补充更换。因此，同低值易耗品一样，把它归入存货类进行管理和核算。

周转材料按其在施工中的用途，可分为以下几类：

（1）模板：指浇灌混凝土用的钢、木或钢木组合的模型板，以及配合模板使用的支撑材料和滑模材料等，按固定资产管理的固定钢模和现场固定大型模板不包括在内。

（2）挡板：指土方工程使用的挡土板等，包括支撑在内。

（3）架料：指搭脚手架用的竹竿、钢管（包括扣件）、竹跳板等。

（4）其他：除上述各类之外，作为流动资产管理的其他周转材料，如塔吊使用的轻轨、枕木等（不包括附属于塔吊的钢轨）。

二、周转材料的摊销方法

由于周转材料在生产过程中能够多次周转使用，因此，它的价值应随同其损耗程度逐渐转移、摊销计入工程成本或有关费用。周转材料价值的摊销方法，根据各类周转材料的不同情况，一般有以下几种。

（一）一次摊销法

一次摊销法是在领用周转材料时，将其全部价值一次计入工程成本或有关费用的方法。这种方法一般应限于易腐的周转材料，如安全网等。

（二）分期摊销法

分期摊销法是根据周转材料的预计使用期限，将周转材料的价值分期计入工程成本或有关费用的方法。它适用于脚手架、跳板、塔吊轻轨、枕木等的磨损与使用期限有关的周转材料。其计算公式如下：

$$周转材料每月摊销额 = \frac{周转材料原值×（1-残值占原值的百分比）}{预计使用月数}$$

【例5-1】某工程领用钢管脚手架和木脚手板，钢管脚手架的各种钢管、钢扣件和木脚手板的预计使用月份，每吨钢管、钢扣件及每立方米木脚手板的价格和占原值的百分比如表5-1所示。

表5-1 某工程周转材料相关资料

周转材料名称	单 位	单价（元）	预计使用月数	残值占原值的百分比（%）
钢 管	吨	2 000	84	15
钢扣件	吨	2 500	60	12
木脚手板	立方米	600	60	15

各周转材料的月摊销额计算如下：

$$每吨钢管月摊销额 = 2\ 000×（1-15\%）÷84 = 20.24（元）$$
$$每吨钢扣件月摊销额 = 2\ 500×（1-12\%）÷60 = 36.67（元）$$
$$每立方米木脚手板月摊销额 = 600×（1-15\%）÷60 = 8.50（元）$$

假设某项工程于2023年6月共使用各种钢管25吨，各种钢扣件3吨，木脚手板6立方米，则6月该项工程应摊销的钢管、钢扣件和木脚手板的额度为：

$$钢管摊销额 = 25×20.24 = 506（元）$$
$$钢扣件摊销额 = 3×36.67 = 110.01（元）$$
$$木脚手板摊销额 = 6×8.50 = 51（元）$$
$$合计 = 506+110.01+51 = 667.01（元）$$

（三）分次摊销法

分次摊销法是指根据周转材料预计使用次数，计算出每周转一次的摊销额，然后按各项工程周转次数和每次摊销额计算各项工程的摊销额，并直接计入有关工程成本的方法。这种方法一般适用于预制钢筋混凝土构件时所使用的定型模板、挡板等能分清使用次数的周转材料。其计算公式有以下两种：

$$每套模板周转一次摊销额 = \frac{每套模板造价-残值}{预计周转次数}$$

或者，先计算每平方米建筑面积平均损耗的模板，再按各项工程完成的建筑面积计算各该工程的摊销额，即：

$$每平方米建筑面积损耗的模板（模板摊销额）=\frac{每套模板造价-残值预计}{周转次数×每套模板一次能施工的建筑面积}$$

【例5-2】 某工程领用模板一批，造价为125 000元，每次能施工200平方米，预计能周转60次，估计残值为5 000元。

$$该批模板每平方米面积平均摊销额=（125 000-5 000）÷（200×60）=10（元）$$

该工程本月使用该批模板完成建筑面积为2 000平方米，则：

$$应摊销模板费用=10×2 000=20 000（元）$$

在实际工作中，木模的摊销额通常根据完成立模数量（平方米）和每平方米立模平均损耗木模来计算。竹脚手架的摊销额通常根据搭建面积（平方米）和每平方米搭建面积平均损耗竹脚手架来计算。每平方米立模平均损耗木模和每平方米搭建面积平均损耗竹脚手架的计算公式如下：

$$每平方米立模平均损耗木模=\frac{每平方米立模需要木材（平方米）×每平方米木材价格-残值}{预计周转次数}$$

$$每平方米搭建面积平均损耗竹脚手架=\frac{每平方米搭建面积需毛竹根数×每根毛竹价格-残值}{预计周转次数}$$

在计算每平方米搭建面积需要毛竹根数时，横楞、顶撑、底芭等可利用旧毛竹计算。

（四）定额摊销法

定额摊销法是指根据完成的实物工作量和预算定额规定的周转材料消耗定额，计算本期摊销额的方法。这种方法一般适用于各种模板等周转材料。其计算公式如下：

$$周转材料本期摊销额=本期完成实物工作量×单位工程周转材料消耗定额$$

【例5-3】 某工程本月完成现浇梁混凝土工程80立方米，每立方米模板消耗定额60元，则：

$$模板本月摊销额=80×60=4 800（元）$$

以上列出了各种摊销方法，企业具体采用哪一种要根据实际情况确定。所采用的摊销方法一经确定，不应随意变更。但无论采用哪种摊销方法（一次摊销法除外），因为都有预计的因素，所以平时计算的摊销额不可能与实际耗损价值完全一致，需要在年度终了或工程竣工时，对周转材料进行盘点，根据实际损耗调整已提摊销额，以保证工程成本和有关费用的准确性。

在现行会计制度中，周转材料还包括一些易腐、易朽或使用一次后一般不再使用的材料，如安全网等，并规定在领用时将其全部价值一次计入有关受益对象的成本中，直接从"周转材料"账户贷方转入"合同履约成本——工程施工"账户的借方。

一般来说，周转材料均属于可以多次周转使用的材料，确定一次使用的材料可归为"原材料——其他材料"，而不列作周转材料，这样做可使周转材料的核算规范化。

三、周转材料摊销额的调整

在工程竣工和年度终了时，对在用周转材料进行盘点和清查，其结果有三种：一是降低成色；二是报废；三是短缺。对这三种情况的周转材料已提摊销额都要进行调整。凡是不足应提摊销额的，要补提摊销额；对于多提的摊销额要冲回，以做到正确记录工程成本。

$$应补提摊销额=应提摊销额-已提摊销额$$

（一） 应提摊销额的计算

降低成色周转材料应提摊销额的计算公式如下：

$$降低成色周转材料应提摊销额=降低成色周转材料计划（实际）成本×$$
$$（1-确定的成色百分比）$$

【例5-4】某工程年终盘点，有一批模板计划成本为6 000元，现此模板还有四成新，则：

$$模板应提摊销额=6 000×（1-40\%）=3 600（元）$$
$$报废周转材料应提摊销额=报废周转材料计划（实际）成本-残值$$

【例5-5】某工程报废一批架料，计划成本为3 800元，残值为400元，则：

$$报废架料应提摊销额=3 800-400=3 400（元）$$
$$短缺周转材料应提摊销额=短缺周转材料计划（实际）成本$$

（二） 已提摊销额的计算

周转材料已提摊销额的计算公式如下：

$$周转材料已提摊销额=（降低成色、报废、短缺）周转材料计划（实际）成本×[该类周转材料已提$$
$$摊销额累计÷该类周转材料计划（实际）成本总额]$$

【例5-6】某工程短缺一批模板，计划成本为3 500元，该类模板账面已提摊销额30 000元，计划成本为60 000元，则：

$$短缺模板已提摊销额=3 500×30 000÷60 000=1 750（元）$$

四、周转材料的具体核算

（一） 会计账户的设置

由于周转材料与一次性消耗材料不同，会计上专设"周转材料"账户进行核算。

周转材料在施工生产中能够反复使用，它的价值是逐渐转移到工程成本中的，因此，在核算上既要反映它的原始价值，又要反映它的损耗价值。根据这项要求，对周转材料应在"周转材料"账户下分别设置"在库周转材料""在用周转材料""周转材料摊销"三个二级账户，用以反映周转材料的购入、领用、摊销和结存情况。"在库周转材料"的明细核算与"原材料"相同，"在用周转材料"和"周转材料摊销"应按其类别和使用部门或工程设置明细账进行明细核算。

企业所属各施工单位领用周转材料时，要填制"领料单"，会计部门根据"领料单"将"在库周转材料"账户贷方转入"在用周转材料"账户的借方。周转材料在使用过程中损耗的价值，记入"周转材料——周转材料摊销"账户的贷方和"合同履约成本——工程施工"账户的借方，并记入各工程成本的"材料费"项目。对领用的周转材料，要加强实物管理并合理使用。

（二）账务处理

企业购入或自制、委托加工完成并验收入库的周转材料，可比照"原材料"的核算方法，在"在库周转材料"明细账户进行核算。

企业领用周转材料时，应分不同情况进行处理：采用一次摊销方法的周转材料，领用时应将其价值一次全部计入成本，借记"合同履约成本——工程施工"等账户，贷记"周转材料——在库周转材料"账户；采用其他摊销方法的周转材料，领用时，按计划成本或实际成本，借记"周转材料——在用周转材料"账户，贷记"周转材料——在库周转材料"账户。

按规定的方法计提在用周转材料的摊销额时，借记"合同履约成本——工程施工"等账户，贷记"周转材料——周转材料摊销"账户。

周转材料报废、短缺时，按已提摊销额，借记"周转材料——周转材料摊销"账户，按入库残料价值，借记"原材料"账户，按应补提的摊销额，借记"合同履约成本——工程施工"等账户，按计划成本或实际成本，贷记"周转材料——在用周转材料"账户。

下面举例说明周转材料按计划成本计价的账务处理。

【例5-7】每月终了，会计部门应根据施工部门所通知的实际完成工作量，编制"周转材料摊销额计算表"（格式见表5-2），计算各项工程成本应分摊的周转材料摊销额。某城建集团第六施工队在2023年9月共领木模21立方米，每立方米模板计划价格为260元，在9月、10月完成立模数量分别为500平方米和250平方米，每平方米模板摊销额为5元；10月末工程竣工盘点，现场还有可供使用模板3.5立方米，估计尚值900元，退回仓库。

表5-2 周转材料摊销额计算表

2023年10月31日

周转材料名称	木 模				补充或冲减摊销金额	摊销额合计	应分摊的成本差异（+3%）	摊销额总计
摊销率	5.00 元/平方米							
日期	9 月		10 月					
工程编号名称	立模数量（平方米）	摊销金额（元）	立模数量（平方米）	摊销金额（元）				
食堂建筑工程	500	2 500	250	1 250				

（1）9月领用的模板计划价格成本及账务处理：

借：周转材料——在用周转材料　　　　　　　　　　　（260×21）5 460

　　贷：周转材料——在库周转材料　　　　　　　　　（260×21）5 460

（2）9月模板的摊销及账务处理：

借：合同履约成本——工程施工　　　　　　　　　　　　　　　2 500

　　贷：周转材料——周转材料摊销　　　　　　　　　　　　　（5×500）2 500

（3）10月模板的摊销及账务处理：

借：合同履约成本——工程施工　　　　　　　　　　　　　　　　1 250

　　贷：周转材料——周转材料摊销　　　　　　　　　　　　　（5×250）1 250

（4）9月、10月模板实际损耗额：

$$模板实际损耗额=周转材料（在用周转材料）-估计尚值$$
$$=5\ 460-900=4\ 560（元）$$

（5）10月应补提的摊销额及账务处理：

$$10月应补提的摊销额=实际损耗额-9月、10月摊销金额合计$$
$$=4\ 560-（2\ 500+1\ 250）=810（元）$$

借：合同履约成本——工程施工　　　　　　　　　　　　　　　　810

　　贷：周转材料——周转材料摊销　　　　　　　　　　　　　　　810

（6）9月、10月应分摊的材料成本差异（差异率+3%）及账务处理：

①9月：

借：合同履约成本——工程施工　　　　　　　　　　　　　　　　75

　　贷：材料成本差异　　　　　　　　　　　　　　　　（2 500×3%）75

②10月：

借：合同履约成本——工程施工　　　　　　　　　　　　　　　　61.8

　　贷：材料成本差异　　　　　　　　　　　　[（1 250+810）×3%] 61.8

（7）10月末将模板摊销额注销，并进行账务处理：

借：周转材料——周转材料摊销（摊销时记贷方，注销时记借方）　4 560

　　贷：周转材料——在用周转材料　　　　　　　　　　　　　　　4 560

（8）将未用模板退回仓库：

借：周转材料——在库周转材料　　　　　　　　　　　　　　　　900

　　贷：周转材料——在用周转材料　　　　　　　　　　　　　　　900

【例5-8】某施工企业本月领用定型模板一批，计划成本为50 000元，采用分次摊销法，预计残值占计划成本的10%，预计使用6次。

（1）领用时，根据"领料单"，作会计分录如下：

借：周转材料——在用周转材料　　　　　　　　　　　　　　　　50 000

　　贷：周转材料——在库周转材料　　　　　　　　　　　　　　　50 000

（2）本月使用4次，计算应提摊销额，作会计分录如下：

$$模板周转一次应提摊销额=（50\ 000-50\ 000×10\%）÷6=7\ 500（元）$$

借：合同履约成本——工程施工　　　　　　　　　　　　　　　　30 000

　　贷：周转材料——周转材料摊销　　　　　　　　　　　　（7 500×4）30 000

【例5-9】承例5-8，定型模板使用5次后全部报废，收回残料价值5 000元。

$$应提摊销额=50\ 000-5\ 000=45\ 000（元）$$

$$已提摊销额=7\ 500×5=37\ 500（元）$$

应补提摊销额＝应提摊销额－已提摊销额＝45 000－37 500＝7 500（元）

（1）报废月份补提摊销额 7 500 元，作会计分录如下：

借：合同履约成本——工程施工　　　　　　　　　　　　　　　　7 500

　　贷：周转材料——周转材料摊销　　　　　　　　　　　　　　　7 500

（2）报废材料验收入库，并转销报废定型模板的计划成本和摊销额，作会计分录如下：

借：原材料——其他材料　　　　　　　　　　　　　　　　　　　5 000

　　周转材料——周转材料摊销　　　　　　　　　　　　　　　　45 000

　　贷：周转材料——在用周转材料　　　　　　　　　　　　　　　50 000

（3）月终，结转报废定型模板应负担的材料成本差异－3%（节约），作会计分录如下：

借：合同履约成本——工程施工　　　　　　　　　　　　　　　　1 500

　　贷：材料成本差异　　　　　　　　　　　　　　　　　　　　　1 500

或

借：材料成本差异　　　　　　　　　　　　　　　　　　　　　　1 500

　　贷：合同履约成本——工程施工　　　　　　　　　　　　　　　1 500

【例5-10】光华施工单位承建一个酒店工程，本月领用脚手架一批，计划成本为 60 000 元，采用分期摊销法核算，预计残值占计划成本的8%，预计使用期限为 5 年。

（1）领用时，根据"领料单"编制会计分录如下：

借：周转材料——在用周转材料　　　　　　　　　　　　　　　　60 000

　　贷：周转材料——在库周转材料　　　　　　　　　　　　　　　60 000

（2）本月应分摊的摊销额及会计分录如下：

周转材料每月摊销额＝60 000×（1-8%）÷5÷12＝920（元）

借：合同履约成本——工程施工　　　　　　　　　　　　　　　　920

　　贷：周转材料——周转材料摊销　　　　　　　　　　　　　　　920

第三节　临时设施的核算

一、临时设施的内容

施工企业的临时设施是指为保证施工和管理的正常进行而建造的各种临时性生产、生活设施。

施工企业需要搭建临时设施，是由建筑安装工程的固定性和建筑施工的流动性引起的。为了保证施工的顺利进行，每当施工队伍进入新的建筑工地时，必须搭建一些临时设施。这些临时设施在工程完工以后便失去了它原来的作用，必须拆除或作其他处理。

建筑工地搭建的临时设施，通常可分为大型临时设施和小型临时设施两类，具体内容如下。

（一）大型临时设施

大型临时设施具体包括：①施工人员的临时宿舍；②食堂、浴室、医务室、图书馆、理发室等现场临时性生活、文化福利设施；③临时铁路专用线、轻便铁道、塔式起重机路基、临时道路、场区刺网、围墙等；④施工单位及附属企业在现场的临时办公室；⑤现场各种临时仓库和施工机械设备库；⑥施工过程中应用的临时供水、排水、供电、供热设施和管道等（不包括设备）；⑦施工现场的混凝土构件预制厂、混凝土搅拌站、钢筋加工厂、木材加工厂，以及配合单位的附属加工厂等临时性建筑物。

（二）小型临时设施

小型临时设施主要包括：①现场施工和警卫安全用的小型临时设施，如作业棚、休息棚、茶炉棚、化灰池、施工用不固定的水管、电线、宽 3 米以内的便道、临时刺网等；②保管器材用的小型临时设施，如简易料棚、工具储藏室等；③行政管理用的小型临时设施，如工地收发室等。

目前，施工企业在施工现场所需的临时设施分为两种情况：一种是由建设单位投资搭建，产权归建设单位所有，其费用由建设单位摊入建设成本，无偿供施工单位使用的；另一种是由施工企业利用向发包单位收取的临时设施费来建造的。在第二种情况下，其费用收取办法也分为两种：一是由企业按照地区规定的临时设施费的收取标准与工程价款一起向发包单位收取。临时设施费的收取标准，由各个地区根据具体情况，经过测算确定。二是由企业按照施工组织设计的规划，编制临时设施预算，经有关部门审批后，向发包建设单位收取。

二、临时设施的具体核算

（一）应设置的账户

为了全面反映临时设施的搭建、摊销、拆除清理等情况，企业应设置以下三个账户：

1. "临时设施"账户

本账户是资产类账户，借方登记企业购建各种临时设施的实际成本；贷方登记企业出售、拆除、报废的不常用或不能继续使用的临时设施的实际成本；月末，借方余额反映企业现有临时设施的实际成本。本账户应按临时设施种类和使用部门进行明细核算。

2. "临时设施摊销"账户

本账户是资产类账户，贷方登记企业按月计提摊入工程成本的临时设施摊销额；借方登记企业出售、拆除、报废、毁损和盘亏临时设施的已提摊销额；月末，贷方余额反映企业在用临时设施的已提摊销额。

3. "固定资产清理——临时设施清理"账户

本账户借方登记不需用或不能继续使用的临时设施在拆除清理时的账面净值（账面原

值减已提摊销额），以及在拆除清理过程中发生的各项清理费用；贷方登记收回的残料价值和发生的变价收入。月末，若为借方余额，则为清理净损失（临时设施的账面净值和清理费用大于收回残料价值和变价收入），转入"营业外支出"账户；若为贷方余额，则为清理净收益（收回的残料价值和变价收入大于临时设施的账面净值和清理费用），转入"营业外收入"账户。

（二）临时设施购建的核算

企业对于购入的临时设施，应按购入的实际支出，借记"临时设施"账户，贷记"银行存款"等账户。对于通过建筑安装活动建造完成的临时设施，在建造过程中发生的各种支出，先通过"在建工程"账户核算，即发生费用时，借记"在建工程"账户，贷记"原材料""应付职工薪酬"等账户；建造完工交付使用时，按建造期间发生的实际成本，借记"临时设施"账户，贷记"在建工程"账户。

【例5-11】企业为进行机械厂厂房工程施工，在施工现场搭建一个临时材料库，领用材料计划成本28 000元，发生人工费用4 000元，以银行存款支付其他费用2 480元，本月材料成本差异2%，搭建完工随即交付使用。作以下会计处理：

（1）搭建发生各项支出时：

借：在建工程——临时设施工程　　　　　　　　　　　　　　　　　35 040
　　贷：原材料　　　　　　　　　　　　　　　　　　　　　　　　28 000
　　　　应付职工薪酬　　　　　　　　　　　　　　　　　　　　　 4 000
　　　　材料成本差异　　　　　　　　　　　　　　　（28 000×2%）　560
　　　　银行存款　　　　　　　　　　　　　　　　　　　　　　　 2 480

（2）完工交付使用时：

借：临时设施　　　　　　　　　　　　　　　　　　　　　　　　　35 040
　　贷：在建工程——临时设施工程　　　　　　　　　　　　　　　35 040

【例5-12】企业为进行机械厂厂房工程施工，采购板房13 080元（含税价），作为临时办公用房，签订建筑劳务分包合同，并开具建筑业增值税专用发票。作以下会计分录：

借：临时设施　　　　　　　　　　　　　　　［13 080÷(1+9%)］12 000
　　应交税费——应交增值税（进项税额）　　［13 080÷(1+9%)×9%］1 080
　　贷：银行存款　　　　　　　　　　　　　　　　　　　　　　　13 080

（三）临时设施摊销的核算

企业各种临时设施，应当在工程建设期间内按月进行摊销，摊销方法可以采用工作量法，也可以采用工期法。当月增加的临时设施，当月不摊销，从下月起开始摊销；当月减少的临时设施，当月继续摊销，从下月起停止摊销。摊销时，按摊销额，借记"合同履约成本——工程施工"等账户，贷记"临时设施摊销"账户。

由于临时设施一般在工程完工后必须拆除，因此临时设施的使用期限不得长于工程施工期限，即要以耐用期限和工程施工期限中较短者为使用期限。临时设施月摊销额的计算公式如下：

$$临时设施月摊销额 = \frac{临时设施原值 \times (1-预计净残值率)}{预计使用期限（月）}$$

【例 5-13】承例 5-11，临时材料库预计净残值率为 4%，使用期限为 4 年，工程施工期限为 2 年，故应在 24 个月内进行摊销：

月摊销额 = 35 040 × (1-4%) ÷ 24 = 1 401.6（元）

施工企业每月摊销的临时设施摊销额应记入"合同履约成本——工程施工"账户的借方和"临时设施摊销"账户的贷方。作以下会计分录：

借：合同履约成本——工程施工　　　　　　　　　　　　　　　　　1 401.6

　　贷：临时设施摊销　　　　　　　　　　　　　　　　　　　　　　1 401.6

（四）临时设施清理的核算

企业出售、拆除、报废不需用或不能使用的临时设施，应转入清理。转入清理的临时设施，按临时设施账面净值，借记"固定资产清理——临时设施清理"账户，按已提摊销额，借记"临时设施摊销"账户，按其账面原值，贷记"临时设施"账户；出售、拆除过程中发生的变价收入和残料价值，借记"银行存款""原材料"账户，贷记"固定资产清理——临时设施清理"账户；发生的清理费用，借记"固定资产清理——临时设施清理"账户，贷记"银行存款"等账户；清理后若发生净损失，借记"资产处置损益"或"营业外支出"账户，贷记"固定资产清理——临时设施清理"账户，若发生净收益，借记"固定资产清理——临时设施清理"账户，贷记"资产处置损益"或"营业外收入"账户。

【例 5-14】承例 5-11 和例 5-13，22 个月后，由于机械厂厂房工程提前竣工，将临时设施临时材料库拆除清理，在清理过程中支出费用 4 000 元，收回残料作价 1 800 元入库，该临时设施已提摊销额 30 835.2 元（1 401.6×22）。作以下会计处理：

（1）在开始清理时，将要拆除的临时设施转入清理（即注销临时设施原值和已提摊销额）：

借：固定资产清理——临时设施清理　　　　　　　　　　　　　　　4 204.8

　　临时设施摊销　　　　　　　　　　　　　　　　　　　　　　30 835.2

　　贷：临时设施　　　　　　　　　　　　　　　　　　　　　　　35 040

（2）发生的清理费用：

借：固定资产清理——临时设施清理　　　　　　　　　　　　　　　4 000

　　贷：银行存款　　　　　　　　　　　　　　　　　　　　　　　4 000

（3）残料回收：

借：原材料——残料　　　　　　　　　　　　　　　　　　　　　　18 00

　　贷：固定资产清理——临时设施清理　　　　　　　　　　　　　　18 00

（4）结转清理后的净损失。由于临时设施材料库账面净值为 4 204.8 元（35 040-30 835.2），加上清理费用 4 000 元，合计大于收回的残料变价收入 1 800 元，发生清理净损失 6 404.8 元（4 204.8+4 000-1 800），即为"固定资产清理——临时设施清理"账户的余额，应将其从贷方转入"营业外支出——临时设施清理净损失"的借方。作会计分录如下：

借：营业外支出——临时设施清理净损失 （4 204.8+4 000-1 800）6 404.8
贷：固定资产清理——临时设施清理 （4 204.8+4 000-1 800）6 404.8

第四节 工程成本的核算

一、工程成本核算对象的确定

工程成本的核算对象是指在成本核算时，确定归集和分配生产费用的具体对象，即生产费用承担的客体。成本核算对象的确定，是设立工程成本明细账、归集和分配生产费用、正确计算工程成本的前提。一般应以每一独立编制施工图预算的单位工程为成本核算对象，但也可以按照承包工程项目的规模、工期、结构类型、施工组织和施工现场等情况，结合成本管理要求，灵活划分成本核算对象。在实际成本核算中，确定工程成本核算对象有以下几种方法：

（1）一般情况下，应以每一独立编制施工图预算的单位工程为成本核算对象。

（2）对于个别规模大、工期长的单位工程，可按分部工程划分成本核算对象。

（3）对于同一建设项目、同一施工地点、结构类型相同、开竣工时间接近的几个单位工程，可以合并为一个成本核算对象。

（4）对于承建规模较小和比较零星的工程，可以建设单位为成本核算对象。

二、工程成本的项目

施工企业生产费用按照经济用途，可分为下列成本项目：

（一）人工费

人工费是指在施工过程中直接从事建筑安装工程施工的建筑安装工人以及在施工现场直接为工程制作构件和运料、配料等人员的工资、奖金、职工福利费、工资性质的津贴、劳动保护费等。

（二）材料费

材料费是指在施工过程中耗用的构成工程实体的原材料、辅助材料、构配件、零件、半成品的费用和周转材料的摊销及租赁费用，不包括需要安装设备的价值。

（三）机械使用费

机械使用费是指在施工过程中使用自有施工机械所发生的机械使用费和租用外单位施工机械的租赁费及施工机械进出场费。

（四）其他直接费用

其他直接费用是指直接用于工程施工，但不属于材料费、人工费、机械使用费的各项费用，包括在施工过程中发生的材料二次搬运费、临时设施摊销费、生产工具用具使用费、检验试验费、工程定位复测费、工程点交费、场地清理费以及冬雨季施工增加费、夜间施工增加费等。

(五) 间接费用

间接费用是指企业各项目经理部为施工准备、组织和管理施工生产所发生的全部支出，包括现场项目管理人员的工资奖金、职工福利费、行政管理用固定资产折旧费及修理费、物料消耗、低值易耗品摊销、取暖费、水电费、办公费、差旅费、财产保险费、工程保修费、劳动保护费、排污费及其他费用。

由于人工费、材料费、机械使用费和其他直接费用直接耗用于工程施工过程，因此也称"工程直接费用"。间接费用要按照一定标准分配计入各项工程成本。工程直接费用加上分配的间接费用，构成工程施工成本。工程施工成本加上管理费用和财务费用，构成工程完全成本，能据以计算当期工程利润。

知识扩展5-2

工程实际成本是根据工程施工生产中实际发生的生产费用按成本计算方法计算的工程成本，它反映企业实际达到的工程成本水平。工程预算成本是以施工图为根据，按照全国或地区统一制定的预算定额和规定的取费标准计算的工程成本，它是计算工程造价的主要依据。两种成本中各个项目之间的关系见表5-3。

表 5-3　工程实际成本和工程预算成本各个项目之间的关系

工程实际成本	工程施工成本	工程直接费用	人工费	工程直接费用	直接工程成本	工程预算成本
			材料费			
			机械使用费			
			其他直接费用			
		间接费用	临时设施费	现场经费		
			现场管理费			
	管理费用		企业管理费			
	财务费用		财务费用			

注：工程预算成本加上计划利润、技术装备费和税金即为工程造价。

三、工程成本的核算体制

与施工企业管理体制相适应，在成本核算上，施工企业负责全面的会计核算工作，指导项目经理部建立与健全成本管理制度，核算企业本身的管理费用、财务费用等期间费用，汇总整个企业的施工生产成本，审核汇总项目经理部的财务报表和竣工决算，全面进行企业的成本分析。项目经理部核算工程的直接费用和间接费用，并计算工程的实际成本，编制财务报表和竣工决算表，进行成本分析，按时向企业提供成本核算资料。

 **知识扩展5-3**

为实现生产要素的优化配置与动态管理，提高工程投资效益和企业综合经济效益，我国从20世纪90年代开始在施工企业推广一种科学管理模式——项目管理。其具有普遍性的做法是：在企业内部实行两层分离，即管理层和作业层（劳务层）分离，建立劳务、材料、设备租赁等模拟市场；企业承包项目后，管理层通过招标、选聘等竞争形式，组建项目经理部，对项目进行承包，负责工程项目从施工准备到施工验收的全过程管理。工程施工所需的作业人员、施工机械等由项目经理根据工程需要通过模拟市场取得。工程项目施工任务完成后，项目经理部解体。

四、工程实际成本的核算

（一）人工费的核算

工程成本中的人工费主要包括内包人工费和外包人工费。

1. 内包人工费

内包人工费是指两层分开后企业所属的劳务分公司（内部劳务市场自有劳务）与项目经理部签订劳务合同结算的全部工程价款。该方法类似于外包合同定额结算支付办法，按月结算计入成本核算对象。

2. 外包人工费

外包人工费是指按项目经理部与劳务基地（内部劳务市场外来劳务）或直接与外单位施工队伍签订的清包工合同，根据当月验收完成的工程实物量，计算出的用定额工日数乘以合同人工单价确定的人工费。其按月计入成本核算对象。

结算的人工费入账时，借记"合同履约成本——工程施工——××工程（人工费）"账户，贷记"应付职工薪酬"等账户。

 知识扩展5-4

"合同履约成本"账户属于成本类科目，但报表列示在资产类，是核算企业为履行当前或预期取得的合同所发生的、不属于其他企业会计准则规范范围且按照收入准则应当确认为一项资产的成本。本科目可按合同，分别"服务成本""工程施工"等进行明细核算。

【例5-15】武汉某一建筑工程公司为增值税一般纳税人，适用一般计税方法，增值税税率为9%。2023年6月，该公司跨市承包了某食品厂的加工车间和职工宿舍两项工程，并于当月取得"建筑工程施工许可证"。加工车间工程合同总造价为3 820 000元（含增值税 315 412.84 元），职工宿舍工程合同总造价为 3 275 000 元（含增值税 270 412.84 元），两项工程在同一施工地点并同时施工，为此企业成立了一个项目经理部。项目经理部已办理"外出经营活动税收管理证明"。现以该项目经理部 9 月发生业务为例（6 月、7 月、8月业务略），说明其工程成本的核算过程。加工车间工程按月结算工程价款，职工宿舍工程竣工后一次结算工程价款。9 月发生的人工费资料如下：

（1）内包人工费 75 000 元，其中，加工车间工程为 58 000 元，职工宿舍工程为17 000 元。

（2）外包人工费 39 100 元，其中，加工车间工程为 33 240 元，职工宿舍工程为 5 860元。该公司与具有建筑业劳务分包资质的甲劳务公司（小规模纳税人）签订劳务分包合同，取得甲劳务公司申请税务机关代开的属于用简易计税方法计税项目的征收率为 3% 的增值税专用发票，发票已经认证通过。

根据以上资料，作以下会计处理：

借：合同履约成本——工程施工——车间工程（人工费）　　　　　91 240
　　　　　　　　　　　　　　——宿舍工程（人工费）　　　　　22 860
　　贷：应付职工薪酬　　　　　　　　　　　　　　　　　　　　　75 000
　　　　应付账款——甲劳务公司　　　　　　　　　　　　　　　　39 100

根据上述会计分录，登记工程施工明细账的"人工费"栏，见表 5-7、表 5-8。

知识扩展5-5

具有建筑业劳务分包资质的一般纳税人，按照一般计税方法计算缴纳增值税，自行开具发票，税率为 9%；小规模纳税人，按照简易计税方法，按 3% 的税率计算缴纳增值税，自行开具普通发票，或由主管税务机关为其代开增值税专用发票。

（二）材料费的核算

施工企业的材料，除了主要用于工程外，还用于固定资产等专项工程以及其他非生产性耗用，因此进行材料费核算，必须严格划分施工生产耗用的界限，只有直接用于工程的材料才能记入工程成本的"材料费"项目中。

施工工程用的材料品种繁多，数量较大，领用也比较频繁，因此企业必须建立健全的材料物资的收、发、领、退等管理制度，制定统一的定额领料单、领料单、大堆材料耗用计算单、集中配料耗用计算单、周转材料摊销分配表、退料单等自制原始凭证，并由项目料具员按照不同的情况进行材料费的归集和分配，按成本核算对象编制"材料耗用汇总表"，据以计入成本，借记"合同履约成本——工程施工——××工程（材料费）"账户，贷记"原材料""材料成本差异"等账户。

【例 5-16】承例 5-15，月终食品厂项目经理部根据审核无误的各种领料凭证、大堆材料耗用分配表、周转材料摊销分配表等汇总编制"材料耗用汇总表"，见表 5-4。

表 5-4 材料耗用汇总表

2023 年 9 月 30 日 单位：元

成本核算对象	主要材料						小计		结构件		其他材料		合计		周转材料摊销
	硅酸盐		黑色金属		其他主要材料										
	计划成本	成本差异（+1%）	计划成本	成本差异（+2%）	计划成本	成本差异（+1%）	计划成本	成本差异	计划成本	成本差异（-1%）	计划成本	成本差异（+1%）	计划成本	成本差异	
车间工程	95 000	950	118 000	2 360	22 000	220	235 000	3 530	64 000	-640	1 100	11	300 100	2 901	5 000
宿舍工程	23 000	230			58 000	580	81 000	810			800	8	81 800	818	2 000
合计	118 000	1 180	118 000	2 360	80 000	800	316 000	4 340	64 000	-640	1 900	19	381 900	3 719	7 000

根据"材料耗用汇总表"资料，作以下会计处理：

（1）借：合同履约成本——工程施工——车间工程（材料费） 305 100
　　　　贷：原材料——主要材料 235 000
　　　　　　　　——结构件 64 000
　　　　　　　　——其他材料 1 100
　　　　　　周转材料——周转材料摊销 5 000
（2）借：合同履约成本——工程施工——宿舍工程（材料费） 83 800
　　　　贷：原材料——主要材料 81 000
　　　　　　　　——其他材料 800
　　　　　　周转材料——周转材料摊销 2 000
（3）借：合同履约成本——工程施工——车间工程（材料费） 2 901
　　　　　贷：材料成本差异——主要材料 3 530
　　　　　　　　　——结构件 640
　　　　　　　　　——其他材料 11
（4）借：合同履约成本——工程施工——宿舍工程（材料费） 818
　　　　贷：材料成本差异——主要材料 810
　　　　　　　　——其他材料 8

根据上述会计分录，登记工程施工明细账的"材料费"栏，见表 5-7、表 5-8。

（三）机械使用费的核算

施工企业的自有施工机械设备一般都实行内部租赁制，以租赁费形式反映其消耗情况。按机械设备租赁办法和租赁合同，由企业内部机械设备租赁市场与项目经理部按月结算租赁费。租赁费根据机械使用台班、停置台班和内部租赁单价计算，记入成本核算对象中的"机械使用费"项目。如企业未实行内部租赁制，施工企业及其内部独立核算的施工单位、机械站和运输队使用自有施工机械和运输设备进行机械作业（包括机械化施工和运输作业等）所发生的各项费用，可增设"机械作业"账户进行核算。

机械进出场费，按规定由承租项目负担，直接计入成本。

向外单位租赁机械，应根据对方开具的"机械租赁费结算单"支付使用费，记入相应成本核算对象中的"机械使用费"项目。

结算的机械使用费入账时，借记"合同履约成本——工程施工——××工程（机械使用费）"等账户，贷记"银行存款"或"应付账款"账户。

【例5-17】承例5-15，本月加工车间工程从某租赁公司租入起重机一台，共使用26个台班，每个台班价格为100元，取得增值税专用发票注明价款2 600元，增值税税额338元，租金已用银行存款支付。作以下会计处理：

借：合同履约成本——工程施工——车间工程（机械使用费）　　　2 600

　　应交税费——应交增值税（进项税额）　　　（2 600×13%）338

　　贷：银行存款　　　2 938

【例5-18】承例5-15，本月加工车间工程发生内部机械租赁费3 540元，职工宿舍工程发生内部机械租赁费1 400元，作以下会计处理：

借：合同履约成本——工程施工——车间工程（机械使用费）　　　3 540

　　　　　　　　　　　　　——宿舍工程（机械使用费）　　　1 400

　　贷：应付账款——××内部单位　　　4 940

根据上述会计分录，登记工程施工明细账的"机械使用费"栏，见表5-7、表5-8。

（四）其他直接费用的核算

其他直接费用的核算，企业可以根据费用发生时的具体情况进行处理：

第一，凡是费用发生时能分清成本受益对象的，发生时可直接计入各成本核算对象的成本中，借记"合同履约成本——工程施工——××工程（其他直接费用）"账户，贷记有关账户。

第二，若受益对象不止一个，项目经理部可增设"其他直接费用"账户。费用发生时，借记"其他直接费用"账户，贷记有关账户；期末分配计入有关工程成本时，借记"合同履约成本——工程施工——××工程（其他直接费用）"账户，贷记"其他直接费用"账户。

【例5-19】承例5-15，本月以银行存款支付加工车间工程材料两次搬运费1 800元，职工宿舍工程场地清理费910元，取得对方开具的增值税普通发票。作以下会计处理：

借：合同履约成本——工程施工——车间工程（其他直接费用）　　　1 800

　　　　　　　　　　　　　——宿舍工程（其他直接费用）　　　910

　　贷：银行存款　　　2 710

根据上述会计分录，登记工程施工明细账的"其他直接费用"栏，见表5-7、表5-8。

（五）间接费用的核算

如果项目经理部只有一个成本核算对象，间接费用在发生时可直接计入成本核算对象的成本中，借记"合同履约成本——工程施工——××工程（间接费用）"等账户，贷记有关账户。

如果项目经理部同时有几个成本核算对象，可增设"施工间接费用"账户。费用发生时，借记"施工间接费用"等账户，贷记相关账户；期末分配计入有关工程成本时，借记"合同履约成本——工程施工——××工程（间接费用）"账户，贷记"施工间接费用"账户。

【例5-20】承例5-15，食品厂项目经理部本月发生工资支出20 600元，以银行存款购买办公用品等取得增值税专用发票注明价5 050元，增值税税额为656元，提取固定资产折旧1 060元。作以下会计处理：

```
借：施工间接费用                                     26 710
    应交税费——应交增值税（进项税额）        （5 050×13%）656
  贷：应付职工薪酬                                   20 600
      银行存款                                        5 706
      累计折旧                                        1 060
```

月末根据"合同履约成本——工程施工"明细账（见表5-7、表5-8），按车间和宿舍工程的直接成本分配间接费用，编制"间接费用分配表"，见表5-5。

表5-5　间接费用分配表

2023年9月30日

成本核算对象	工程直接费用（元）	分配率	应分配金额（元）
车间工程	91 240+305 100+2 901+2 600+3 540+1 800＝407 181		21 051.26
宿舍工程	22 860+83 800+818+1 400+910＝109 788		5 658.74
合　计	516 969	26 710÷516 969＝5.17%	26 710.00

根据"间接费用分配表"作以下会计处理：

```
借：合同履约成本——工程施工——车间工程（间接费用）      21 051.26
                          ——宿舍工程（间接费用）      5 658.74
  贷：施工间接费用                                      26 710
```

根据上述会计分录，登记工程施工明细账的"间接费用"栏，见表5-7、表5-8。

知识扩展5-6

按照工程成本结算时间与工程价款结算时间一致的原则，应根据不同工程价款结算方式，按期（指工程结算期）结算已完工程成本。现行工程价款结算方式主要有竣工后一次结算、分段结算和分期（月或季）结算。但企业无论是定期还是不定期结算已完工程成本，当月发生的生产费用必须在会计结算期按照成本核算对象和成本项目进行归集和分配。

五、已完工程实际成本的计算

施工企业应根据工程合同确定的工程价款结算办法，按时结算已完工程成本，向建设单位收取工程价款。由于工程价款的结算方式不同，已完工程的含义和实际成本的计算方法也不同。

（一）实行工程项目竣工后一次结算工程价款的已完工程实际成本的计算

实行工程项目竣工后一次结算工程价款时，已完工程是指已经甲乙双方验收，办理竣工决算，交付使用的工程项目。在这种情况下，施工过程中发生的各项成本费用，随时记入各成本核算对象的成本项目，进行工程成本的明细核算。竣工时，工程成本明细分类账中登记的工程成本累计总额，就是竣工工程的实际成本。

（二）实行按期结算工程价款的已完工程实际成本的计算

实行按期结算工程价款时，已完工程是指已经完成预算定额规定的全部工序的施工内容，在本企业不需要再进行加工的分部分项工程。分部分项工程是构成工程项目的基本要素，也是编制工程预算最基本的计量单位，有一定的工作内容和质量标准。虽然这部分工程不是竣工工程，也不具有完整的使用价值，但企业也不需要再进行任何施工活动，可以确定它的工程数量和质量，故能够将其作为已完工程计算它的实际成本，并按合同价格向业主收取工程价款。相反，凡在期末尚未完成预算定额规定的全部工序与内容的分部分项工程，称为"未完施工"，企业不能就"未完施工"向业主收取工程价款。本期已完工程实际成本的计算公式为：

本期已完工程实际成本=期初未完施工实际成本+本期成本费用发生额-期末未完施工实际成本

上述公式中，"期初未完施工实际成本"和"本期成本费用发生额"可直接从"工程施工"有关明细分类账中取得，"期末未完施工实际成本"需要按一定的方法计算取得。一般来说，期末未完工程量在全期工程量中所占比重较小，而且期初、期末未完工程的数额变化不大，为了简化成本核算手续，通常可以把期末未完工程的预算成本视同它的实际成本，不分摊间接费用，其计算公式为：

期末未完工程预算成本=期末未完工程折合成已完工程实物量×该分部分项工程预算单价

在实际工作中，期末未完工程预算成本的计算，是在期末对施工现场进行实地盘点的基础上，通过编制"未完施工盘点单"（见表5-6）进行计算的。

表5-6　未完施工盘点单
2023年9月30日

单位工程名称	分部分项工程		已做工序					其中		
	名　称	预算单价（元）	工程名称或内容	占分部分项工程的比例（%）	已完数量（m²）	折合分部分项工程量（m²）	预算成本（元）	人工费（元）	材料费（元）	机械使用费（元）
车间工程	墙面刷石灰砂浆	2	刷一遍	50	5 000	3 000	6 000	1 800	3 600	600
合计							6 000	1 800	3 600	600

根据"未完施工盘点单"所确定的未完施工成本，记入工程施工明细账的期末未完施

工成本（表5-7、表5-8），并据以计算已完工程实际成本。

车间工程本期已完工程实际成本=8 700+428 232.26-6 000=430 932.26（元）

表5-7　工程施工明细账

明细科目：合同成本

成本核算对象：车间工程　　　　　　　　　2023年9月30日　　　　　　　　　单位：元

| 2023年 | | 凭证号数 | 摘　要 | 直接成本 | | | | 间接费用 | 工程成本合计 |
月	日			人工费	材料费	机械使用费	其他直接费用		
9	1		期初已完工程实际成本	218 000	2 257 500	151 900	29 200	66 256.00	2 722 856.00
			期初未完施工成本	2 700	5 200	800			8 700.00
	30		人工费	91 240					91 240.00
			分配材料费		305 100				305 100.00
			分配材料成本差异		2 901				2 901.00
			分配机械使用费			6 140			6 140.00
			分配其他直接费用				1 800		1 800.00
			分配间接费用					21 051.26	21 051.26
			本期施工费用发生额	91 240	308 001	6 140	1 800	21 051.26	428 232.26
			减：期末未完施工成本	1 800	3 600	600			6 000.00
			本期已完工程实际成本	92 140	309 601	6 340	1 800	21 051.26	430 932.26
			自开工起累计已完工程实际成本	310 140	2 567 101	158 240	31 000	87 307.26	3 153 788.26

表5-8　工程施工明细账

明细科目：合同成本

成本核算对象：宿舍工程　　　　　　　　　2023年9月30日　　　　　　　　　单位：元

| 2023年 | | 凭证号数 | 摘要 | 直接成本 | | | | 间接费用 | 工程成本合计 |
月	日			人工费	材料费	机械使用费	其他直接费用		
9	1		期初余额	294 000	2 220 400	69 560	12 000	50 780.00	2 646 740.00
	30		人工费	22 860					22 860.00
			分配材料费		83 800				83 800.00
			分配材料成本差异		818				818.00
			分配机械使用费			1 400			1 400.00
			分配其他直接费用				910		910.00
			分配间接费用					5 658.74	5 658.74

续表

2023年		凭证号数	摘要	直接成本				间接费用	工程成本合计
月	日			人工费	材料费	机械使用费	其他直接费用		
			本期施工费用发生额	22 860	84 618	1 400	910	5 658.74	115 446.74
			减：期末未完施工成本						
			本期已完工程实际成本	316 860	2 305 018	70 960	12 910	56 438.74	2 762 186.74
			自开工起累计已完工程实际成本	316 860	2 305 018	70 960	12 910	56 438.74	2 762 186.74

第五节　工程价款结算的核算

一、工程价款结算的方式

现行建筑安装工程价款的结算主要采用以下几种方式：

（一）工程竣工后一次结算

工程竣工后一次结算，即工程价款每月预支，竣工后一次结算。企业采用竣工后一次结算工程价款办法时，要在工程竣工后，按规定的内容和程序，会同有关人员编制"竣工工程决算表"，并据以编制"工程价款结算单"（参考格式见表5-9），送发包单位，据以办理结算。

表5-9　工程价款结算单

发包单位名称：食品厂　　　　　　　　　　　　施工单位：武汉某一建筑工程公司

2023年9月30日

单位：元

工程名称	合同造价（含税）	本期应收工程款	应扣款项			本期实收工程款	累计已收工程款	备注
			合　计	预收工程款	预收备料款			
车间工程	3 820 000	573 000	209 710	109 100	100 610	363 290		
宿舍工程	3 275 000	3 275 000	2 455 000	1 582 500	872 500	820 000		
合　计	7 095 000	3 848 000	2 664 710	1 691 600	973 110	1 183 290		

（二）分段结算

分段结算，即按照工程形象进度，划分不同阶段进行结算。分段结算可以按月预支工程款。企业采用分段结算工程价款方式时，要在合同规定工程部位完工的月份，根据已完工程部位的工程数量计算已完工程的预算造价和实际成本，编制"已完工程月报表"（参考格式见表5-10）和"工程价款结算单"，送发包单位，据以办理结算。

表 5-10　已完工程月报表

发包单位名称：食品厂　　　　　　　　　　　　　　施工单位：武汉某一建筑工程公司

2023 年 9 月 30 日　　　　　　　　　　　　　　　　单位：元

工程名称	合同造价（含税）	开、竣工日期		实际完成数		备注
		开工日期	竣工日期	累计已完工程	本期已完工程	
车间工程	3 820 000	2023 年 6 月	2023 年 9 月	3 153 788.26	430 932.26	
宿舍工程	3 275 000	2023 年 6 月	2023 年 9 月	2 762 186.74	2 762 186.74	
合　计	7 095 000			5 915 975.00	3 193 119.00	

（三）按期（月或季）结算

按期（月或季）结算，即实行期中预支、期末结算、竣工后清算的办法。企业采取按期结算工程价款方式时，应按各期实际完成的工程数量，并按照工程预算定额中的工程造价、施工管理费定额、计划利润率、税率等计算已完工程的预算造价。同时，根据有关资料和实地盘点结果计算实际完工的工程数量，编制"已完工程月报表"和"工程价款结算单"，送发包单位，据以办理结算。

二、工程价款结算的核算

（一）工程价款结算的账户处理

施工企业的工程结算收入，又称合同收入，它包括合同中规定的工程造价和因合同变更、索赔、奖励等形成的收入。向业主开出工程价款结算单办理结算时，按结算单所列金额，借记"应收账款"账户，贷记"合同结算——价款结算"账户。按规定确认合同收入和合同费用时，按当期确认的合同费用，借记"主营业务成本"账户，贷记"合同履约成本——工程施工"账户。按当期确认的合同收入，借记"合同结算——收入结转"账户，贷记"主营业务收入"账户。工程施工合同完工后，结清"合同结算——价款结算"和"合同结算——收入结转"账户。同时，应转销合同预计损失准备。

🗒 知识扩展5-7

合同结算是新收入准则增加的新科目，旧准则叫工程结算。"合同结算"科目既不是资产也不是负债，是一个具有双重性质的会计科目，可能是资产也可能是负债。根据新收入准则相关规定，"合同结算"科目核算同一合同下属于在某一时段内履行履约义务涉及与客户结算对价的合同资产或合同负债。期末余额在借方的，根据其流动性，在资产负债表中分别列示为"合同资产"或"其他非流动资产"项目；期末余额在贷方的，根据其流动性，在资产负债表中分别列示为"合同负债"或"其他非流动负债"项目。

【例 5-21】承例 5-15，武汉某一建筑工程公司期末根据经发包单位签证的工程价款结算单（见表 5-9），本期应向发包单位结算工程价款 3 804 522 元，并按此金额开具增值税专用发票（发票显示价款：529 522÷1.09＝485 800 元。税款：485 800×9%＝43 722 元。价款：3 275 000÷1.09＝3 004 587.16。税款：3 004 587.16×9%＝270 412.84 元）。作以下会计处理：

  借：应收账款——应收工程款   3 804 522

   贷：合同结算——价款结算——车间工程   485 800

    合同结算——价款结算——宿舍工程   3 004 587.16

    应交税费——应交增值税（销项税额）   314 134.84

【例 5-22】承例 5-21，当月车间工程验工计价结算销售额 485 800 元，宿舍工程验工计价结算销售额 3 004 587.16 元，由于该公司跨县（市、区）提供建筑服务，没有项目专业分包结算，所以应预缴的增值税税额为 69 807.74。作以下会计处理：

  借：应交税费——预交增值税   ［（485 800＋3 004 587.16）×2%］69 807.74

   贷：银行存款   69 807.74

  借：应交税费——未交增值税   69 807.74

   贷：应交税费——预交增值税   69 807.74

【例 5-23】承例 5-21，从应收工程款中扣还预收的工程款 1 691 600 元和预收的备料款 973 110 元，作以下会计处理：

  借：合同负债——预收工程款   1 691 600

      ——预收备料款   973 110

   贷：应收账款——应收工程款   2 664 710

【例 5-24】承例 5-21，收到发包单位实付工程价款 1 139 812 元，作以下会计处理：

  借：银行存款   1 139 812

   贷：应收账款——应收工程款   1 139 812

【例 5-25】承例 5-21，期末确认合同收入和费用（见表 5-7、表 5-8、表 5-9），作以下会计处理：

  借：主营业务成本——车间工程   430 932.26

   贷：合同履约成本——工程施工——车间工程   430 932.26

  借：合同结算——收入结转   485 800

   贷：主营业务收入——车间工程   485 800

  借：主营业务成本——宿舍工程   2 762 186.74

   贷：合同履约成本——工程施工——宿舍工程 2 762 186.74

  借：合同结算——收入结转   3 004 587.16

   贷：主营业务收入——宿舍工程   3 004 587.16

同时，冲销完工工程（职工宿舍）的"价款结算"和"收入结转"账户：

  借：合同结算——价款结算——宿舍工程   3 004 587.16

   贷：合同结算——收入结转——宿舍工程   3 004 587.16

（二）施工企业建造合同收入的确认

1. 施工企业的建造合同及其分类

施工企业的建造合同是指为建造一项资产或者在设计、技术、功能、最终用途等方面密切相关的数项资产而订立的合同。

建造合同通常分为两种类型，一种是固定造价合同，另一种是成本加成合同。

（1）固定造价合同是指按照固定的合同价或固定单价确定工程价款的建造合同。

（2）成本加成合同是指以合同允许的或其他方式议定的成本为基础，加上该成本的一定比例或定额费用确定工程价款的建造合同。

这两类合同最大的区别在于它们所含风险的承担者不同，固定造价合同的风险主要由建造承包方承担，而成本加成合同的风险则主要由发包方承担。

2. 建造合同结果的估计标准

（1）固定造价合同的结果能够可靠地估计必须同时具备以下四个标准：①合同总收入能够可靠地计量；②与合同相关的经济利益能够流入企业；③在资产负债表日合同完工进度和为完成合同尚需发生的成本能够可靠地确定；④已经发生的合同成本能够清楚地区分和可靠地计量。

（2）成本加成合同的结果能够可靠地估计必须同时具备以下两个标准：①与合同相关的经济利益能够流入企业；②实际发生的合同成本能够清楚地区分并能够可靠地计量。

如果建造合同的结果不能可靠地估计，应区别以下情况处理：

第一，合同成本能够收回的，合同收入应根据能够收回的实际合同成本加以确认，合同成本在发生的当期确认为费用。

第二，合同成本不能收回的，应在发生时即确认为费用，不确认收入。

3. 建造合同收入的确认方法

对于在某一时段内履行的履约义务，企业应当在该段时间内按照履约进度确认收入，但是履约进度不能合理确定的除外。企业应当考虑商品的性质，采用产出法或投入法确定恰当的履约进度。其中，产出法是根据已转移给客户的商品对于客户的价值确定履约进度；投入法是根据企业为履行履约义务的投入确定履约进度。对于类似情况下的类似履约义务，企业应当采用相同的方法确定履约进度。

当履约进度不能合理确定时，企业已经发生的成本预计能够得到补偿的，应当按照已经发生的成本金额确认收入，直到履约进度能够合理确定为止。

企业应当考虑商品的性质，采用产出法或投入法确定恰当的履约进度。

（1）产出法。产出法是根据已转移给客户的商品对于客户的价值确定履约进度的方法，通常可采用实际测量的完工进度、评估已实现的结果、已达到的里程碑、时间进度、已完工或交付的产品等产出指标确定履约进度。企业在评估是否采用产出法确定履约进度时，应当考虑具体的事实和情况，并选择能够如实反映企业履约进度和向客户转移商品控制权的产出指标。当选择的产出指标无法计量控制权已转移给客户的商品时，不应采用产出法。

（2）投入法。投入法是根据企业履行履约义务的投入确定履约进度的方法，通常可采用投入的材料数量、花费的人工工时或机器工时、发生的成本和时间进度等投入指标确定履约进度。当企业从事的工作或发生的投入是在整个履约期间内平均发生时，企业也可以按照直线法确认收入。确定履约进度比较常用的方法有：

第一，根据累计实际发生的合同成本占合同预计总成本的比例确定。该方法是确定合同完工进度较常用的方法。

其计算公式如下：

$$履约进度 = 累计实际发生的合同成本 \div 合同预计总成本 \times 100\%$$

【例5-26】某建筑公司签订了一项合同总金额为2 000万元的建造合同，合同规定的建设期为3年。第一年，实际发生合同成本600万元，年末预计为完成合同尚需发生成本1 100万元；第二年，实际发生合同成本为700万元，年末预计为完成合同尚需发生成本200万元。

根据上述资料，计算合同完工进度如下：

$$第一年履约进度 = 600 \div (600 + 1\ 100) \times 100\% = 35\%$$
$$第二年履约进度 = (600 + 700) \div (600 + 700 + 200) \times 100\% = 87\%$$

第二，根据已经完成的合同工作量占合同预计总工作量的比例确定。该方法适用于合同工作量容易确定的建造合同，如道路工程、土石方挖掘、砌筑工程等。

其计算公式如下：

$$合同完工进度 = 已经完成的合同工作量 \div 合同预计总工作量 \times 100\%$$

【例5-27】某路桥工程公司签订了一份修建一条长200公里的公路的建筑合同，合同规定的总金额为11 000万元，工期为4年。该公司第一年修建了50公里，第二年修建了60公里。

根据上述资料，计算合同完工进度如下：

$$第一年合同完工进度 = 50 \div 200 \times 100\% = 25\%$$
$$第二年合同完工进度 = (50 + 60) \div 200 \times 100\% = 55\%$$

第三，已完合同工作量的测量。该方法是在无法根据上述两种方法确定合同完工进度时所采用的一种特殊的技术测量方法。它适用于一些特殊的建造合同，如水下施工工程等。需要指出的是，这种技术测量不能由建造承包商自行随意测定，而应由专业人员现场进行科学测定。

【例5-28】某建筑公司承建一项水下作业工程，在资产负债表日，经专业人员现场测定，已完工作量已达到合同总工作量的60%，则该合同的完工进度为60%。

（2）完成合同法。完成合同法要求当建造合同全部执行完毕或实质上已完工时才确认收入与费用。

与完工百分比法相比，由于完成合同法不需确认各期的工程进度，不必分期确认提供劳务收入和成本费用，因而核算方法简单，容易掌握。

（三）建造合同收入的计算

对于施工企业建造合同的收入计算，下面举例说明。

【例5-29】 某施工企业承建一栋商厦的建筑安装工程，签订的建造合同总金额为10 355 000元（其中不含税价款为9 500 000）元，工程已于2021年4月开工，预计2023年4月完工。建造该项工程的其他有关资料如表5-11所示（增值税税率为9%）。

表5-11　该项工程的相关资料　　　　　　单位：元

时　　间	2021年	2022年	2023年
合同价款（不含税）	9 500 000	9 500 000	9 500 000
已发生成本	2 000 000	5 832 000	8 100 000
估计完成合同尚需要投入成本	6 000 000	2 268 000	
结算的工程价款（不含税）	1 700 000	4 600 000	3 200 000
实际收到价款	2 400 000	3 300 000	4 655 000

需要注意的是，公司确认当期合同收入时，不能根据当期与客户办理了价款结算的款项来确认当期的收入金额，公司与客户办理工程价款结算的款项不是当期的合同收入，当期的合同收入应根据完工百分比法进行确认。完工百分比法的运用，就是根据该方法来确认合同收入和合同费用。具体包括以下两个步骤：

第一步，确定各年的履约进度，如表5-12所示。

表5-12　完工进度　　　　　　单位：元

时　　间	2021年	2022年	2023年
合同价款（不含税）	9 500 000	9 500 000	9 500 000
已发生成本	2 000 000	5 832 000	8 100 000
加：估计完成合同尚需要投入成本	6 000 000	2 268 000	
估计合同总成本	8 000 000	8 100 000	8 100 000
履约进度（%）	25	72	100
本期累计确认合同收入	2 375 000	6 840 000	9 500 000

2021年的履约进度＝2 000 000÷8 000 000＝25%

2022年的履约进度＝5 832 000÷8 100 000＝72%

第二步，根据完工进度计算和确认当期的合同收入和费用。

当期确认的合同收入和费用可用下列公式计算：

当期确认的合同收入＝合同总收入×履约进度－以前会计年度累计已确认的收入

当期确认的合同费用＝合同预计总成本×履约进度－

以前会计年度累计已确认的成本

本例中，各年计量和确认的收入和费用如表5-13所示。

表 5-13　各年计量和确认的收入和费用　　　　　　　　　　单位：元

	以前年度确认	本年度确认
2021 年		
合同收入　2 375 000（9 500 000×25%）		2 375 000
合同费用　2 000 000（8 000 000× 25%）		2 000 000
结算价款（不含税）		1 700 000
2022 年		
合同收入　6 840 000（9 500 000×72%）	2 375 000	4 465 000
合同费用　5 832 000（8 100 000×72%）	2 000 000	3 832 000
结算价款（不含税）	1 700 000	4 600 000
2023 年		
合同收入　9 500 000	6 840 000	2 660 000
合同费用　8 100 000（8 100 000×100%）	5 832 000	2 268 000
结算价款（不含税）	6 300 000	3 200 000

（四）完成合同法和完工百分比法的账务处理及在会计报表上有关信息的披露

【例 5-30】承例 5-29，某施工企业承建一栋商厦的建筑安装工程，签订的建造合同总金额为 10 355 000 元（其中不含税价款为 9 500 000 元，增值税为 855 000 元），工程已于 2021 年 4 月开工，预计 2023 年 4 月完工。建造该项工程的其他有关资料如表 5-11 所示（增值税税率为 9%）。

（1）2021 年的会计处理：

①实际发生的合同成本：

借：合同履约成本——工程施工　　　　　　　　　　　　　　　2 000 000

　　贷：应付职工薪酬、原材料等　　　　　　　　　　　　　　　　　　2 000 000

②开出账单结算工程价款：

借：应收账款　　　　　　　　　　　　　　　　　　　　　　　1 853 000

　　贷：合同结算——价款结算　　　　　　　　　　　　　　　　　　　1 700 000

　　　　应交税费——应交增值税（销项税额）　　　　　　　　　　　　　153 000

③收到工程款：

借：银行存款　　　　　　　　　　　　　　　　　　　　　　　2 400 000

　　贷：应收账款　　　　　　　　　　　　　　　　　　　　　　　　　2 400 000

④确认收入、费用：

借：合同结算——收入结转　　　　　　　　　　　　　　　　　2 375 000

　　贷：主营业务收入　　　　　　　　　　　　　　　　　　　　　　　2 375 000

借：主营业务成本 2 000 000

 贷：合同履约成本——工程施工 2 000 000

（2）2022 年的会计处理：

①实际发生的合同成本：

借：合同履约成本——工程施工 3 832 000

 贷：应付职工薪酬、原材料等 3 832 000

②开出账单结算工程价款：

借：应收账款 5 014 000

 贷：合同结算——价款结算 4 600 000

  应交税费——应交增值税（销项税额） 414 000

③收到工程款：

借：银行存款 3 300 000

 贷：应收账款 3 300 000

④确认收入、费用：

借：合同结算——收入结转 4 465 000

 贷：主营业务收入 4 465 000

借：主营业务成本 3 832 000

 贷：合同履约成本——工程施工 3 832 000

（3）2023 年的会计处理

①实际发生的合同成本：

借：合同履约成本——工程施工 2 268 000

 贷：应付职工薪酬、原材料等 2 268 000

②开出账单结算工程价款：

借：应收账款 3 488 000

 贷：合同结算——价款结算 3 200 000

  应交税费——应交增值税（销项税额） 288 000

③收到工程款：

借：银行存款 4 655 000

 贷：应收账款 4 655 000

④确认收入、费用：

借：合同结算——收入结转 2 660 000

 贷：主营业务收入 2 660 000

借：主营业务成本 2 268 000

 贷：合同履约成本——工程施工 2 268 000

⑤结清价款结算和收入结转账户：

借：合同结算——价款结算 9 500 000

 贷：合同结算——收入结转 9 500 000

（4）该项建造工程在资产负债表上的列示，见表 5-14。

表 5-14　资产负债表（部分内容）　　　　　　　　　　　单位：元

流动资产	2021 年	2022 年
应收账款	547 000	1 167 000
存　货		
合同结算——收入结转	2 375 000	6 840 000
减：合同结算——价款结算	1 700 000	6 300 000
合同资产（已完工尚未结算款）	675 000	540 000

注意：由于该工程在 2023 年全部完工，工程价款已经办理了结算并已经收讫，因此，只需要在利润表中披露当年确认的收入和费用即可。

知识扩展5-8

工程价款结算以及收入费用的核算小结：

1. 办理结算时（开单结算）：

借：应收账款

　　贷：合同结算——价款结算

　　　　应交税费——应交增值税（销项税额）

2. 收到工程款：

借：银行存款

　　贷：应收账款

3. 确认收入和费用：

借：合同结算——收入结转

　　贷：主营业务收入

借：主营业务成本

　　贷：合同履约成本——工程施工

4. 结清价款结算和收入结转账户：

借：合同结算——价款结算

　　贷：合同结算——收入结转

三、分包工程结算的核算

一个工程项目如果有两个或两个以上施工企业承担施工，则根据国家对建设工程管理的要求，建设单位和施工企业要实行承包责任制和总分包协作制。在这种情况下，要求一个施工企业作为总包单位向建设单位（发包单位）总承包，对建设单位负责，再由总包单位将专业工程分包给专业性施工企业施工，分包单位对总包单位负责。

知识扩展5-9

分包给外单位施工的工程，在核算上有两种处理方法：

一种是分包工程作为自行完成的工作量。作为自行完成的工作量的分包工程，一般由企业对分包工程施工全过程按本企业施工组织计划进行管理，对分包工程的材料、人工、机械等消耗进行核算，并计算实际成本。

另一种是分包工程不作为自行完成的工作量。不作为自行完成工作量的分包工程，以施工图预算或造价分包给分包单位后，企业在施工中只对分包单位承担的工程进行技术监督，结算已完分包工程价款，分包工程在施工中发生的费用由分包单位进行核算。

（一）分包结算案例

【例5-31】红星公司为增值税一般纳税人，适用增值税税率为9%，本月通过银行向分包单位预付备料款50 000元。对此，进行以下会计处理：

借：预付账款——预付分包单位款　　　　　　　　　　　　　　50 000
　　贷：银行存款　　　　　　　　　　　　　　　　　　　　　　50 000

【例5-32】红星公司按工程分包合同规定，根据工程进度预付给分包单位工程款60 000元。对此，进行以下会计处理：

借：预付账款——预付分包单位款　　　　　　　　　　　　　　60 000
　　贷：银行存款　　　　　　　　　　　　　　　　　　　　　　60 000

【例5-33】分包工程完工验收后，红星公司根据经审核的分包单位提出的"工程价款结算单"，全额开具增值税专用发票，结算已完工程款436 000元。

（1）如作为企业自行完成的工作量，作以下会计处理：

借：合同履约成本——工程施工　　　　　　（436 000−36 000）400 000
　　应交税费——应交增值税（进项税额）　[436 000÷(1+9%)×9%] 36 000
　　　贷：应付账款——应付分包单位款　　　　　　　　　　　　436 000

（2）如不作为企业自行完成的工作量，作以下会计处理：

借：主营业务成本　　　　　　　　　　　　（436 000−36 000）400 000
　　应交税费——应交增值税（进项税额）　[436 000÷(1+9%)×9%] 36 000
　　　贷：应付账款——应付分包单位款　　　　　　　　　　　　436 000

【例5-34】承例5-31和例5-32，从应付分包工程款中扣除预付的工程款50 000元和预付的备料款60 000元，作以下会计处理：

借：应付账款——应付分包单位　　　　　　　　　　　　　　　110 000
　　贷：预付账款——预付分包单位款　　　　　　　　　　　　　110 000

【例5-35】承例5-33和例5-34，红星公司以银行存款支付分包单位工程款326 000元，作以下会计处理：

借：应付账款——应付分包单位工程款　　　　（436 000−110 000）326 000

　　贷：银行存款　　　　　　　　　　　　　　　　　　　　　　　　　326 000

（二）选择简易计税法的总包扣除分包额的账务处理

　　根据财政部关于印发《增值税会计处理规定》的通知（财会〔2016〕22号），按现行增值税制度，规定企业发生相关成本费用允许扣减销售额的，发生成本费用时，按应付或实际支付的金额，借记"合同履约成本——工程施工"科目，贷记"应付账款""应付票据""银行存款"等科目。待取得符合规定的增值税扣税凭证且纳税义务发生时，按照允许抵扣的税额，借记"应交税费——简易计税"科目，贷记"合同履约成本——工程施工"科目。根据此规定，选择简易计税方法的总包扣除分包额的账务处理如下：

　　第一步，总包方与业主（分包方）结算工程款，并全额开具增值税发票给业主时的账务处理：

　　借：银行存款/应收账款
　　　　贷：合同结算——价款结算/主营业务收入　　　　（结算工程款－简易计税额）
　　　　　　应交税费——简易计税　　　　　　　　　　[结算工程款÷(1+3%)×3%]

　　第二步，总包方与分包方结算，未支付工程款给分包方，且分包方未开具增值税发票给总包方时的账务处理：

　　借：合同履约成本——工程施工（分包成本）
　　　　贷：应付账款——分包方

　　第三步，总包方支付给分包方工程款并且总包方收到分包方开具的增值税发票时的账务处理：

　　借：应付账款——分包方
　　　　贷：银行存款

　　同时：

　　借：应交税费——简易计税　　　　　　　　　　　　[分包额÷(1+3%)×3%]
　　　　贷：合同履约成本——工程施工（冲减分包成本）　[分包额÷(1+3%)×3%]

　　【例5-36】湖北的甲公司承包了山西一个合同款为1 000万元（含增值税）的工程项目，并把其中300万元（含增值税）的部分项目分包给具有相应资质的分包人乙公司，工程完工后，该工程项目最终结算款为1 000万元（含增值税）。假设该项目属于老项目，甲、乙公司均采取简易计税的方法。甲公司完成工程累计发生合同成本500万元，总包方甲公司的账务处理如下（单位：万元）：

　　（1）完成合同成本：

　　借：合同履约成本——工程施工　　　　　　　　　　　　　　　　　500
　　　　贷：原材料等　　　　　　　　　　　　　　　　　　　　　　　500

　　（2）收到总承包款：

　　借：银行存款　　　　　　　　　　　　　　　　　　　　　　　　1 000
　　　　贷：合同结算——价款结算　　　　　　　　　[1 000÷(1+3%)]970.87
　　　　　　应交税费——简易计税　　　　　　　　[1 000÷(1+3%)×3%]29.13

　　（3）分包工程结算：

借：合同履约成本——工程施工　　　　　　　　　　　　　　　300

　　贷：应付账款——乙公司　　　　　　　　　　　　　　　　　300

（4）全额支付分包工程款并取得分包方开具的增值税普通发票时：

借：应付账款——乙公司　　　　　　　　　　　　　　　　　300

　　贷：银行存款　　　　　　　　　　　　　　　　　　　　　300

同时：

借：应交税费——简易计税　　　　　　　　[300÷（1+3%）×3%] 8.74

　　贷：合同履约成本——工程施工　　　　　　　　　　　　　8.74

（5）甲公司确认该项目收入和费用：

借：主营业务成本　　　　　　　　　[500+（300-8.74）] 791.26

　　贷：合同履约成本——工程施工　　　[500+（300-8.74）] 791.26

借：合同结算——收入结转　　　[1 000-1 000÷（1+3%）×3%] 970.87

　　贷：主营业务收入　　　　　[1 000-1 000÷（1+3%）×3%] 970.87

（6）工程结算与工程施工对冲结平：

借：合同结算——价款结算　　　　　　　　　　　　　　　970.87

　　贷：合同结算——收入结转　　　　　　　　　　　　　　970.87

（7）甲公司向项目所在地山西的税务局预缴税款：

$$预交税款=（1 000-300）÷（1+3\%）×3\%=20.39（万元）$$

借：应交税费——预交增值税　　　　　　　　　　　　　　20.39

　　贷：银行存款　　　　　　　　　　　　　　　　　　　　20.39

借：应交税费——未交增值税　　　　　　　　　　　　　　20.39

　　贷：应交税费——预交增值税　　　　　　　　　　　　　20.39

注意以下三点：

第一，简易计税的情况下，甲公司必须全额开具增值税专用发票给业主（发包方）；

$$发票上的税额=1 000÷（1+3\%）×3\%=29.13（万元）$$

$$发票上的金额=1 000-29.13=970.87（万元）$$

第二，总包方甲公司预缴税款后，向甲公司机构所在地主管税务机关申报税额；

$$甲公司申报按差额计算的税额=（1 000-300）÷（1+3\%）×3\%=20.39（万元）$$

　　第三，分包方给总包方开具增值税发票时，必须在发票备注栏注明建筑服务发生地所在县（市、区）及项目名称。

本章小结

　　周转材料的价值平时可采用一次摊销法、分期摊销法、分次摊销法、定额摊销法等摊销方法计入工程成本，年度终了或工程竣工时对周转材料进行盘点，根据实际损耗调整已提摊销额。

临时设施的购建支出、价值的摊销和清理通过"临时设施"和"临时设施摊销"账户核算。

施工企业的成本核算对象一般为每一独立编制施工图预算的单位工程，但为了对工程进度、工程质量和工程成本进行有效的监督，需人为地划分产成品和在产品。将工程进度达到预算定额的工作内容、不需要在本企业内部进一步施工、可据以进行结算的分部分项工程，视作"已完工程"，即"产成品"。将已投料施工但尚未完成预算定额规定的全部工序和内容而暂时无法进行结算的分部分项工程，视作"未完施工"，即"在产品"。

现行工程价款结算方式主要有竣工后一次性结算、按段结算、按期（月或季）结算。按照工程价款结算时间与成本结算时间配比的原则，对已向发包单位办理工程价款结算的已完工程，应同时结算实际成本。企业不论是定期还是不定期结算已完工程成本，当期发生的生产费用必须在当期按照成本核算对象和成本项目进行归集与分配。

思考与练习

一、单项选择题

1. 以下不是施工企业必然要参与的工程项目阶段是（　　）。

A. 施工项目论证　　　　　　　　　B. 竣工验收

C. 施工准备　　　　　　　　　　　D. 工程施工

2. 大部分工程项目的价款结算不会采用的方法是（　　）。

A. 工程竣工验收后一次结算价款　　B. 按月结算

C. 分段结算　　　　　　　　　　　D. 发包方预付工程款

3. 甲工程领用一批模板，实际成本为 36 000 元，预计净残值率为 2%，预计使用期限为 20 个月，则此批模板的月摊销额为（　　）元。

A. 1 800　　　　　　　　　　　　B. 1 864

C. 1 764　　　　　　　　　　　　D. 1 664

4. 施工企业临时设施的处理应通过（　　）账户进行核算。

A. 固定资产清理　　　　　　　　　B. 待处理财产损溢

C. 临时设施清理　　　　　　　　　D. 合同履约成本

5. 企业在施工现场搭建临时办公室发生的费用，应先通过（　　）账户核算。

A. 临时设施　　　　　　　　　　　B. 在建工程

C. 固定资产　　　　　　　　　　　D. 合同履约成本

6. 施工企业按月计提临时设施摊销费时，应贷记的账户是（　　）。

A. 临时设施摊销　　　　　　　　　B. 管理费用

C. 合同履约成本　　　　　　　　　D. 累计折旧

7. 工程施工所发生的（　　）和间接费用构成工程的合同成本。

A. 直接费用　　　　　　　　　　　B. 管理费用

C. 财务费用　　　　　　　　　　　D. 制造费用

8. 施工企业的工区、施工队、项目经营部为组织和管理施工生产活动所发生的费用称为（　　　）。

A. 直接费用　　　　　　　　　　　B. 间接费用

C. 制造费用　　　　　　　　　　　D. 管理费用

9. "合同履约成本——工程施工"账户的期末余额表示（　　　）。

A. 期末竣工工程成本

B. 期末原材料成本

C. 期末尚未完工的建造合同成本

D. 期末企业为在建工程准备的各种物资的成本

10. 按经济内容分类，"合同履约成本——工程施工"账户属于（　　　）。

A. 资产类账户　　　　　　　　　　B. 负债类账户

C. 损益类账户　　　　　　　　　　D. 成本类账户

11. 施工现场承包工程领用材料，应计入（　　　）。

A. 合同履约成本——工程施工　　　B. 施工间接费用

C. 管理费用　　　　　　　　　　　D. 制造费用

12. 在施工现场，项目部用现金 200 元购买办公用品，应借记"（　　　）"账户，贷记"库存现金"账户。

A. 管理费用　　　　　　　　　　　B. 制造费用

C. 施工间接费用　　　　　　　　　D. 合同履约成本——工程施工

13. 工程成本中的间接费用包括（　　　）。

A. 机械使用费　　　　　　　　　　B. 临时设施摊销费

C. 工程保修费　　　　　　　　　　D. 检测试验费

14. "合同结算——价款结算"账户属于（　　　）账户。

A. 资产类　　　　　　　　　　　　B. 成本类

C. 负债类　　　　　　　　　　　　D. 损益类

15. 按确定价款方式的不同，建造合同分为固定造价合同和（　　　）。

A. 费用包干合同　　　　　　　　　B. 成本加成合同

C. 费率合同　　　　　　　　　　　D. 预算合同

16. （　　　）的建造合同，当期确认与计量的合同收入，等于该项合同的总收入；当期确认与计量的合同费用，等于该项合同的实际总成本。

A. 当年开工当年未完工　　　　　　B. 当年开工当年完工

C. 以前年度开工本年度仍未完工　　D. 以前年度开工本年度完工

17. 下列各项中，属于建造合同收入内容的是（　　　）。

A. 机械作业收入　　　　　　　　　B. 材料销售收入

C. 固定资产出租收入　　　　　　　D. 因合同索赔形成的收入

18. 确认建造合同收入的方法，一般可以用（　　）。

A. 收现法

B. 合同约定法

C. 交货法

D. 完工百分比法

19. 确认建造合同收入时，按应确认的合同费用，应借记（　　）。

A. 主营业务成本

B. 合同结算——收入结转

C. 主营业务收入

D. 本年利润

二、多项选择题

1. 下列各项中，属于施工企业会计特点的是（　　）。

A. 采取分级核算

B. 以单项工程为成本核算对象

C. 按在建工程办理工程价款结算和成本结算

D. 成本费用开支受自然力影响

2. 建筑工程周期长的特点，决定了会计核算具有（　　）特点。

A. 采用分组管理、分级核算方式

B. 成本核算上人为地划分产成品和在产品

C. 工程价款结算方法独特

D. 采用完工百分比法确认收入

3. 下列各项中，应计入材料采购成本的有（　　）。

A. 买价

B. 采购费用

C. 运输途中责任人丢失货物的损失

D. 公司管理人员工资

4. 报废周转材料的账务处理需要经过的环节可能有（　　）。

A. 摊销额补提

B. 分配成本差异

C. 残料回收

D. 冲销原值和已提摊销额

5. 施工企业的周转材料摊销方法一般有（　　）等几种。

A. 分次摊销

B. 五五摊销

C. 一次摊销

D. 定额摊销

6. 下列各项中，施工企业在施工现场建造的属于临时设施的是（　　）。

A. 临时库房

B. 简易作业棚

C. 临时办公室

D. 道路

7. 施工企业进行工程核算时应设置的账户有（　　）。

A. 合同履约成本

B. 机械作业

C. 生产成本

D. 制造费用

8. 施工企业成本核算与工业企业核算的区别是（　　）。

A. 成本计算对象不同

B. 成本核算账户不同

C. 在产品成本的计算方法不同

D. 成本计算期不同

9. 施工企业建造合同的合同费用由（　　）组成。

A. 材料费和人工费

B. 机械使用费

C. 其他直接费用

D. 间接费用

10. 下列各项中属于施工企业存货的是（　　）。

A. 结构件

B. 原材料

C. 周转材料　　　　　　　　　　　D. 合同履约成本

11. 下列选项中，计入"合同履约成本——工程施工（人工费）"成本项目的内容有（　　　）。

A. 现场施工生产工人的工资和福利费

B. 现场项目管理人员的工资和福利费

C. 现场生产工人的养老保险、医疗保险、失业保险及住房公积金

D. 现场项目管理人员的养老保险、医疗保险、失业保险及住房公积金

12. "施工间接费用"账户核算的项目有（　　　）。

A. 施工现场管理人员的工资薪酬　　　B. 现场施工生产人员的工资薪酬

C. 公司管理部门设备的修理费　　　　D. 施工现场办公室的水电费

13. 施工企业应该在月末计算本月应支付给施工生产区职工的工资总额，并形成一项负债，借记"（　　　）"科目，贷记"应付职工薪酬"科目。

A. 管理费用　　　　　　　　　　　B. 施工间接费用

C. 制造费用　　　　　　　　　　　D. 工程施工——合同成本——人工费

14. 下列费用中，属于施工企业工程成本中的其他直接费用的是（　　　）。

A. 材料的二次搬运费　　　　　　　B. 临时设施摊销费

C. 生产工具使用费　　　　　　　　D. 检验试验费

15. 合同奖励款构成合同收入的条件是（　　　）。

A. 客户明确提出了奖励措施

B. 合同目前完成情况足以达到或超过规定的工程进度和工程质量标准

C. 奖励金额能够可靠地计量

D. 奖励款已到账

16. 下列影响施工企业本月已完工程实际发生的合同费用的因素有（　　　）。

A. "合同履约成本——工程施工"账户月初未完施工的合同成本

B. "合同履约成本——工程施工"账户本月发生的施工生产费用

C. "在建工程"本月的增加额合计

D. "合同履约成本——工程施工"账户月末未完工程的合同成本

17. 确定建造合同完工进度的方法通常有（　　　）。

A. 根据累计实际发生的合同成本占合同预计总成本的比例确定

B. 根据已经完成的合同工程量占合同预计总工程量的比例确定

C. 根据收到的工程款占合同总价款的比例确定

D. 实际测定的合同完工进度

18. 下列有关建造合同收入的确认与计量的表述中，正确的是（　　　）。

A. 合同变更形成的收入应当计入合同收入

B. 工程索赔、奖励形成的收入应当计入合同收入

C. 建造合同的结果不能可靠估计但合同成本能够收回的，按能够收回的实际合同成本的金额确认合同收入

D. 建造合同预计总成本超过合同预计总收入时，应将预计损失立即确认为当期费用

19. 对于建造合同的结果不能可靠估计的情况，正确的处理方法有（　　　）。

A. 合同成本能够收回的，合同收入和合同费用根据完工百分比法确认

B. 合同成本能够收回的，合同收入根据能够收回的实际合同成本加以确认，合同成本在其发生的当期作为费用

C. 合同成本不可能收回的，应当在发生时立即作为费用，不确认合同收入

D. 合同成本不可能收回的，既不确认费用，也不确认收入

三、判断题

1. 施工企业就是通常所说的房地产企业。　　　　　　　　　　　　　（　　　）

2. 施工企业的主要经营活动是建筑安装工程，建筑工程和安装工程不可分割。

（　　　）

3. 施工企业的工程项目一般体积庞大、造价高，所以成本核算应采用分批法，以便分阶段核算成本。　　　　　　　　　　　　　　　　　　　　　　　（　　　）

4. 对于工程进度达到预算定额的工作内容，不需要进一步施工，可据以进行结算的分部分项工程，可作为产成品核算。　　　　　　　　　　　　　　　（　　　）

5. 无论采用哪种摊销方法，都有可能导致周转材料的实际损耗与计算损耗的误差。

（　　　）

6. 一般纳税人的施工企业在购进原材料时，可根据取得的增值税专用发票抵扣进项税额。　　　　　　　　　　　　　　　　　　　　　　　　　　　　（　　　）

7. 报废周转材料时，应将周转材料原值与已提摊销额相互冲销。　　　（　　　）

8. 盘点时发现周转材料短缺数量不大的，可按周转材料报废处理。　　（　　　）

9. 临时设施清理完成后，应将净损失转入"营业外支出"账户。　　　（　　　）

10. 临时设施属于固定资产，所以搭建的宿舍应按房屋构筑物的最低使用年限计算折旧。　　　　　　　　　　　　　　　　　　　　　　　　　　　　　　（　　　）

11. "合同履约成本——工程施工"账户是核算施工企业施工成本的账户。（　　　）

12. 施工企业从本企业其他内部独立核算的机械站租用施工机械，按照规定的台班费定额支付的机械租赁费，通过"机械作业"账户核算。　　　　　　　　　（　　　）

13. 施工企业与工业企业对"在产品"的界定基本一致。　　　　　　　（　　　）

14. 对间接费用在各成本核算对象间的分配，施工企业与工业企业都可将工时作为标准。　　　　　　　　　　　　　　　　　　　　　　　　　　　　　　（　　　）

15. 施工企业使用的材料，都应计入工程成本中的材料费项目。　　　（　　　）

16. 对于个别规模大、工期长的单位工程，可按分部或分项工程划分成本核算对象。

（　　　）

17. 在施工过程中发生的材料二次搬运费属于工程成本中的其他直接费用。（　　　）

18. 对于尚未竣工的工程，计算出的已完工程实际成本并不从"合同履约成本——工程施工"账户转出。　　　　　　　　　　　　　　　　　　　　　　　（　　　）

19. 建造合同发包人承担固定造价合同的风险。　　　　　　　　　　　（　　　）

20. 合同收入是指建造承包商与客户在双方签订的合同中最初商定的合同总金额。

（　　）

21. 合同费用是指建筑施工企业已经发生的与已确认的合同收入配比的工程或劳务的成本，是建筑施工企业的主营业务成本。（　　）

22. 当期合同费用即当期实际发生的合同成本。（　　）

23. 竣工工程和已完工程相当于工业企业的产成品。（　　）

四、业务核算题

1. 周转材料的核算。

光华施工企业为增值税一般纳税人，发生以下经济业务。

（1）3月10日，购入木模板一批，价款为40 000元，增值税税额为5 200元，发票已送达，货款已通过银行支付，材料已验收入库，该批木模板的计划成本为36 000元。

（2）3月12日，又购入木模板一批，价款为50 000元，增值税税额为6 500元，企业开出银行承兑汇票支付货款，材料已验收入库，该批木模板的计划成本为52 000元。

（3）3月15日，A工程领用脚手架一批，脚手架按实际成本法核算，账面原值为60 000元，已摊销12个月，预计使用期限是20个月，预计残值率为4%，采用分期摊销法核算。

（4）承资料（3），脚手架在使用到第7个月时全部报废，收回残料价值2 500元，脚手架已按月正常计提摊销额。

（5）A工程竣工交付，工程用木模板退回入库，该批木模板的账面计划成本为60 000元，已提摊销额32 000元，经实地验料，该批模板的实际成色为40%。

要求：根据以上经济业务编制相应的会计分录。

2. 临时设施的核算。

耀辉施工企业为增值税一般纳税人，2023年1月发生以下经济业务。

（1）因工程建设需要，在施工现场搭建一个临时仓库，发生实际搭建成本为205 200元，其中：领用材料的计划成本为120 000元，应负担的材料成本差异率为2%，应付搭建人员工资为45 000元，应付福利费为6 300元，以银行存款支付的其他费用为31 500元，搭建完工后随即交付使用。

（2）该临时仓库的预计净残值率为4%，预计工程施工期为2年，按月对仓库进行摊销。

（3）该临时仓库在实际使用1年10个月后，由于工程已竣工，无须再用，将其拆除，其账面累计已提摊销额为164 160元，支付拆除人员工资2 000元，收回残料6 000元，已验收入库，清理工作结束。

要求：根据以上经济业务编制相应的会计分录。

3. 施工企业施工成本费用的核算。

东华建筑公司为增值税一般纳税人，承担鸿达公司A、B两项工程的施工任务，以下是本月发生的主要经济业务。

（1）仓库发出库存材料共计850 000元，其中用于A工程380 000元，用于B工程

460 000 元，现场项目部仪器设备维修费共 5 000 元，公司办公楼维修费共 6 500 元。

（2）以银行存款支付本月租用甲机械租赁公司塔吊的租金，对方开来增值税专用发票上注明的价款为 30 000 元，增值税税额为 3 900 元，其中 A 工程负担 40%，B 工程负担 60%。

（3）应付职工薪酬 1 050 000 元，其中 A 工程 440 000 元，B 工程 430 000 元，现场项目部 115 000 元，公司行政管理部门 65 000 元。

（4）用银行存款支付现场材料及物品的多次搬运费 6 000 元，其中 A 工程 4 000 元，B 工程 2 000 元。

（5）用银行存款支付 A 工程的土方运输费，增值税专用发票上注明的价款为 20 000 元，增值税税额为 1 800 元。

（6）用银行存款支付大型机械进场运输费，增值税专用发票上注明的价款为 5 000 元，增值税税额为 450 元，其中 A 工程承担 40%，B 工程承担 60%。

（7）本月固定资产计提折旧 50 000 元，其中现场项目部计提的折旧费为 40 000 元，公司管理部门计提的折旧费为 10 000 元。

（8）以银行存款支付本月水电费共计 40 000 元，其中，A 工程 15 000 元，B 工程 20 000 元，现场项目部 2 000 元，公司行政管理部门 3 000 元。

（9）月末，以本月 A、B 两项工程发生的实际直接费用为标准，计算分配本月发生的间接费用。

（10）本期 A 工程期初未完施工成本为 158 000 元，本期已完工程预算成本为 1 420 000 元，期末未完施工预算成本为 620 000 元。计算未完工程实际成本，并根据本期已完工程预算成本进行工程结算。

要求：根据以上资料编制相应的会计分录。

4. 建造合同收入和费用的核算。

安保建筑公司为增值税一般纳税人，签订了一份不含税总金额为 2 000 万元的建造合同，合同规定的工期为 3 年。该建造合同的结果能够可靠地估计，在资产负债表日按完工百分比法确认合同收入和费用。有关资料如表 5-15 所示。

表 5-15 安保建筑公司相关资料   单位：元

项　目	第 1 年	第 2 年	第 3 年	合　计
合同总价款				20 000 000
本期实际发生成本	4 500 000	7 340 000	5 660 000	17 500 000
估计至完工仍需投入成本	10 500 000	6 660 000		
已办理结算的金额	4 360 000	7 630 000	9 810 000	21 800 000

要求：

（1）确定各年的合同完工进度。

（2）计算各年的合同收入、合同费用和毛利。

（3）编制各年结算工程款，确定收入、费用的会计分录。

五、案例分析

【案例一】

彩光城建公司为增值税一般纳税人，适用一般计税方法，增值税税率为9%。2023年5月承包市轻工机械厂办公楼和厂房两项工程，并于当月取得《建筑工程施工许可证》。办公楼工程合同总造价2 997 000元（含增值税247 458.72元），厂房工程合同总造价2 109 000元（含增值税174 137.61元），合同工期为8个月，竣工后一次结算。为此，公司成立了机械厂项目经理部，该项目经理部在工程施工过程中发生下列业务：

1. 搭建临时职工宿舍和材料库等临时设施，领用材料14 200元，发生人工费2 858元，材料成本差异率为1%。

2. 将搭建完工的临时设施交付使用。

3. 按合同工期对临时设施进行摊销（不考虑残值）。

4. 6月厂房工程领用库存的新挡板一批，计划成本为8 500元，按规定的摊销法计算当期挡板应提摊销额为600元。

5. 7月建设单位预付工程款500 000元。

6. 8月发生的业务如下：

（1）厂房工程发生人工费67 000元，其中内包人工费为41 000元，外包人工费为26 000元；办公楼工程发生人工费58 000元，其中内包人工费为39 000元，外包人工费为19 000元。该公司与具有建筑业劳务分包资质的乙劳务公司（小规模纳税人）签订劳务分包合同，未能取得代开的增值税专用发票。

（2）工程材料耗用汇总见表5-16。

表5-16　材料耗用汇总表

2023年8月31日　　　　　　　　　　　　　　　　单位：元

成本核算对象	主要材料						小　计		结构件		合　计		周转材料摊销
	硅酸盐		黑色金属		其他主要材料								
	计划成本	成本差异（+2.5%）	计划成本	成本差异（-1.5%）	计划成本	成本差异（+1%）	计划成本	成本差异	计划成本	成本差异（-1%）	计划成本	成本差异	
厂房工程	48 200	1 205	86 000	-1 290	79 000	790	213 200	705	34 000	-340	247 200	365	3 700

续表

| 成本核算对象 | 主要材料 | | | | | | 小 计 | | 结构件 | | 合 计 | | 周转材料摊销 |
| | 硅酸盐 | | 黑色金属 | | 其他主要材料 | | | | | | | | |
	计划成本	成本差异（+2.5%）	计划成本	成本差异（-1.5%）	计划成本	成本差异（+1%）	计划成本	成本差异	计划成本	成本差异（-1%）	计划成本	成本差异	
办公楼工程	31 000	775	54 000	-810	60 000	600	145 000	565	29 000	-290	174 000	275	2 100
合计	79 200	1 980	140 000	-2 100	139 000	1 390	358 200	1 270	63 000	-630	421 200	640	5 800

（3）厂房工程发生外部机械租赁费 3 300 元（不含税），办公楼工程发生外部机械租赁费 2 600 元（不含税）。从设备租赁公司取得增值税专用发票，增值税税率为 9%。

（4）厂房工程发生生产工具用具使用费 1 700 元，办公楼工程发生材料二次搬运费 1 000 元，取得增值税普通发票。

（5）项目经理部本月发生工资支出 18 000 元，职工福利费为 2 520 元，报销差旅费 5 620 元。

7. 7 个月后，工程完工将临时设施拆除，在拆除过程中支出费用 1 320 元，取得增值税普通发票，残料作价 3 100 元入库。

8. 办公楼竣工盘点发现报废跳板一批，计划成本为 6 000 元，残值为 800 元，已验收入库，材料成本差异率为 -1%，跳板计划成本为 46 000 元，已提摊销额为 41 400 元。

9. 工程竣工，向发包单位提交"工程价款结算单"（见表 5-17），工程结算价款 5 106 000 元，并按此金额开具增值税专用发票。

表 5-17 工程价款结算单

发包单位名称：轻工机械厂　　　　　　　　　　　　　　施工单位：彩光城建公司

2023 年 12 月 31 日

单位：元

| 工程名称 | 合同造价 | 本期应收工程款 | 应扣款项 | | | 本期实收工程款 | 累计已收工程款 | 备注 |
			合 计	预收工程款	预收备料款			
车间工程	2 997 000	2 997 000	2 000 000	2 000 000		997 000		
宿舍工程	2 109 000	2 109 000	1 500 000	1 500 000		609 000		
合 计	5 106 000	5 106 000	3 500 000	3 500 000		1 606 000		

该结算单经发包单位认可，两项工程的施工合同成本为 3 750 000 元，2024 年 2 月发包单位用银行存款支付了剩余工程款。

要求：如果你是该项目经理聘任的会计，将如何处理上述业务？如何进行工程成本核算？

【分析提示】

1. 首先确定成本核算对象，可按厂房和办公楼分别进行成本核算。

2. 该项目经理部有两个成本核算对象，应增设"其他直接费用"和"施工间接费用"科目。

3. 期末，应分配其他间接费用和施工间接费用。

4. 报废周转材料应补提摊销额。

【案例二】

佳能建筑公司为增值税一般纳税人，适用税率为9%。2023年12月武汉项目经理部发生的经济业务如下：

1. 领用一次摊销的安全网一批，计划成本为3 000元，材料成本差异率为−2%。领用时一次性将周转材料价值摊销。

2. 领用全新定型模板一批，具体信息如下：

（1）该模板的计划成本为50 000元。

（2）该模板采用分次摊销法摊销，预计残值率为10%，预计使用次数为10次，本月实际使用2次。

（3）该模板的材料成本差异率为2%。

3. 本期发生的盘亏和毁损的经济事项如下：

（1）盘亏甲材料一批，实际成本为400元，原因不明。

（2）经查明，甲材料盘亏属于定额内合理损耗，批准作为管理费用列支。

（3）因为发生火灾，对财产进行清查，发现损毁乙材料一批，实际成本为5 000元，购入时已取得增值税专用发票并已抵扣进项税额。

（4）对上述由火灾造成的损失，保险公司赔偿4 300元，其余由企业负担。

要求：作为公司会计，请你对上述业务进行账务处理。

【分析提示】

1. 采用一次摊销方法的周转材料，领用时应将其价值一次性全部计入成本。

2. 采用其他摊销方法的周转材料，领用时按计划成本或实际成本计入成本的同时考虑调整差异额。

3. 周转材料盘亏时，补提摊销额，按计划成本或实际成本冲减成本的同时调整差异额。

第六章 房地产开发企业会计

知识目标

了解房地产开发企业的主要经营业务和特点；

了解房地产开发成本项目；

掌握开发成本、开发产品、出租开发产品和周转房的核算；

掌握营业收入的核算。

能力目标

熟悉房地产开发企业会计核算的相关账户使用；

掌握房地产开发企业开发成本、开发产品、出租开发产品和周转房的账务处理；

着重理解房地产开发企业开发过程中各环节的经济业务内容，全面掌握房地产开发企业所涉及的经济业务的各种核算方法及具体会计处理的技能。

我国的房地产业经历了狂热、低迷等大起大落阶段，目前正处于理性发展阶段，经由这些年的整顿，有关法规制度也比较完善。

第一节 房地产开发企业会计概述

一、房地产开发企业及其主要经营过程

（一）房地产开发企业的概念

房地产开发是指在符合城市建设总体规划和经济、社会发展计划要求的前提下，根据市场需求，以房屋建筑为对象，选择一定区域的建设用地，按照使用性质，遵循统一规划、统一征地、统一设计、统一施工、统一配套、统一管理的原则，有计划、有步骤进行的开发建设。房地产开发企业是以营利为目的，从事房地产开发和经营的企业。房地产开发企业的开发经营业务大致有以下四个方面。

1. 土地的开发和建设

土地是城市建设和房地产开发的前提和必要条件。房地产开发企业在有偿获得土地使用权后对其进行开发，待其完工后，以有偿转让方式转让给其他企业使用，或者

自行组织商品化住宅和基础设施的建设，并将其作为商品进行出售，也可以从事土地租赁业务。

2. 房屋的开发和经营

房地产开发企业在开发完工的土地上自行建设房屋，待建成后将其作为商品销售。房地产开发企业开发和经营的房屋，按照用途可分为商品房、周转房、安置房、经营房和代建房等。商品房是指企业为销售而开发建设的房屋。周转房是指企业用于安置动迁居民，以供其周转使用，产权归企业所有的各种房屋。安置房是指企业为安置拆迁居民而开发的房屋。经营房是指企业开发建成后用于出租或经营的各种房屋。代建房是指受政府或其他单位的委托而开发建设的房屋。

3. 城市基础设施和公共配套设施的开发建设

城市基础设施和公共配套设施的开发建设，是指企业根据城市建设总体规划、近期需要及长远的发展，制定小区内具体开发规划，负责市政、公用、动力、通信等项目的开发建设。这方面的业务具有复杂性，各部门应相互协调、配合。

4. 代建工程的开发

代建工程的开发是指企业接受政府或其他单位委托代为进行工程的开发。其主要包括：房屋建设工程，道路铺设工程，供热、供气、供水管道以及其他公用设施等的建设。

（二）房地产开发企业的主要生产经营过程

房地产开发企业的生产经营过程主要有供应、开发生产，以及产品销售、转让、出租三个阶段。

1. 供应阶段

在供应阶段，房地产开发企业依据相关采购合同，用货币资金向供应单位采购开发房地产所需要的各种劳动对象，如在途物资、原材料、工程物资、低值易耗品、委托加工材料等存货。这一阶段资金循环表现为由货币资金形态转变为储备资金形态。

2. 开发生产阶段

在开发生产阶段，主要从事开发产品的生产活动。在这一过程中，将会发生一系列费用，形成开发产品的成本。其主要包括：消耗的各种材料成本，被安装在开发产品中的各种设备的成本，支付的职工工资和其他开发费用，固定资产因为使用发生磨损而形成的费用。这些费用将会被转移到所生产的开发产品中去，形成在建开发产品成本和开发产品成本。这一阶段的资金循环表现为储备资金、货币资金及固定资金依次转化为在建资金，进而转化为建成资金。因此，开发生产阶段既是形成在建开发产品和开发产品的阶段，也是物化劳动价值转移和活劳动创造新价值的阶段。

3. 产品销售、转让、出租阶段

房地产开发企业将开发产品建成完工后，通过将其销售、转让和出租，从购房、租房等单位或个人处获得货币资金，从而实现开发产品的销售收入、租金收入等。这一阶段的资金循环表现为由建成资金转化为货币资金。

综上所述，房地产开发企业在生产经营过程中，依次经过供应、开发生产，以及产品销售、转让和出租三个阶段，其资金形态由货币资金依次转化为储备资金、在建资金、建成资金，最后又转化为货币资金。

二、房地产开发企业会计核算的特点

房地产开发企业会计，是指主要运用价值形式对房地产开发经营过程进行综合核算和监督的一种管理活动。

房地产开发跨越生产和流通两个领域，其活动内容涉及规划设计、征地拆迁、土地开发、各类房屋建造、工程验收、经营销售、交付使用、售后管理和维修服务等。房地产开发企业的产品是地产或房产，产品开发周期长，生产经营方式多样，投资主体复杂，与一般企业的生产经营有很大不同。房地产开发企业会计核算与其他行业企业会计核算相比具有以下特点。

（一）资金筹集渠道的多源性

房地产开发企业开发经营所需资金，主要是通过其自行筹集取得的。集资开发是我国房地产开发的一个显著特点。开发企业筹资的形式与渠道主要有：①预收购房订金或预收建设资金；②预收代建工程款；③土地开发及商品房贷款；④发行企业债券；⑤与其他单位联合开发，吸收其他单位投资；⑥发行股票，筹集股本。围绕筹资而发生的经济业务的会计核算构成开发企业会计核算的重要内容和重要特色。

上述前四种筹资方式及渠道属于债务筹资，是企业的主要筹资方式和渠道，由此形成的经济业务构成房地产开发企业会计核算的重要内容及重要特色；后两种属于资本筹资，随着我国经济体制改革的不断深入，这样的方式将逐步成为房地产开发企业筹资的主要方式。

（二）资金占用形态的多元性

开发企业的开发经营业务内容极为广泛，既有建设场地的开发，又有房屋的建设，还有基础设施、配套设施以及市政工程等项目的开发建设，有的企业还开展商业用房的出租或经营业务以及商品房售后服务等。因此，开发企业的资金在由货币资金转化为成品资金的过程中，不仅表现为货币资金—储备资金—在建资金（在产品资金）—成品资金依次直线运动，而且还具有多向平行运动的特点，即在储备资金（或结算资金）—在建资金—成品资金这两个阶段中，资金表现为多元性及多向平行运动的特征。房地产开发企业资金运动的这一特征，使会计核算具有以下特点：①按资金占用的多种形态组织资金运用的分类核算；②成本核算以开发项目为成本计算对象，分别设置成本计算单进行费用的归集和分配，计算各开发项目的成本。

（三）结算业务的频繁性和由此引起的财务关系的复杂性

在开发经营过程中，开发企业将与周边很多单位发生经济往来关系，不仅包括材料物资供应单位、建筑产品购买单位，而且还包括勘察设计单位、施工企业、委托建房单位、房屋承租单位等。加之企业间的购销业务大量采用预收预付结算方法，开发企业因经济业务往来而引起的资金结算关系极为复杂。在与材料物资供应单位发生的购销业务中，首先要交订金或预付一部分货款，待材料物资发出时再办理应付货款的结算；在与施工企业的承包往来中，大量采用的办法是预付备料款或工程款，然后根据工程进度结算应付的工程进度款；在与购房单位或委托单位发生的房屋销售、转让或代建往来业务中，也是采用先预收购房订金或代建工程款，待房屋或工程移交时再结算房屋或工程款的方式。由此引起的企业与各方之间的财务关系和债权债务关系及相应的会计核算既重要又复杂。

（四）核算周期的长期性

房地产开发企业的产品开发，通常经过开发所在地区总体规划的可行性研究、征地补偿、拆迁安置、"七通一平"、建筑安装、实施配套设施工程、实施绿化环卫工程等多种建设阶段才能完成。因此，产品开发周期一般都较长，一个开发项目从勘察设计、征地拆迁到房屋建造、经营销售、交付使用直至售后服务及房屋维修，往往要跨年度（一个、两个甚至几个年度）进行。这一特点决定了开发企业会计核算周期较长，并且投入的金额较大，也决定了房地产开发企业的会计核算应按权责发生制原则和配比原则，合理确定各个会计期间的收入、费用，正确处理跨年度的各项收入和费用，以合理确定各期的损益。

（五）商品销售的特殊性

随着我国市场经济的不断发展，以及住房分配制度的改革，房地产开发企业的产品开发逐步进入市场，使开发产品具有商品的特征。房地产产品既有一般商品的属性（即使用价值和价值的统一），又具有特殊性。其特殊性主要表现在：

第一，房地产产品通常在固定地点上进行开发建设，产品是不可移动的。

第二，房地产产品的价格受所处地理位置、交通条件、基础设施、配套工程等相关因素的影响较大，通常按供需双方合同或协议规定的价格、市场价格等作价销售。

知识扩展6-1

房地产行业是不同于建筑业的独立行业，虽然它们经营的物质对象都包括房屋建筑产品，但是其行业性质和职能有着本质的不同：

1. 建筑业是建筑产品的生产部门，在国民经济产业分类中属于第二产业。房地产行业是组织房地产开发、为房地产流通和消费提供服务性劳动的部门，在国民经济产业分类中属于第三产业。

2. 建筑业的基本职能是为生产、流通、管理等单位和居民生产多种多样的房屋和建筑物。房地产行业的基本职能是组织房地产的开发、经营和服务。

三、房地产行业与制造业的生产经营特点比较

（一）会计流程比较

房地产行业的会计流程与制造业的会计流程大同小异：①关于费用的报销。报销费用时，由有关的业务人员签字，部门负责人签字，然后由会计部门的有关人员审核，最后由

拥有签批权的负责人签字后，由出纳支付。出纳作记账凭证。②房地产行业一般情况同上，只是在出包工程时支付工程款，有的企业由会计部会同工程部按定额或完工进度测算工程进度并以此支付工程款，有的企业只由工程部测算工程进度，有关人员签字后支付工程款。实际上就是会计的建筑合同采用完工百分比法确定收入。③出纳只做与货币收支有关的记账凭证，并据此核对现金日记账、银行存款日记账。④由会计部有关人员进行会计记账凭证审核。⑤由会计部有关人员进行记账凭证汇总、试算平衡、记账。⑥由会计部有关人员制作转账凭证。⑦由会计部有关人员审核，再记账。⑧由会计部有关人员填制会计报表、税表。

（二）会计科目设置的比较

房地产行业的会计科目与一般制造业的会计科目基本相同。一般的货币资金、往来账户等都相同，不同的是工业企业一般较少使用"预收账款""预付账款"两个科目，而房地产行业频繁使用这两个科目。工业企业的"生产成本"，在房地产行业改为"开发成本"，它下面设6个二级科目：分别是土地出让及拆迁安置补偿费、前期工程费、基础设施工程费、建筑安装工程费、配套设施工程费、开发间接费用。一般房地产行业按项目、开发期设置三级科目。必须说明，在成本核算方面，最理想的核算方法是按栋核算成本，以建筑面积为分配共用费用的依据。但是，在实际工作中按上述方法分摊较难，再加上同期开发的楼盘基本相同，所以可以按项目、开发期核算成本。工业企业的"库存商品"，在房地产行业改为"开发产品"，"制造费用"则改为"开发间接费用"。

（三）有关税费情况的比较

由于房地产开发的产品周期较长，一般按会计准则的要求确认收入时间会较长，但是，国家的税收不能延期，因此，当房地产行业销售期房的时候，就开始交税，并且按一定的比例预交企业所得税、土地增值税，房地产行业还应该缴纳土地使用税。当工程开发完毕后，要汇算清缴土地增值税。

第二节 房地产开发企业开发成本的核算

房地产开发企业的基本经济活动是开发、经营商品房等建筑产品。建筑产品的开发建设过程是开发企业经营活动的中心。房地产开发企业成本、费用的核算，就是对这些产品成本形成和费用支出的核算。

一、开发成本的内容

房地产开发企业要进行成本核算，必须确定好费用的归集和分配的承担者，即成本核算对象。由于房地产开发企业和施工企业作用的对象相同，施工企业会计成本核算对象确定的原则也适用于房地产开发企业，这里不再详述。

房地产开发企业的开发成本，按其开发项目种类可分为以下四类：①土地开发成本。

它是指房地产开发企业开发土地（即建设场地）所发生的各项费用支出。②房屋开发成本。它是指房地产开发企业开发各种房屋（包括商品房、出租房、周转房、代建房等）所发生的各项费用支出。③配套设施开发成本。它是指房地产开发企业根据城市建设规划的要求或项目建设设计规划的要求，为满足居住的需要而与开发项目配套建设各种服务性设施所发生的各项费用支出。④代建工程开发成本。它是指房地产开发企业接受有关单位的委托，代为开发建设某工程，或参加委托单位招标，经过投标中标后承建某开发项目所发生的各项费用支出。

以上四类开发成本，在核算上将其费用分为以下六个成本项目：①土地征用及拆迁补偿费。它是指房地产开发企业按照城市建设总体规划进行土地开发而发生的各项费用，包括土地征用费、耕地占用税、劳动力安置费及有关地上地下附着物拆迁补偿净支出（即扣除拆迁旧建筑物回收的残值）、安置动迁用房支出等。②前期工程费。它是指开发项目前期所发生的各项费用，包括规划、设计、项目可行性研究、水文、地质、勘察、测绘、"三通一平"（通水、通电、通路以及场地平整）等支出。③建筑安装工程费。它是指开发项目在开发过程中发生的各项建筑安装工程支出，包括以出包方式支付给承包单位的建筑安装工程费、以自营方式发生的列入开发项目工程施工图预算的各项费用。④基础设施费。它是指开发企业在开发过程中发生的各项基础设施支出，包括开发小区内道路以及供水、供电、供气、排污、排洪、照明、环卫、绿化等工程支出。⑤公共配套设施费。它是指开发项目内发生的独立的非营业性（不能有偿转让）的公共配套设施支出，包括居委会、派出所、锅炉房、水塔、自行车棚、公共厕所等设施支出。⑥开发间接费用。它是指房地产开发企业所属二级管理机构直接组织、管理开发项目所发生的费用，包括管理人员工资、职工福利费、折旧费、修理费、办公费、水电费、劳动保护费、周转房摊销费等。

知识扩展6-2

开发企业内部如未设二级管理机构，由公司直接组织、管理房地产开发项目，所发生的开发间接费用列入管理费用，不设"开发间接费用"项目。

二、开发成本的核算

企业发生各项开发直接费用支出时，借记"开发成本"等账户，贷记"银行存款""应付账款"等账户；发生开发间接费用支出时，借记"开发间接费用"等账户，贷记"应付职工薪酬""累计折旧""周转房"等账户；期末，应将开发间接费用按一定的分配标准进行分配，借记"开发成本"账户，贷记"开发间接费用"账户。

开发成本应按成本核算对象和成本项目进行明细核算。开发成本明细账的参考格式见表6-1。

表 6-1 开发成本明细账的参考格式

比克花园——商品房 单位：元

2023年		凭证号数	摘要	开发成本项目						合计
月	日			土地征用及拆迁补偿费	前期工程费	基础设施费	建筑安装工程费	公共配套设施费	开发间接费用	
略	略	略	结转土地开发成本	600 000	70 000	50 000				720 000
			结算建安费				9 000 000			9 000 000
			预提配套费					200 000		200 000
			分配间接费						13 000	13 000
			结转完工成本	600 000	70 000	50 000	9 000 000	200 000	13 000	9 933 000

　　房地产开发企业可以根据企业管理的要求，将成本类账户合并或分解。例如：对间接费用较少的企业，可将"开发成本"和"开发间接费用"账户合并为"开发费用"账户；对规模较大、开发项目类型较多的企业，可将"开发成本"账户分解为"土地开发""房屋开发""配套设施开发""代建工程开发"四个账户。由于不同房地产开发项目的成本核算具有各自的特殊性，下面按开发项目种类介绍开发成本的核算。

知识扩展6-3

　　"开发成本"账户为成本类账户，用以核算企业在开发产品的过程中所发生的各项费用。企业对出租房进行装饰及增补室内设施而发生的出租房工程支出，也在本账户内核算。该账户借方登记各成本核算对象所发生的各项费用，贷方登记结转完工开发产品的实际成本，期末余额反映企业在建开发项目的实际成本。本账户可根据实际需要设置"土地开发""房屋开发""配套设施开发""代建工程开发"四个明细账户。

　　"开发间接费用"账户为成本类账户，用以核算开发企业内部独立核算单位为开发产品而发生的各项间接费用。企业行政管理部门（总部）为组织和管理生产经营活动而发生的管理费用，不在本账户内核算。该账户借方登记发生的各项间接费用，贷方登记期末分配结转的间接费用，期末无余额。本账户应按企业内部不同单位、部门设置明细账，进行明细核算。

（一）土地开发成本的核算

　　土地开发是房地产开发企业的主要业务之一，其开发产品为建设场地。城市用于建设的土地，由地方政府统一审批、统一征用和统一管理，由房地产开发企业进行土地开发。

土地开发的目的与用途有两个：一是为销售或有偿转让而开发商品性建设场地；二是直接为本企业新建商品房和其他经营性房屋而开发自用建设场地。

土地开发的直接费用，如土地征用及拆迁补偿费、前期工程费、基础设施费等，在费用发生时，根据有关凭证直接记入"开发成本——土地开发"等账户。发生的开发间接费用，先记入"开发间接费用"账户的借方；期末按一定标准分摊结转应由土地开发成本负担的开发间接费用，借记"开发成本——土地开发"账户，贷记"开发间接费用"账户。结转开发完工建设场地成本时，贷记"开发成本——土地开发"账户，商品性建设用地，借记"开发产品"账户，自用建设场地，借记"开发成本——房屋开发"账户；期末"开发成本——土地开发"账户的余额表示正在开发土地的成本。

知识扩展6-4

企业开发自用建设场地的费用支出，如果能够分清费用负担对象，则应直接计入有关房屋的开发成本；如果涉及两个或两个以上成本核算对象，则其开发费用支出计入土地开发成本，待建设场地开发完工后，按一定的标准分配计入有关的成本核算对象。企业开发商品性建设场地的支出，全部在土地开发成本中核算。

【例6-1】康太房地产开发公司为增值税一般纳税人，适用增值税税率为9%。公司准备开发光谷三路一处建设用地6 000平方米，计划25%作为商品性建设用地对外销售，75%作为本企业商品房开发用地，用银行存款支付征用土地拆迁费、耕地占用税、劳动力安置费等2 000 000元。根据有关凭证，作以下会计处理：

借：开发成本——土地开发　　　　　　　　　　　　　　　2 000 000
　贷：银行存款　　　　　　　　　　　　　　　　　　　　2 000 000

【例6-2】康太房地产开发公司结算应付承包单位（宝集公司）光谷三路建设用地"三通一平"费用65 400元，取得增值税专用发票注明价款60 000元，增值税税额为5 400元。根据有关凭证，作以下会计处理：

借：开发成本——土地开发　　　　　　　　　　　　　　　60 000
　　应交税费——应交增值税（进项税额）　　　　　　　　5 400
　贷：应付账款——宝集公司　　　　　　　　　　　　　　65 400

【例6-3】期末分配结转开发间接费用，光谷三路建设用地应负担20 000元，作以下会计处理：

借：开发成本——土地开发　　　　　　　　　　　　　　　20 000
　贷：开发间接费用　　　　　　　　　　　　　　　　　　20 000

【例6-4】光谷三路土地开发工程完工并验收合格，其中1 500平方米直接对外销售、4 500平方米用于企业开发商品房，结转其成本。作以下会计处理：

（1）计算各成本核算对象应分摊的土地开发成本：

土地开发总成本=2 000 000+60 000+20 000=2 080 000（元）

$$对外销售土地应分摊额=2\,080\,000×25\%=520\,000（元）$$

$$自用土地应分摊额=2\,080\,000×75\%=1\,560\,000（元）$$

（2）结转土地开发成本：

借：开发产品——土地　　　　　　　　　　　　　　　　　　　520 000

　　　开发成本——房屋开发　　　　　　　　　　　　　　　　1 560 000

　　贷：开发成本——土地开发　　　　　　　　　　　　　　　　　2 080 000

（二）配套设施开发成本的核算

房地产开发企业开发的配套设施，可分为以下两类：一类是开发小区内开发的不能有偿转让的公共配套设施，如居委会、派出所、幼托所、消防设施、锅炉房、水塔、自行车棚、公厕等。另一类是开发能有偿转让的城市规划中规定的大型配套设施项目，包括：①开发小区内营业性公共配套设施，如商店、银行、邮局等；②开发小区内非营业性配套设施，如中小学、文化站、医院等；③开发项目外为居民服务的供水排水、供电、供气的增容增压设施及交通道路等。

属于配套设施开发成本核算的公共配套设施工程，包括两部分：一是在开发小区以内不能有偿转让，应直接计入开发项目成本，但是由于不能同受益开发项目同步建设或虽可同步建设但有两个或者两个以上受益对象的公共配套设施工程；二是能有偿转让的公共配套设施工程。

配套设施工程费用发生时，借记"开发成本——配套设施开发"等账户，贷记有关账户。开发完工后，第一类配套设施工程的开发成本，应按一定标准进行分配结转，借记"开发成本——房屋开发"账户，贷记"开发成本——配套设施开发"账户；第二类配套设施工程的开发成本，应转入开发产品，借记"开发产品——配套设施"账户，贷记"开发成本——配套设施开发"账户。期末"开发成本——配套设施开发"账户的余额表示正在开发的配套设施的成本。

🖊 知识扩展6-5

按照财务制度规定，城市建设规划中的大型配套设施项目，不得计入商品房成本；不能有偿转让的开发小区内公共配套设施发生的支出，可以计入开发项目成本。

【例6-5】诚信房地产开发公司为增值税一般纳税人，适用增值税税率为9%。公司开发建设住宅小区配套的商店和自行车车棚工程，用银行存款支付工程款87 200元，取得增值税专用发票注明价款80 000元，增值税税额为7 200元。作以下会计处理：

借：开发成本——配套设施开发　　　　　　　　　　　　　　　80 000

　　应交税费——应交增值税（进项税额）　　　　　　　　　　　7 200

　　贷：银行存款　　　　　　　　　　　　　　　　　　　　　　　87 200

【例6-6】承例6-5，商店和自行车车棚工程完工，实际成本分别为135 000元和3 000元。自行车车棚是为商品房开发工程所建的，商店则作为小区内第三产业经营用房。

作以下会计处理：

（1）结转商店开发成本：

借：开发产品——配套设施 　　　　　　　　　　　　　　135 000

　　贷：开发成本——配套设施开发 　　　　　　　　　　135 000

（2）结转自行车车棚开发成本：

借：开发成本——房屋开发 　　　　　　　　　　　　　　3 000

　　贷：开发成本——配套设施开发 　　　　　　　　　　3 000

（三）房屋开发成本的核算

　　房屋开发和建设是房地产开发企业的主要经济业务，开发企业开发的房屋，按其用途可分为以下几类：一是为对外销售而开发的商品房；二是为出租经营而开发的经营房；三是为安置被拆迁居民而开发的周转房；四是受其他单位委托，代为开发建设的代建房。尽管这些开发房屋的用途不同，但其开发建设的特点和费用支出内容及费用性质都大致相同，其开发成本均应在"开发成本——房屋开发"明细账中核算。

　　企业在开发房屋过程中发生的土地征用及拆迁补偿费、前期工程费和基础设施费，能分清成本核算对象的，应直接计入该房屋成本核算对象的"土地征用及拆迁补偿费""前期工程费""基础设施费"等成本项目。如果费用发生时分不清成本核算对象或应由两个或两个以上成本核算对象负担的，则应先通过"开发成本——土地开发"账户进行归集，待土地开发完成用于房屋建设时，再采用一定的方法分配结转记入"开发成本——房屋开发"账户。

　　企业在房屋建设过程中进行的建筑安装工程，有的采用出包方式，有的采用自营方式，采用出包方式的企业，其建筑安装工程费用，应根据承包企业提出的"工程价款结算单"所列工程价款，结算出包工程款，记入"开发成本——房屋开发"账户的"建筑安装工程费"成本项目。采用自营方式的企业，即房地产开发企业组织自有的工程队进行施工，发生的建筑安装工程费一般可直接记入"开发成本——房屋开发"账户，但应是实际发生数，不得按预算价格或预提费用入账。如果企业自行施工的工程比较大，可以设"合同履约成本——工程施工"和"施工间接费用"两个账户。核算和归集发生的建筑安装工程费，定期结转到"开发成本——房屋开发"账户的"建筑安装工程费"成本项目。

　　房屋开发成本中的配套设施费用是指不能有偿转让的开发小区内公共配套设施发生的支出。其会计处理方法为：

　　第一，配套设施与商品房同步建设，发生的公共配套设施费能分清受益对象的，应直接记入"开发成本——房屋开发"账户的"公共配套设施费"成本项目；如果发生的配套设施费不能分清受益对象，则应先在"开发成本——配套设施开发"账户的借方归集，待公共配套设施竣工时，再从其贷方分配结转记入"开发成本——房屋开发"账户的借方。

　　第二，若公共配套设施与商品房非同步建设，即商品房已建成出售而配套设施尚在建设之中，未全部完成，为及时结转已完工商品房成本，对应负担的配套设施费，按规定报批后可采用预提方法，预先计入商品房成本。待公共配套设施完工后，按配套设施工程的实际支出数，冲销已预提的配套设施费，并调整有关成本核算对象的成本。

📝 知识扩展6-6

开发产品预提配套设施费的计算，一般可按下列公式进行：

$$某项开发产品预提配套设施费＝该项开发产品预算成本×配套设施费预提率$$

房屋开发项目应负担的开发间接费用，平时通过"开发间接费用"账户归集，期末分配结转记入"开发成本——房屋开发"账户的"开发间接费用"成本项目。

结转开发完工商品房等开发产品成本时，贷记"开发成本——房屋开发"账户，借记"开发产品——房屋"账户。期末"开发成本——房屋开发"账户的余额，表示正在开发的房屋的成本。

【例6-7】龙腾房地产开发公司为增值税一般纳税人，适用增值税税率为9%。公司将比克花园开发小区中的一幢商品住宅工程以包工包料方式出包给武汉市第二建设公司，工程已全部完工。武汉市第二建筑公司提交"工程价款结算单"，工程价款共计 9 810 000元，取得增值税专用发票注明价款 9 000 000 元，增值税税额为 810 000 元，已预付6 000 000 元。经审查同意，支付余款。作以下会计处理：

借：开发成本——房屋开发　　　　　　　　　　　　　　　　9 000 000
　　应交税费——应交增值税（进项税额）　　　　　　　　　　810 000
　　贷：银行存款　　　　　　　　　　　　　　　　　　　　3 810 000
　　　　预付账款　　　　　　　　　　　　　　　　　　　　6 000 000

【例6-8】比克花园开发小区中的公共配套设施工程开工建设，用银行存款支付配套设施费，取得增值税专用发票注明价款 200 000 元，增值税税额为 18 000 元。作以下会计处理：

借：开发成本——房屋开发　　　　　　　　　　　　　　　　　200 000
　　应交税费——应交增值税（进项税额）　　　　　　　　　　　18 000
　　贷：银行存款　　　　　　　　　　　　　　　　　　　　　218 000

【例6-9】期末分配结转该商品住宅开发工程应负担的开发间接费用13 000 元。根据费用分配凭证，作以下会计处理：

借：开发成本——房屋开发　　　　　　　　　　　　　　　　　13 000
　　贷：开发间接费用　　　　　　　　　　　　　　　　　　　13 000

【例6-10】结转完工商品住宅开发实际成本 9 933 000 元（见表6-1）。作以下会计处理：

借：开发产品——房屋　　　　　　　　　　　　　　　　　　9 933 000
　　贷：开发成本——房屋开发　　　　　　　　　　　　　　9 933 000

（四）代建工程开发成本的核算

代建工程开发成本是指开发企业接受有关单位的委托，代为开发建设的工程，或参加委托单位招标，经过投标中标后承建的开发项目所发生的费用支出。其具体内容包括土地开发、房屋开发、市政工程开发（城市道路、基础设施、园林绿化、旅游风景区开发）等开发项目支出。

开发企业接受委托代为开发的建设场地和房屋，其建设内容和特点与企业的土地开发和房屋开发基本相同，因此其开发费用可比照土地开发和房屋开发的核算方法，分别在"开发成本——土地开发"和"开发成本——房屋开发"两个明细账户内核算，待开发工程完工并验收合格时，转入"开发产品——代建工程"账户。

其他代建工程开发项目，应在"开发成本——代建工程开发"账户核算。发生各项开发直接费用时，记入该账户的借方和各有关账户的贷方；期末分配结转开发间接费用时，记入该账户的借方和"开发间接费用"账户的贷方；代建开发工程竣工验收合格后，结转其开发成本，借记"开发产品——代建工程"账户，贷记"开发成本——代建工程开发"账户。期末"开发成本——代建工程开发"账户的余额，表示正在开发的代建工程的成本。

【例 6-11】明达房地产开发公司接受市政建设指挥部委托，代为建设木兰山风景区，发生以下经济业务：用银行存款支付土地征用及拆迁补偿费 4 000 000 元，前期工程费为 350 000 元，基础设施费为 450 000 元，结算应付建筑安装工程费 9 000 000 元，应负担的开发间接费用为 100 000 元。假设不考虑增值税影响，根据有关费用支出凭证，作以下会计处理：

（1）用银行存款支付拆迁补偿费等：

借：开发成本——代建工程开发　　　　　　　　　　　4 800 000
　　贷：银行存款　　　　　　　　　　　　　　　　　　4 800 000

（2）结转应付建筑安装工程费：

借：开发成本——代建工程开发　　　　　　　　　　　9 000 000
　　贷：应付账款　　　　　　　　　　　　　　　　　　9 000 000

（3）分配结转开发间接费用：

借：开发成本——代建工程开发　　　　　　　　　　　　100 000
　　贷：开发间接费用　　　　　　　　　　　　　　　　　100 000

【例 6-12】明达房地产开发公司开发建设的木兰山风景区完工，验收合格，结转其实际成本 13 900 000 元。作以下会计处理：

借：开发产品——代建工程　　　　　　　　　　　　13 900 000
　　贷：开发成本——代建工程开发　　　　　　　　　　13 900 000

第三节　房地产开发企业开发产品的核算

开发产品是指企业已经完成全部开发过程，并已验收合格，符合设计标准，可以按照合同规定的条件移交给购货单位，或者可以作为商品对外销售的产品，包括土地、房屋、配套设施和代建工程等。

一、开发产品增加的核算

企业开发的产品应于竣工验收时，借记"开发产品"账户，贷记"开发成本"账户。

【例6-13】永达房地产开发公司根据其开发的住宅楼验收交接凭证，结转住宅楼开发实际成本7 000 000元。作以下会计处理：

借：开发产品　　　　　　　　　　　　　　　　　　　　　　　7 000 000
　　贷：开发成本　　　　　　　　　　　　　　　　　　　　　　　7 000 000

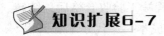

知识扩展6-7

"开发产品"账户为资产类账户，用以核算企业已完工开发产品的实际成本。该账户借方登记已竣工验收的开发产品的实际成本，贷方登记月末结转的已销售、转让或结算的开发产品的实际成本，期末余额为尚未转让、销售和结算的开发产品的实际成本。本账户应按企业开发产品的种类，如土地、房屋、配套设施和代建工程等，设置明细账户，并在明细账户下按成本核算对象设置账页，进行明细核算。

二、开发产品减少的核算

房地产企业出售、转让或出租开发产品，都会造成开发产品的减少，企业应区分不同情况及时进行开发产品结转的会计处理。

企业有偿转让或出售开发产品，应于每月终了，结转对外转让、销售和结算开发产品的实际成本。结转时，借记"主营业务成本"账户，贷记"开发产品"账户。

企业如果采用分期收款结算的方式销售开发产品，在将开发产品移交给使用单位或办妥分期收款销售合同时，应将分期收款开发产品的实际成本自"开发产品"账户转入"分期收款开发产品"账户，借记"分期收款开发产品"账户，贷记"开发产品"账户。

若企业将开发的土地和房屋用于出租或将开发的房屋用于安置拆迁居民，以供其周转使用，则应于签订合同、协议和移交使用时，将该土地和房屋的实际成本，自"开发产品"账户转入"投资性房地产"和"周转房"账户，借记"投资性房地产"或"周转房"账户，贷记"开发产品"账户。

企业将开发的营业性配套设施作为本企业从事第三产业的用房，应视同自用固定资产进行处理，并应将营业性配套设施的实际成本自"开发产品"账户转入"固定资产"账户，借记"固定资产"账户，贷记"开发产品——配套设施"账户。

企业将开发的房屋用于安置拆迁户，应按实际安置面积进行实物量管理和结转。对于已经交付使用或办理销售和结转手续，而产权尚未移交出去的开发产品，如商品房和配套设施等，由企业设置"代管房产备查簿"进行实物管理。企业不得将这部分财产入账，也不得计提折旧和摊销。企业在代管房产过程中取得的收入和发生的各项支出，应作为其他业务收支处理，不在"开发产品"账户核算。

【例6-14】永达房地产开发公司结转销售住宅楼实际成本7 500 000元。作以下会计处理：

借：主营业务成本　　　　　　　　　　　　　　　　　　　　7 500 000
　　贷：开发产品　　　　　　　　　　　　　　　　　　　　　　7 500 000

【例6-15】永达房地产开发公司将一套公寓采用分期收款的方式销售，已办妥分期收款销售合同，该公寓实际成本为250 000元。作以下会计处理：

借：分期收款开发产品　　　　　　　　　　　　　　　　　　　250 000
　　贷：开发产品　　　　　　　　　　　　　　　　　　　　　　　250 000

【例6-16】永达房地产开发公司将自行开发的一幢写字楼出租给甲公司，实际成本为2 600 000元。该公司投资性房地产采用成本模式计量。作以下会计处理：

借：投资性房地产　　　　　　　　　　　　　　　　　　　　2 600 000
　　贷：开发产品　　　　　　　　　　　　　　　　　　　　　　2 600 000

【例6-17】永达房地产开发公司将开发的一幢房屋用于安置拆迁居民，实际成本为6 000 000元。作以下会计处理：

借：周转房　　　　　　　　　　　　　　　　　　　　　　　6 000 000
　　贷：开发产品　　　　　　　　　　　　　　　　　　　　　　6 000 000

【例6-18】永达房地产开发公司将开发建设的作为营业性配套设施的商店用作本企业第三产业的经营用房，实际成本为610 000元。作以下会计处理：

借：固定资产　　　　　　　　　　　　　　　　　　　　　　　610 000
　　贷：开发产品　　　　　　　　　　　　　　　　　　　　　　　610 000

第四节　出租开发产品和周转房的核算

一、出租开发产品的核算

出租开发产品是指房地产开发企业开发完成、用于出租经营的土地和房屋。按照《企业会计准则》规定出租经营的开发产品，应作为投资性房地产核算。投资性房地产后续计量有成本和公允价值两种模式，房地产开发企业通常采用成本模式计量。

为了核算出租开发产品的使用、折旧（摊销）及其增减变动情况，企业应当设置"投资性房地产""投资性房地产累计折旧（摊销）""其他业务收入""其他业务成本"等科目进行核算。投资性房地产作为企业主营业务的，应当设置"主营业务收入"和"主营业务成本"科目核算相关的损益。

企业采用成本模式计量的投资性房地产发生减值的，还应当设置"投资性房地产减值准备"科目进行核算。

（一） 出租开发产品增加的核算

企业开发建成用于出租的土地和房屋，应在其竣工后，借记"开发产品"账户，贷记"开发成本"账户。签订出租合同、协议后，按出租土地和房屋的实际成本，借记"投资性房地产"账户，贷记"开发产品——土地（或房屋）"账户。

【例6-19】安宝房地产开发公司为增值税一般纳税人，适用增值税税率为9%。公司将开发竣工后的太子花园小区5号楼出租给佳能公司，该房屋的总成本为4 800 000元，完工后次月投入出租经营之用。作以下会计处理：

借：开发产品——房屋　　　　　　　　　　　　　　　　　4 800 000
　　贷：开发成本——房屋开发　　　　　　　　　　　　　　　　4 800 000
同时：
借：投资性房地产　　　　　　　　　　　　　　　　　　　4 800 000
　　贷：开发产品——房屋　　　　　　　　　　　　　　　　　　4 800 000

（二） 出租开发产品计提折旧（摊销）的核算

出租房屋随着使用及自然力的侵蚀，会逐渐发生损耗而减少其价值。对于这部分损耗价值，房地产开发企业应根据固定资产或无形资产的有关规定，按期（月）对出租产品进行计提折旧或进行摊销（参照工业企业固定资产的折旧计算方法中平均年限折旧法的计算），按期计入出租产品经营成本，借记"其他业务成本——出租产品经营成本"等账户，贷记"投资性房地产累计折旧（摊销）"账户。

出租开发产品各期的折旧额，可根据下列公式计算确定：

$$出租开发产品年折旧率 = \frac{1-预计残值占原值的比率}{出租开发产品的设计使用年限} \times 100\%$$

$$月折旧率 = 年折旧率 \div 12$$

$$出租开发产品月折旧额 = 应计折旧的出租开发产品原值 \times 月折旧率$$

【例6-20】承例6-19，安宝房地产开发公司出租的太子花园小区5号楼，折旧期限为40年，假设月折旧率为0.3%，按月计提折旧额。作以下会计处理：

借：其他业务成本——出租产品经营成本　　　　　　　　　14 400
　　贷：投资性房地产累计折旧　　　　　（4 800 000×0.3%）14 400

（三） 出租开发产品修理的核算

出租开发产品在租赁期间发生的日常维护修理费用，不满足投资性房地产确认条件的，应当在发生时计入当期损益，作为出租开发产品经营支出的内容，直接计入出租产品经营成本，借记"其他业务成本——出租产品经营成本"等账户，贷记"银行存款""应付职工薪酬"等账户。房地产开发企业的出租产品改变用途，作为商品房对外销售而发生的修理支出，应列为销售费用，不得作为其他业务成本列支。

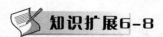 **知识扩展6-8**

企业为了提高投资性房地产的使用效能，往往需要对投资性房地产进行改建、扩建而

使其更加坚固耐用，或者通过装修而改善其室内装潢，改扩建或装修支出满足投资性房地产确认条件的，应当将其资本化。

采用成本模式计量的，投资性房地产进入改扩建或装修阶段后，应当将其账面价值转入改扩建工程，借记"投资性房地产——在建""投资性房地产累计折旧"等科目，贷记"投资性房地产"科目。发生资本化的改良或装修支出，通过"投资性房地产——在建"科目归集，借记"投资性房地产——在建"科目，贷记"银行存款""应付账款"等科目。改扩建或装修完成后，借记"投资性房地产"科目，贷记"投资性房地产——在建"科目。

企业对某项投资性房地产进行改扩建等再开发，且将来仍作为投资性房地产的，在开发期间应继续将其作为投资性房地产，开发期间不计提折旧或摊销。

【例6-21】安宝房地产开发公司在其出租的太子花园小区5号楼出租2年后，委托某建筑公司（小规模纳税人）对该房屋进行修理，发生修理费10 000元（不满足投资性房地产确认条件），取得增值税普通发票。作以下会计处理：

借：其他业务成本——出租产品经营成本　　　　　　　　　　　　10 000
　　贷：银行存款　　　　　　　　　　　　　　　　　　　　　　　　10 000

（四）出租开发产品改变用途对外销售的核算

房地产开发企业的出租开发产品改变用途，企业出售、转让采用成本模式计量的投资性房地产，应当按照实际收到的金额，借记"银行存款"等科目，贷记"主营业务收入"科目；按照该项资产的账面价值，借记"主营业务成本"科目，按照该项资产的累计折旧或摊销，借记"投资性房地产累计折旧"或"投资性房地产累计摊销"科目；已计提减值准备的，还应同时结转减值准备，借记"投资性房地产减值准备"科目。

【例6-22】承例6-19和例6-20，安宝房地产开发公司在将太子花园小区5号楼出租使用五年后，改变用途对外销售，收取价款9 500 000元，该房屋累计折旧额为864 000元（14 400×12×5），原值为4 800 000元，假设不考虑相关税费。作以下会计处理：

借：银行存款　　　　　　　　　　　　　　　　　　　　　　　9 500 000
　　贷：主营业务收入　　　　　　　　　　　　　　　　　　　　　9 500 000
借：主营业务成本　　　　　　　　　　　　　　　　　　　　　　3 936 000
　　投资性房地产累计折旧　　　　　　　　　　　　　　　　　　　864 000
　　贷：投资性房地产　　　　　　　　　　　　　　　　　　　　　4 800 000

二、周转房的核算

房地产开发企业的周转房是指用于安置拆迁居民，以供其周转使用，产权归企业所有的各种房屋。其包括：①在开发过程中已明确其为用于安置拆迁居民的房屋；②搭建的用于安置拆迁居民，以供其周转使用的临时性简易房屋；③开发的商品房中在销售前用于安置拆迁居民的房屋。

为了核算周转房的使用、摊销及其增减变动情况，企业应设置"周转房"账户，并在其下设置"在用周转房"和"周转房摊销"两个二级账户，用以核算在用周转房的使用情况。同时，应根据周转房的使用情况，按周转房的幢号（或楼层、房间号）进行明细分类核算，并建立"周转房卡片"，详细记录周转房的坐落地点、结构、层次、面积、租金单价、安置居民姓名等情况。

（一）周转房增加的核算

企业开发建成的周转房，应在其竣工后，借记"开发产品"账户，贷记"开发成本"账户。明确作为周转房后，按其实际成本，借记"周转房——在用周转房"账户，贷记"开发产品"账户。

【例6-23】荣恒房地产开发公司为增值税一般纳税人，适用增值税税率为9%。公司为安置毛湖小区的动迁居民，将其建造的5号楼作为周转房，实际成本为6 000 000元。根据房屋交付使用等凭证，作以下会计处理：

借：开发产品——房屋 6 000 000
　　贷：开发成本——房屋开发 6 000 000
借：周转房——在用周转房 6 000 000
　　贷：开发产品——房屋 6 000 000

（二）周转房摊销的核算

周转房随着使用及自然力的侵蚀，会逐渐发生损耗而减少其价值，因此应根据周转房的使用年限按月摊销其损耗价值。这部分损耗价值应作为开发期间的费用，计入土地、房屋的开发成本。周转房摊销额的基本计算公式如下：

$$周转房月摊销率=\frac{1-估计净残值率}{摊销年限\times12}$$

$$周转房月摊销额=周转房账面原值\times周转房月摊销率$$

周转房损耗价值的摊销额，应在"周转房——周转房摊销"账户核算。每月计提的周转房摊销额，能确定其由某项土地或房屋开发项目负担的，应计入该土地或房屋的开发成本，借记"开发成本——土地开发"或"开发成本——房屋开发"账户，贷记"周转房——周转房摊销"账户；不能确定由某项土地或房屋开发项目负担的，应记入"开发间接费用"账户的借方和"周转房——周转房摊销"账户的贷方。

📝 知识扩展6-9

周转房摊销年限可比照企业同类结构房屋的折旧年限预计，净残值率一般可按周转房原值的3%~5%预计。

【例6-24】承例6-23，2023年8月30日，荣恒房地产开发公司预提5号楼周转房的摊销额10 000元。作以下会计处理：

借：开发间接费用（或开发成本） 10 000
　　贷：周转房——周转房摊销 10 000

（三）周转房修理费用的核算

由于周转房是为了安置因开发项目等建筑产品的开发建设而动迁的居民，是直接服务于某项开发项目的，因此周转房在使用过程中发生的修理费用，应作为有关开发项目的成本，按其实际发生的成本，借记"开发成本""开发间接费用"账户，贷记"银行存款""应付职工薪酬"等账户。

【例6-25】5号楼周转房发生修理费用65 400元，取得增值税专用发票注明价款60 000元，增值税税额为5 400元，以银行存款支付费用。作以下会计处理：

借：开发间接费用（或开发成本）　　　　　　　　　　　　　　　　　60 000
　　应交税费——应交增值税（进项税额）　　　　　　　　　　　　　 5 400
　　贷：银行存款　　　　　　　　　　　　　　　　　　　　　　　　　65 400

（四）周转房改变用途对外销售的核算

与固定资产出售核算不同，改变用途对外销售的周转房，应视作开发产品对外销售处理。在销售成立时，借记"银行存款"或"应收账款"账户，贷记"主营业务收入"账户；同时，按其摊余价值，借记"主营业务成本"账户，按其已提累计摊销额，借记"周转房——周转房摊销"账户，按其原值，贷记"周转房——在用周转房"账户。

【例6-26】承例6-24，5号楼周转房使用20个月后，公司将其作为商品房对外销售，取得房款7 630 000元存入银行，已开具增值税专用发票。发票注明价款7 000 000元，增值税税额为630 000元，该周转房累计摊销额为200 000元（10 000×20）。根据有关凭证，作以下会计处理：

（1）根据售房结算账单和银行结算凭证：

借：银行存款　　　　　　　　　　　　　　　　　　　　　　　　7 630 000
　　贷：主营业务收入　　　　　　　　　　　　　　　　　　　　　7 000 000
　　　　应交税费——应交增值税（销项税额）　　　　　　　　　　 630 000

（2）根据"周转房"有关明细记录：

借：主营业务成本　　　　　　　　　　　　　　　　　　　　　　5 800 000
　　周转房——周转房摊销　　　　　　　　　　　　　　　　　　　 200 000
　　贷：周转房——在用周转房　　　　　　　　　　　　　　　　　6 000 000

第五节　营业收入的核算

房地产开发的营业收入包括主营业务收入和其他业务收入。主营业务收入主要是指企业在土地开发、房屋开发、配套设施开发以及代建工程等主要开发经营过程中实现的土地转让收入、商品房销售收入、配套设施销售收入、代建工程结算收入、出租开发产品租金收入等；其他业务收入主要是指房地产开发企业通过主营业务以外的其他业务实现的收入，主要包括商品房售后服务收入、材料销售收入、无形资产转让收入、固定资产出租收入、其他多种经营收入等。

营业收入的实现必须同时具备以下两个基本条件：一是开发产品已经发出或劳务已经提供；二是价款已经收到或者取得收取价款的凭据。

营业收入确认的基本条件：①企业已将商品所有权上的主要风险和报酬转移给买方；②企业既没有保留通常与所有权相联系的继续管理权，也没有对已售出的商品实施控制；③与交易相关的经济利益能够流入企业；④相关的收入和成本能够可靠地计量。

房地产开发企业营业收入的确认，除满足上述两个基本条件以外，还应根据以下具体内容予以确认（即营业收入确认的具体条件）：①企业开发完成的土地、商品房在办理移交后，将结算账单提交给买方得到认可时，确认营业收入的实现。满足下列条件之一的，属于在某一时段内履行履约义务，房地产企业可以按照履约进度分期确认收入：一是客户在企业履约的同时即取得并消耗企业履约所带来的经济利益，二是客户能够控制企业履约过程中在建的商品，三是企业履约过程中所产出的商品具有不可替代用途，且该企业在整个合同期间内有权就累计至今已完成的履约部分收取款项。②企业接受其他单位委托代建的房屋和工程，应在房屋和工程竣工验收，办理财产交接手续，并已将代建的房屋和工程的工程价款结算账单提交给委托单位时，确认营业收入的实现。③企业采用赊销、分期收款方式销售开发产品的，应按合同规定的本期应收价款，分次结转确认营业收入的实现。④企业出租开发产品，应在出租合同或协议规定日期收取租金后，确认营业收入的实现。合同或协议规定的收款日期已到，租方未付租金，仍应确认营业收入的实现。⑤企业采取预收款方式销售的开发产品，应在开发商品或产品已提交给买方或劳务已经提供后确认营业收入的实现。企业向购房单位和个人收取的购房定金或购房款及开发建设资金，属于预收款项，因为不能确定开发产品合同的完成程度，在会计上不能确认营业收入的实现。⑥房地产企业采用交款提货销售方式的，若货款已收到、发票账单已提交给买方，则无论商品、产品是否发出，均作为营业收入的实现。

房地产开发企业的营业收入，均按规定的时间，按实际发生的金额予以计量。在销售过程中发生的销货退回、折扣与折让，均冲减当期的主营业务收入。

一、主营业务收入的核算

为了反映对外转让、销售、结算和出租开发产品等取得的收入的核算，企业应设置"主营业务收入"账户，该账户应按主营业务收入的种类，设置"土地转让收入""商品房销售收入""配套设施销售收入""代建工程结算收入""出租开发产品租金收入"等明细账户。企业按照签订的销售合同结算开发产品价款时，借记"银行存款""应收账款"等账户，贷记"主营业务收入""应交税费——应交增值税（销项税额）"等账户。

根据主营业务收入应与其相关的成本、费用配比的原则，开发企业在将各期实现的主营业务收入入账时，应同时将其相关的主营业务成本结转入账，借记"主营业务成本"账户，贷记"开发产品""周转房"等账户。

知识扩展6-10

　　房地产开发企业预售商品房的，必须按照国家法律、法规的规定取得"商品房预售许可证"后，方可上市交易。预售商品房所取得的价款，只能用于相关的工程建设并作为企业预收账款管理，商品房竣工验收办理移交手续后，再将预收账款转为营业收入。房地产开发企业的预收款为不动产交付业主之前所收到的款项，包括定金、分期取得的预收款（含首付款、按揭款和尾款），但不含签订房地产销售合同之前所收取的诚意金、认筹金和定金等。房地产开发企业采取预收款方式销售自行开发的房地产项目，应在收到预收款时，按照3%的预征率预缴增值税。

　　【例6-27】红日房地产开发公司为增值税一般纳税人，本月销售自行开发的清风花园小区楼盘，适用一般计税方法，增值税税率为9%（土地系2018年6月以前取得）。本月有关销售楼盘的业务如下：

　　（1）采用预收款方式销售商品房，预收房款4 905 000元存入银行；

　　（2）采用现款交易方式销售已办理入住的商品房，取得房款6 758 000元存入银行，已开具增值税专用发票，发票注明价款6 200 000元，增值税税额为558 000元，该商品房实际成本为5 850 000元；

　　（3）开发清风花园小区项目支付土地出让金3 300 000元，可供出售建筑面积为6 000平方米，本月销售建筑面积2 000平方米。

　　相关会计处理如下：

　　（1）预收款方式销售：

借：银行存款　　　　　　　　　　　　　　　　　　　　　　　　　4 905 000
　贷：合同负债　　　　　　　　　　　　　　　　　　　　　　　　4 905 000

　　　　　　本月预交增值税＝4 905 000÷（1+9%）×3%＝135 000（元）

借：应交税费——预交增值税　　　　　　　　　　　　　　　　　　135 000
　贷：银行存款　　　　　　　　　　　　　　　　　　　　　　　　135 000

月末转出预交增值税时：

借：应交税费——未交增值税　　　　　　　　　　　　　　　　　　135 000
　贷：应交税费——预交增值税　　　　　　　　　　　　　　　　　135 000

　　（2）现款交易方式销售时：

借：银行存款　　　　　　　　　　　　　　　　　　　　　　　　　6 758 000
　贷：主营业务收入——商品房销售收入　　　　　　　　　　　　　6 200 000
　　　应交税费——应交增值税（销项税额）　　　　　　　　　　　　558 000

借：主营业务成本　　　　　　　　　　　　　　　　　　　　　　　5 850 000
　贷：开发产品——房屋　　　　　　　　　　　　　　　　　　　　5 850 000

　　（3）计算可扣除的土地价款冲减的销项税额：

本月允许扣除的土地价款=(本月销售建筑面积÷可供销售建筑面积)×支付的土地价款

=(2 000÷6 000)×3 300 000=1 100 000（元）

本月可扣除的土地价款冲减的销项税额=1 100 000÷(1+9%)×9%＝90 825.69（元）

　借：应交税费——应交增值税（销项税额抵减）　　　　　　　　　90 825.69

　　　贷：主营业务成本　　　　　　　　　　　　　　　　　　　　　　90 825.69

【例6-28】红日房地产开发公司出租写字楼一栋，本月收到租金 697 600 元，已存入银行，开具增值税专用发票，发票注明价款 640 000 元，增值税税额为 57 600 元，同时计提月折旧额 350 000 元。作以下会计处理：

　借：银行存款　　　　　　　　　　　　　　　　　　　　　　　697 600

　　　贷：主营业务收入——出租开发产品租金收入　　　　　　　　640 000

　　　　　应交税费——应交增值税（销项税额）　　　　　　　　　 57 600

　借：主营业务成本　　　　　　　　　　　　　　　　　　　　　350 000

　　　贷：投资性房地产累计折旧　　　　　　　　　　　　　　　　350 000

【例6-29】某房地产开发企业将开发完成的一栋写字楼出租给某单位使用。写字楼的实际成本为 5 000 000 元，租赁合同规定年含税租金额为 1 362 500 元，年末收到租金时开具增值税发票，适用税率为 9%，每年计提折旧额 500 000 元。三年后，将该写字楼对外转让，转让价格为 4 000 000 元，款项收妥入账。应编制以下会计分录：

（1）将写字楼出租给某单位时：

　借：投资性房地产　　　　　　　　　　　　　　　　　　　　　5 000 000

　　　贷：开发产品——房屋　　　　　　　　　　　　　　　　　　5 000 000

（2）年末收取租金时：

　借：银行存款　　　　　　　　　　　　　　　　　　　　　　　1 362 500

　　　贷：其他业务收入——出租产品租金收入　　（1 362 500-112 500）1 250 000

　　　　　应交税费——应交增值税（销项税额）　（1 362 500÷1.09×9%）112 500

（3）每年计提写字楼折旧额：

　借：其他业务成本——出租产品经营成本　　　　　　　　　　　　500 000

　　　贷：投资性房地产累计折旧　　　　　　　　　　　　　　　　500 000

（4）三年后，写字楼对外销售转让时：

　借：银行存款　　　　　　　　　　　　　　　　　　　　　　　4 360 000

　　　贷：其他业务收入——商品房销售收入　　　　　　　　　　　4 000 000

　　　　　应交税费——应交增值税（销项税额）　（4 000 000×9%）360 000

结转销售成本：

写字楼的摊余价值=5 000 000-500 000×3=3 500 000（元）

　借：其他业务成本——商品房销售成本　　　　　　　　　　　　3 500 000

　　　投资性房地产累计折旧　　　　　　　　　　　　　　　　　1 500 000

　　　贷：投资性房地产　　　　　　　　　　　　　　　　　　　5 000 000

企业期末将本期实现的其他业务收入结转到"本年利润"账户，借记"其他业务收入"账户，贷记"本年利润"账户。

二、其他业务收入的核算

为了反映其他业务收入的核算，企业应设置"其他业务收入"账户。该账户贷方登记取得的各项其他业务收入，借方登记期末转入"本年利润"账户的金额，结转后本账户应无余额。本账户可按商品房售后服务收入、材料销售收入、无形资产转让收入、固定资产出租收入等其他业务收入的种类设置明细账，进行明细分类核算。

根据收入与费用配比的原则，开发企业在将各期实现的其他业务收入入账时，应同时将其相关成本结转入账，借记"其他业务成本"账户，贷记有关账户。

【例6-30】红日房地产开发公司附设的物业管理处对已建成售出的某商品楼提供售后服务。该物业管理处本月收取治安管理费、卫生清洁费、大楼管理费等费用共计50 000元，并发生以下各项物业管理费用：职工工资20 000元，职工福利2 800元，领用材料费5 000元，现金支付其他费用1 200元。假设不考虑增值税，根据有关凭证，作以下会计处理：

借：银行存款	50 000
贷：其他业务收入——商品房售后服务收入	50 000
借：其他业务成本——商品房售后服务支出	29 000
贷：应付职工薪酬	22 800
原材料	5 000
库存现金	1 200

【例6-31】某房地产开发企业所属商品房售后服务队，本月取得服务收入109 000元（含税），适用税率为9%，并发生相应的服务支出，支付服务人员的工资22 800元，银行支付其他费用50 000元。编制的会计分录如下：

（1）取得服务收入时：

借：银行存款		109 000
贷：其他业务收入——商品房售后服务收入	（109 000-9 000）	100 000
应交税费——应交增值税（销项税额）	（109 000÷1.09×9%）	9 000

（2）发生各项费用支出时：

借：其他业务成本——商品房售后服务支出	72 800
贷：应付职工薪酬	22 800
银行存款	50 000

 **知识扩展6-11**

《企业会计制度——会计科目和会计报表》总说明第三条规定："对于会计科目名称，企业可以根据本企业的具体情况，在不违背会计科目使用原则的基础上，确定适合于本企业的会计科目名称。"因此，大部分房地产企业在实行新会计制度后，其成本、收入的有

关科目仍沿用原会计科目名称。

本章小结

房地产开发企业的开发成本，按其开发项目种类可分为土地开发成本、房屋开发成本、配套设施开发成本和代建工程开发成本。在核算上又将各类开发成本的费用分为土地征用及拆迁补偿费、前期工程费、建筑安装工程费、基础设施费、公共配套设施费、开发间接费用六个成本项目。费用发生时能分清成本核算对象的，直接计入其开发成本；费用发生时不能分清成本核算对象，或应由两个或两个以上成本核算对象负担的，应先通过有关账户进行归集，再采用一定的方法分配结转。完工工程通过"开发产品"账户核算。对于周转使用的产品，应增设"周转房"账户核算。开发企业在将各期实现的主营业务收入入账时，应遵循与其相关的成本、费用配比的原则，将与其相关的主营业务成本结转入账。

思考与练习

一、单项选择题

1. 房地产开发前的规划设计费应列为（   ）。

A. 管理费用   B. 前期工程费

C. 基础设施费   D. 开发间接费用

2. 以下属于房地产开发企业主要业务的是（   ）。

A. 物业管理   B. 房地产中介服务

C. 土地的开发与经营   D. 地质勘察

3. 房地产企业下属二级管理机构直接组织和管理开发项目所发生的折旧费、水电费、修理费等属于开发产品成本中的（   ）。

A. 直接费用   B. 开发间接费用

C. 期间费用   D. 管理费用

4. 房地产开发企业开发小区内供水、供电、供气支出属于（   ）。

A. 前期工程费   B. 建筑安装工程费

C. 基础设施费   D. 公共配套设施费

5. 开发成本中的公共配套设施费包括开发项目内的（   ）设施支出。

A. 照明   B. 自行车棚   C. 道路   D. 供电

6. 企业开发自用建设场地的费用支出，如果涉及两个及两个以上成本核算对象，则其开发费用支出应先通过（   ）账户归集。

A. 开发成本——土地开发   B. 开发成本——前期工程费

C. 开发间接费用　　　　　　　　　　　D. 施工间接费用

7. 房地产开发企业的开发间接费用一般按下列（　　）标准分配。

A. 施工人员工资　　　　　　　　　　　B. 开发产品的直接成本

C. 开发产品的材料成本　　　　　　　　D. 开发产品的机械使用费

8. 房屋开发前的规划设计费应列为（　　）。

A. 土地征用及拆迁补偿费　　　　　　　B. 前期工程费

C. 基础设施费　　　　　　　　　　　　D. 开发间接费用

9. 房地产开发企业开发的不能有偿转让的配套设施的成本应计入（　　）。

A. 开发间接费用　　　　　　　　　　　B. 各受益开发产品的成本

C. 管理费用　　　　　　　　　　　　　D. 制造费用

10. 配套设施的开发不包括（　　）。

A. 能分清并直接计入某成本核算对象的托儿所、锅炉房等支出

B. 不能直接计入某成本核算对象的托儿所、锅炉房等支出

C. 能有偿转让的开发小区内营业性公共配套设施支出

D. 能有偿转让的开发小区内非营业性配套设施支出

11. 预提不能同步开发的配套设施支出时，应借记（　　）账户。

A. 开发成本——房屋开发　　　　　　　B. 开发成本——配套设施开发

C. 开发成本——土地开发　　　　　　　D. 开发间接费用

12. 代建工程成本核算中一般无须设立的账户是（　　）。

A. 开发成本——商品性土地开发　　　　B. 开发成本——房屋开发

C. 开发成本——配套设施开发　　　　　D. 开发成本——代建工程开发

13. 房地产开发企业采用银行按揭贷款销售方式时，收取的首付款应计入"（　　）"账户贷方。

A. 预收账款　　　B. 主营业务收入　　　C. 应付账款　　　D. 其他应付款

14. 采用分期收款方式销售开发产品时，其成本应（　　）结转。

A. 在合同成立时一次　　　　　　　　　B. 按收款比例

C. 在全部房款收齐后　　　　　　　　　D. 按月

15. 对出租的商品房进行维修，发生的修理费应计入"（　　）"账户。

A. 主营业务成本　　　　　　　　　　　B. 开发成本

C. 开发间接费用　　　　　　　　　　　D. 其他业务成本

16. 房地产开发企业周转房的摊销费一般计入"（　　）"账户。

A. 开发产品　　　　　　　　　　　　　B. 开发间接费用

C. 主营业务成本　　　　　　　　　　　D. 管理费用

17. 房地产开发企业对周转房进行修理，发生的修理费应计入"（　　）"账户。

A. 开发产品　　　　　　　　　　　　　B. 开发间接费用

C. 主营业务成本　　　　　　　　　　　D. 销售费用

二、多项选择题

1. 房地产开发企业开发的房屋包括（　　　）。

A. 商品房　　　　　B. 出租房　　　　　C. 代建房　　　　　D. 周转房

2. 房地产开发企业的经营风险与（　　　）有关。

A. 建设周期长　　　　　　　　　　B. 负债程度高

C. 资金需求量大　　　　　　　　　D. 受政策环境影响大

3. 开发成本中的土地征用及拆迁补偿费包括（　　　）。

A. 耕地占用税　　　　　　　　　　B. 三通一平费

C. 劳动力安置费　　　　　　　　　D. 安置动迁用房支出

4. 开发成本中的土地征用及拆迁补偿费包括（　　　）。

A. 耕地占用税　　　　　　　　　　B. 三通一平费

C. 劳动力安置费　　　　　　　　　D. 安置动迁用房支出

5. 房地产企业开发土地时应设置的成本项目有（　　　）。

A. 土地征用及拆迁补偿费　　　　　B. 前期工程费

C. 基础设施费　　　　　　　　　　D. 开发间接费用

6. 土地开发的目的与用途有（　　　）。

A. 商品性建设场地　　　　　　　　B. 自用建设场地

C. 出租经营用建设场地　　　　　　D. 周转用建设场地

7. 开发成本中的前期工程费包括（　　　）。

A. 土地征用费　　　B. 规划设计费　　　C. 勘察测绘费　　　D. 三通一平费

8. 房屋开发过程中发生的基础设施支出，可能涉及的核算账户包括（　　　）。

A. 开发成本——土地开发　　　　　B. 开发成本——配套设施开发

C. 开发成本——房屋开发　　　　　D. 开发成本——基础设施开发

9. 开发成本中的公共配套设施费包括（　　　）的支出。

A. 居委会　　　　　B. 水塔　　　　　C. 小区内道路　　　　D. 通信设施

10. 开发小区内公共配套设施发生的支出，符合（　　　）条件可以预提方式预先计入商品房成本，待公共配套设施完工后，按其实际成本调整有关成本核算对象的成本。

A. 不能有偿转让　　　　　　　　　B. 与商品房同步建设

C. 经上级主管部门批准　　　　　　D. 与商品房非同步建设

11. 企业在房屋建设过程中进行建筑安装工程施工，若采用自营方式，则其发生的建筑安装工程费可通过"（　　　）"账户进行核算。

A. 开发成本——房屋开发　　　　　B. 合同履约成本——工程施工

C. 施工间接费用　　　　　　　　　D. 开发产品

12. 房地产开发企业开发的商品房成本包括（　　　）。

A. 土地开发成本　　　　　　　　　B. 建筑安装成本

C. 开发间接费用　　　　　　　　　D. 能有偿转让的配套设施费用

13. 在"开发成本——代建工程开发"账户核算的代建工程项目包括（　　　）。

  A. 接受委托代为开发的建设场地　　　　B. 接受委托代为开发的房屋

  C. 代为开发的旅游风景区　　　　　　　　D. 代为开发的城市道路

14. 商品房的销售方式，按照付款方式分为（　　　　）。

  A. 一次性全额收款方式销售　　　　　　　B. 分期收款方式销售

  C. 银行按揭贷款方式销售　　　　　　　　D. 预售方式销售

15. 购房者采用按揭贷款方式购买商品房时，房地产公司商品房销售收入的确认时间为（　　　　）。

  A. 收到首付款时　　　　　　　　　　　　B. 收到全部商品房屋款时

  C. 按揭贷款到账时　　　　　　　　　　　D. 签订销售合同时

16. 采用分期收款方式销售房屋的，在确认收入时可能涉及的会计科目有（　　　　）。

  A. 长期应收款　　　　　　　　　　　　　B. 主营业务收入

  C. 未实现融资收益　　　　　　　　　　　D. 应交税费——应交增值税（销项税额）

17. 房地产开发企业开发产品时为安置拆迁居民而开发的周转房包括（　　　　）。

  A. 开发过程中已明确其为安置拆迁居民使用的房屋

  B. 开发完成后以和其他商品房同样的价格出售给拆迁居民的房屋

  C. 搭建用于安置拆迁居民，供其周转使用的临时性简易房

  D. 开发的商品房在销售前用于安置拆迁居民的房屋

18. 周转房每月计提的摊销额，应借记（　　　　）账户。

  A. 主营业务成本　　　B. 开发成本　　　C. 周转房摊销　　　D. 开发间接费用

三、判断题

1. 商品房开发前发生的规划、设计、可行性研究以及地质勘察等费用属于基础设施费。　　　　　　　　　　　　　　　　　　　　　　　　　　　　　　　　（　　　）

2. 房地产开发成本从建设施工阶段开始归集核算，至工程竣工验收时结束。（　　　）

3. 房地产项目建设施工前所发生的借款利息费用应计入"开发成本——前期工程费"科目。　　　　　　　　　　　　　　　　　　　　　　　　　　　　　　　　　（　　　）

4. 房地产企业所进行的开发项目，既可以自行施工建设，又可以采用发包的形式由其他施工企业完成。　　　　　　　　　　　　　　　　　　　　　　　　　（　　　）

5. 房地产开发企业的成本项目与施工企业基本相同。　　　　　　　　　（　　　）

6. 商品房开发前发生的规划、设计、可行性研究以及水文地质勘察等费用属于基础设施费。　　　　　　　　　　　　　　　　　　　　　　　　　　　　　　　（　　　）

7. 房屋开发项目在开发时，应以单栋房屋为开发成本项目。　　　　　　（　　　）

8. 开发间接费用是指房地产开发企业内部独立核算单位在开发现场为组织与管理开发产品而发生的各项费用。　　　　　　　　　　　　　　　　　　　　　（　　　）

9. 自用土地和公共配套设施均不参与分配开发间接费用。　　　　　　　（　　　）

10. 房地产开发企业的配套设施开发均不计入开发产品成本。　　　　　（　　　）

11. 不能有偿转让的配套设施支出，应全部计入受益开发产品的开发成本。（　　　）

12. 房地产企业对于配套设施与房屋非同步开发的，可预提配套设施费，预提配套设

施费的范围仅仅包括不能有偿转让的公共配套设施。 （　　）

13. 与"开发成本——房屋开发"借方对应的账户可能有"开发成本——土地开发""开发产品——土地""开发成本——配套设施开发""银行存款"等。 （　　）

14. 除土地和房屋以外的其他代建工程的开发支出均在"开发成本——代建工程开发"账户中归集。 （　　）

15. 房地产开发企业的主营业务成本即为已销售的开发产品的开发成本。 （　　）

16. 房地产开发企业预售房地产的收入确认时间是收到客户交来的价款时。 （　　）

17. 商品房销售面积即为其建筑面积。 （　　）

18. 商品房销售按照收款方式分为现售和预售。 （　　）

19. 通过银行按揭贷款方式销售商品房的，应于首次收到定金时确认收入。 （　　）

20. 出租房属于企业的固定资产，应记入"固定资产"科目核算。 （　　）

21. 房地产开发企业用于出租的房屋进行修理时，其修理费用应计入"其他业务成本"。 （　　）

22. 房地产开发企业的出租房取得的租金收入属于主营业务收入。 （　　）

23. 周转房价值的摊销额应构成开发产品的成本，最终计入开发产品成本项目。 （　　）

24. 周转房改变用途对外销售时，应作为固定资产的清理进行核算。 （　　）

四、业务核算题

1. 开发间接费用的核算。宝安房地产公司为增值税一般纳税人，适用增值税税率为9%，本月发生有关开发间接费用的经济业务如下：

（1）应付管理人员工资 15 万元。

（2）开发管理部门使用的固定资产月折旧额 4.5 万元。

（3）用银行存款支付以下费用：电费 20 万元，增值税 2.6 万元；设备修理费 2 万元，增值税 0.26 万元；办公费用 0.5 万元。

（4）本月在开发的各项产品实际发生的直接成本如表 6-2 所示。

表 6-2　宝安房地产公司本月各开发产品实际发生的直接成本　　　　单位：元

指标名称	开发产品名称						
	1 区商品房	2 区商品房	出租房	周转房	公共配套设施	自用土地	商品性土地
直接成本	3 000 000	1 500 000	800 000	500 000	1 700 000	1 300 000	1 200 000

要求：

（1）计算各开发产品应分配的开发间接费用。

（2）根据各项经济业务编制相应的会计分录。

2. 土地开发成本的核算。光华房地产公司为增值税一般纳税人，适用增值税税率为9%，公司目前的土地开发项目分商品性土地和自用土地，其中，商品性土地面积为 4 000平方米，自用土地面积为 6 000 平方米。土地开发支出按用地面积进行分配。本月共发生下列与土地开发相关的经济业务。

（1）用银行存款支付征地拆迁补偿费 600 万元。

（2）应付大宇公司前期工程款 900 万元、增值税税额 54 万元。

（3）用银行存款支付基础设施工程款 1 000 万元、增值税税额 90 万元。

（4）分配本月发生的开发间接费用，商品性土地应分配的开发间接费用 6 万元。

（5）商品性土地和自用土地开发完成并已验收，结转商品性土地开发成本。

（6）根据规划设计要求，自用土地用于建造以下项目：3 000 平方米商品房、2 000 平方米出租房、1 000 平方米周转房。结转自用土地开发成本。

要求：根据各项经济业务编制相应的会计分录。

3. 配套设施、房屋开发成本的核算。春光房地产公司开发滨江小区，规划建设商品住宅 40 000 平方米，商店 500 平方米，车棚 500 平方米，其中商店建好后将有偿转让，车棚不可转让。该小区发生的土地征用及拆迁补偿费、前期工程费、基础设施费按各项开发产品的建筑面积进行分配。在开发过程中，发生以下经济业务：

（1）土地开发阶段用银行存款支付土地征用及拆迁补偿费 3 500 万元，前期工程费 200 万元，基础设施费 1 500 万元。

（2）土地开发完工，结转其开发成本。

（3）将商品房的建筑安装工程发包给 E 公司施工，工程款共计 6 000 万元，增值税税额为 540 万元，工程完工验收后用银行存款支付工程款。

（4）用银行存款支付各项开发间接费用 90 万元。

（5）按占地面积计算分配开发间接费用。

（6）车棚完工，结算应付 E 公司工程价款 17 万元，增值税税额为 1.53 万元。

（7）按占地面积计算分配商品房和商店各自应负担的车棚开发成本。

（8）商品房竣工，结转商品房的开发成本。

（9）商店完工，支付工程价款 150 万元，增值税税额为 13.5 万元。

（10）结转商店开发成本。

要求：根据各项经济业务编制相应的会计分录。

4. 房地产企业代建工程的核算。佳丽房地产企业接受乙单位委托，代为建设办公楼，发生下列经济业务：

（1）用银行存款支付土地征用及拆迁补偿费 500 万元。

（2）用银行存款支付前期工程费 100 万元、增值税税额 6 万元。

（3）应付甲公司基础设施费 600 万元、增值税税额 54 万元

（4）应付甲公司建筑安装工程费 2 000 万元、增值税税额 180 万元。

（5）应负担开发间接费用 50 万元。

（6）工程完工，验收合格，结转其开发成本。

要求：根据各项经济业务编制相应的会计分录。

5. 商品房销售的核算。集美房地产公司为增值税一般纳税人，现开发完成城中小区商品房，并经验收合格。本月将 202 栋商品房分套出售，该栋商品房共有建筑面积 5 000

平方米，其中，公用建筑面积 1 000 平方米，每套商品房套内建筑面积 80 平方米，共 50 套房，每平方米销售面积不含税价为 9 000 元，整栋商品房的实际开发成本为 3 000 万元。本月 10 日以按揭贷款方式销售 10 套，首付款比例为 30%，银行按揭风险抵押金比例为 5%，25 日银行按揭贷款到账。

要求：对上述经济业务进行会计核算。

6. 出租开发产品的核算。集美房地产公司为增值税一般纳税人，本年度发生下列有关出租开发产品的业务，该企业对投资性房地产采用成本模式核算。

（1）企业开发的一栋出租房于 3 月完工，开发成本为 40 000 000 元，4 月签订出租合同出租给天成公司。

（2）按月计提该出租房的摊销额，预计摊销期限为 50 年，预计净残值率为 4%。

（3）12 月承租人退租，公司将该出租房对外销售，取得不含税价款 50 000 000 元，增值税税额为 4 500 000 元，房款已收存银行。

要求：对上述经济业务进行会计核算。

7. 周转房的核算。集美房地产公司为增值税一般纳税人，现开发完成城中小区，发生下列有关周转房的经济业务：

（1）月初 301 号楼周转房竣工，实际开发成本为 3 000 万元。

（2）月底安排动迁居民入住使用 301 号楼周转房。

（3）按月计提该周转房的摊销额为 400 000 元。

（4）以银行存款支付该周转房发生的修理费 80 000 元。

（5）该周转房在使用两年后，城中小区整体竣工，公司将周转房对外销售，不含税销售收入为 4 000 万元，增值税税额为 360 万元，房款已收存银行。

（6）结转已售周转房的销售成本。

要求：对上述经济业务进行会计核算。

五、案例分析

【案例一】

泰安房地产开发公司为增值税一般纳税人，适用一般计税方法，增值税税率为 9%。公司以拍卖方式取得一块土地的使用权，按规划可建 10 幢总面积为 28 100 平方米的建筑物，其中，1 号楼建筑面积为 2 400 平方米，2 号楼建筑面积为 1 800 平方米，锅炉房、收发室等配套设施建筑面积为 100 平方米。该公司在开发过程中发生下列经济业务：

1. 以银行存款支付土地出让金 425 万元（已取得符合规定的有效凭证）、拆迁安置补偿费 1 000 万元。

2. 支付地质勘察、规划方案、施工图设计等前期工程费 26.5 万元，取得增值税专用发票注明价款 25 万元，增值税税额为 1.5 万元；支付某施工企业承包的地下设施、管道等基础设施费 76.3 万元，取得增值税专用发票注明价款 70 万元，增值税税额为 6.3 万元。上述款项均通过银行转账支付。

3. 土地开发完成后，将 1 号楼及锅炉房、收发室等工程发包给市建一公司，1 号楼的合同价款为 218 万元（含增值税），工程完工结算前，以银行存款预付工程款 150 万元。

4. 锅炉房、收发室工程完工，结算工程价款 39.676 万元，取得增值税专用发票注明价款 36.4 万元，增值税税额为 3.276 万元。

5. 1 号楼工程完工，与市建一公司结算价款 218 万元，取得增值税专用发票注明价款 200 万元，增值税税额为 18 万元，并通过银行转账支付余款。

6. 公司将 1 号楼一套 108 平方米的住房出售，收到房款现金 32.7 万元，已开具增值税专用发票。

7. 公司以预收款方式销售 1 号楼一套 120 平方米的住房，预收房款现金 10.9 万元，并按照 3% 的预征率预交增值税。

8. 2 号楼工程发包给房建公司，现已完工，合同价款为 174.4 万元（含增值税），取得增值税专用发票注明价款 160 万元，增值税税额为 14.4 万元，原已预付工程款 120 万元，对"工程价款结算单"审查后支付余款。

9. 2 号楼完工后，签订合同整体出租给华夏公司。

10. 收到华夏公司支付的半年房租 19.62 万元，开具增值税专用发票注明价款 18 万元，增值税税额为 1.62 万元。

11. 按华夏公司的要求对 2 号楼进行维修，以银行存款支付费用 0.6 万元，取得增值税普通发票。

12. 五年后 2 号楼的租赁合同到期，公司以每平方米 2 500 元（含增值税）的价格将其出售，开具增值税专用发票，2 号楼的月折旧率为 0.2%。

要求：请你以该公司会计的身份，处理上述经济业务。

【分析提示】

1. 首先确定成本核算对象，可考虑按单项工程确定。

2. 土地开发费用和配套设施费用可按建筑面积进行分配。

3. 结转出售房屋的成本，应先计算其每平方米成本单价。

【案例二】

红日房屋开发公司为增值税一般纳税人，适用一般计税方法，增值税税率为 9%。公司以招拍挂方式取得一块土地，拟建甲座、乙座两栋商品房以及锅炉房等配套设施，其建筑面积为：甲座 10 000 平方米、乙座 15 000 平方米、锅炉房等配套设施 200 平方米。开发过程中发生以下业务：

1. 以银行存款支付土地出让金 10 000 000 元、拆迁安置补偿费 13 000 000 元。

2. 以银行存款支付前期工程费 1 060 000 元（含增值税 60 000 元）、基础设施费 3 270 000 元（含增值税 270 000 元），均取得增值税专用发票。土地开发完成，结转土地开发成本。

3. 将商品楼甲座及锅炉房等配套设施发包给第一建筑公司，甲座合同价款为 10 900 000 元（含增值税 900 000 元），开工后，以银行存款预付工程款共计 6 540 000 元。

4. 锅炉房等配套设施完工，结算应付工程款 545 000 元（含增值税 45 000 元），取得增值税专用发票，并按受益面积（甲座 10 000 平方米，乙座 15 000 平方米）结转配套设施费。

5. 商品楼甲座工程完工，工程结算价款 10 900 000 元，取得增值税专用发票注明价款 10 000 000 元，增值税税额为 900 000 万元，审查第一建筑公司的"工程价款结算单"后，同意支付剩余工程款 4 360 000 元。

6. 销售商品楼甲座中的 10 套房屋，建筑面积合计 1 200 平方米，单价为每平方米 3 270 元（含增值税），开具增值税专用发票，取得房款存入银行。

7. 商品楼乙座发包给第二建筑公司、合同价款为 14 715 000（含增值税），工程完工结算后取得增值税专用发票注明价款 13 500 000 元，增值税税额为 1 215 000 元；原预付 8 991 000 元，审查"工程价款结算单"后支付剩余工程款。

8. 商品楼乙座竣工，结转开发产品成本。为安置动迁居民，将其转为周转房。

9. 月末计提周转房乙座的摊销额，月摊销率为 0.2%。

10. 两年后公司将周转房乙座作为商品房对外销售，取得房款 49 050 000 元（含增值税）存入银行，并以此开具增值税专用发票。

要求：请你以该公司会计的身份，处理上述经济业务。

【分析提示】

1. 可按单项工程确定核算对象。

2. 土地开发费和配套设施费可按建筑面积分配。

3. 先计算竣工房屋每平方米成本及单价，然后结转其销售成本。

第七章　农业企业会计

"国以农为本"，这里的"农"是指农业活动，即农业企业对将生物资产转化为农产品或其他生物资产的生物转化的管理。中国是一个农业大国，以世界 7% 的耕地养活了世界 22% 的人口。农业在我国有着悠久的历史。随着市场经济的发展，我国的传统农业正在向现代化农业转变，农业的经营方式由原来的分散经营向集约化、规模化、机械化、农工商一体化方向发展，传统的个体农业在逐渐被多种所有制并存、多种经营方式并存、农工商并存的现代农业企业所取代。那么到底什么是现代农业企业？农业企业的生产经营有哪些特点？农业企业如何对生物资产进行核算？这就是本章要介绍的主要内容。

第一节　农业企业会计概述

一、农业企业及其生产经营特点

（一）农业企业的概念

农业（agriculture）是利用动植物的生长发育规律，通过人工培育来获得产品的产业。农业企业是人们利用动植物的生活机能，通过人工培育以取得符合社会需要产品的生产部门。狭义的农业一般仅指种植业，即利用植物的生活机能，通过人工培育以取得粮食、副食品、饲料和工业原料等，包括对各种农作物、林木果树及药用植物和观赏植物的栽培。

广义的农业除包括种植业外，还包括林业、畜牧业和渔业等。

现代农业企业是指从事种植业、养殖业或以其为依托，农工商综合经营，实行独立核算和具有法人地位的农业社会经济组织单位。农业企业除了可依法设立有限责任公司和股份有限公司等法人企业外，还可设立农民专业合作社。农民专业合作社是在农村家庭承包经营的基础上，同类农产品的生产经营者或者同类农业生产经营服务的提供者、利用者，自愿联合、民主管理的互助性经济组织。农民专业合作社以其成员为主要服务对象，提供农业生产资料的购买，农产品的销售、加工、运输、贮藏，以及与农业生产经营有关的技术、信息等方面的服务。农民专业合作社依法设立、登记，具有法人资格。

（二）农业企业的主要经营活动

因地制宜地进行农业生产是农业企业的主要经营活动，主要涉及种植业、林业、畜牧养殖业、渔业等多种生产活动。

1. 种植业

种植业，亦称"农作物栽培业"，是指人们利用植物的生活机能，通过劳动作用于植物的机体，以取得植物性产品的生产部门，主要包括粮食作物、饲料作物、经济作物、绿肥作物和园艺作物等。在我国，一般用粮、棉、油、麻、丝、茶、糖、菜、烟、果、药等概括种植业的范围。种植业为人类提供粮食、油、蔬菜等基本食物，是人们取得基本生活资料的重要来源，还为轻工业提供棉、麻、烟等重要原料，为畜牧业和渔业提供饲料。

种植业的主要特点是以土地为基本生产资料，受自然条件影响较大，生产周期较长。从播种开始，经过除草、中耕、施肥等田间管理，到农产品的产出直到销售，一般需要几个月的时间。

2. 林业

林业，是利用林木生活机能，通过栽培管理和保护，取得林产品和生态平衡效益的生产部门。狭义的林业包括造林和营林。广义的林业还包括森林采伐、木材运输、木材加工、木材综合利用等生产活动。

林产品，是指由开发的森林资源变成的经济形态的所有的产品。其可分为两大类，一类是木材及各种木材加工制品，另一类是经济林木及森林副产品。经济林木是指以利用木材以外的其他林产品如果实、树皮、树汁、树枝、树叶等部分为主要目的的人工林。按其经济利用目的，可分为三类：木本油料林（如油茶、油桐、漆树、乌柏、油棕等）、工业原料林（如橡胶树、樟树等）和木本饮料林（如茶树、咖啡、可可）。经济林木从树苗种植开始，一般要经过多年才能有产出，属于多年生植物，能长期提供产品。

3. 畜牧养殖业

畜牧养殖业是利用驯化的陆栖动物的自然再生产能力，以植物性或动物性产品为饲料，获得人类必需动物性产品的产业部门。畜牧养殖业可分为饲养业和驯养业。饲养业的业务范围包括饲养大牲畜（如牛、马、骡、驴、骆驼）、小牲畜（如猪、羊等）、家禽（如鸡、鸭、鹅等）。不同畜禽提供的产品有不同的特点，有的提供的产品是畜禽本身的繁殖、增重和活重等，如猪肉、羊肉；有的不仅提供自身繁殖、增重和活重，而且还提供畜禽本身之外的各种产品，如牛奶、羊毛、禽蛋、蜂蜜等。

畜牧业的特点是：劳动对象是有生命的动物，既可以当作生产资料，又可以当作生活资料；畜产品的商品率较高，大多易腐坏，不便运输储藏；受自然条件的影响较大。

4. 渔业

渔业是指通过养殖和捕捞水生动植物以取得水产品的物质生产部门。广义的渔业还包括水产品加工和渔业机械。水生动植物的养殖包括淡水养殖和海水养殖。淡水养殖包括鱼、虾、蟹、珍珠等的养殖；海水养殖包括贝类、藻类的养殖，如牡蛎、海带等的养殖。捕捞是指在天然湖泊、江河、海洋等场所捕捞自然生产的水产品。

渔业生产的特点是：受水面的大小、水体的深浅、营养物质的多少以及水面养殖和捕捞条件的限制；商品率高，但鱼产品易腐，保鲜难度大。

（三）农业生产经营的特点

农业企业的生产对象一般都是有生命的动植物。农业生产最根本的特点是将生物的自然生长过程和人类经济再生产过程结合起来，生产出人类赖以生存的粮食、工业原料等生活资料。这也决定了农业生产经营具有以下几个特点。

1. 农业生产受自然条件和社会经济条件的制约和影响

与工业企业一般只受经济规律的影响不同，农业生产经营除因资金投入、技术水平、管理水平、市场供求等因素受经济规律影响外，因其生产的地域性、季节性极强，还要受到自然规律的影响，因此，农业生产的发展必须同时遵循自然规律和经济规律。

2. 农业生产的劳动时间与生产时间不一致

工业企业工人的劳动时间往往与产品的生产时间一致，但农作物的生产周期是由生物的自然规律决定的。在农作物较长的生长期内，农民一般不需要每时每刻地耕作劳动，因此，农民为农作物生产而实际付出的劳动时间，一般短于农产品的实际生长时间。

3. 农业生产具有综合经营性

农、林、牧、渔各业之间存在着极其密切的联系，它们相互依存、共同发展。例如，种植业可以为畜牧业提供丰富、廉价的饲料和褥草，而畜牧业又可以为种植业提供大量的优质肥料。在种植业、林业、牧业和渔业等生产经营过程中，劳动对象和劳动手段可以相互转化。

4. 商品性生产与自给性生产相结合

农业生产的主要目的是向社会提供商品性农产品，这与工业企业生产的目的是一致的，但农业企业生产的特殊性又决定了农业生产的一部分产品必须为自己耗用。这部分产品一般有两种用途：一种是用于投入再生产，如种子、饲料等；另一种是用于职工消耗，如粮食、棉花、油等。为正确核算农业企业的经营成果，留作自用的农产品也应视同销售处理。例如，农业生产所需的生产资料，如饲料、种子，所属农产品加工企业的原材料等，绝大部分来自农业企业自己生产出来的农产品；畜牧业生产的产品——幼畜和育肥畜，也可能有一部分直接转化为劳动资料——产役畜，而不直接对外销售。

二、农业企业会计核算的特点

农业企业会计与其他行业会计之间具有一定的共性。一般的会计理论、会计原则、会计制度和会计方法，对于农业企业和其他行业都普遍适用。同时，农业企业在经营和管理上，与其他行业又存在一定的差别。总结起来有以下几个方面。

（一）会计核算层次多，核算体制较为复杂

这一特点是由农业企业管理体制的复杂性决定的。随着市场经济的发展，农业企业的生产经营范围越来越广，项目越来越多，改变了过去单一经营的状况，出现了以农为主、多业并举的局面。

当今农业生产通常采取双层经营、分散核算方式，多实行场部、场直单位（生产队）两级核算体制，家庭农场作为一个经营层次，农业企业作为一个经营层次。家庭农场与农业企业之间在行政上是隶属关系，在经济上是承包关系。这些多形式、多层次、多层承包的管理体制，造成了农业企业会计核算体制的复杂性。

（二）成本计算期受自然再生产过程制约，成本核算具有阶段性

农业生产的对象一般是有生命的植物和动物，这些动植物都有其自身的繁殖、发育和成长的规律，其生产周期一般较长，产品的产出受季节性影响较大。因此，农业和畜牧业产品成本计算期必然要受自然再生产过程的制约，成本计算通常按在产品产出月份或按年、按季进行。同时，在核算其生产费用时，不仅要核算各成本计算对象的生产费用和成本，还要核算其生产的动态情况，如各种动植物在各个不同生产阶段的生长、繁殖、增重、增产等情况。

（三）劳动对象、劳动产品与劳动资料相互转化

农业生产的对象既然是有生命的植物和动物，农业生产的产品也是有生命的植物和动物产品。不仅农业企业的劳动对象和劳动产品之间存在相互转化的问题，劳动对象、劳动产品和劳动资料之间也存在相互转化的问题。例如，在畜牧养殖业中，饲养的幼畜是劳动对象，应在存货类账户中核算；当幼畜成龄转为产畜、役畜后，应视同固定资产项目，并于每期末提取折旧；当产畜、役畜失去生产能力而被淘汰时，或自行屠宰转为劳动对象，或对外出售获得收入。

第二节　农业企业存货的核算

农业企业生产经营的对象是生物资产，经营目的是通过科学管护，促进有生命力的动物和植物生长、蜕化、生产和繁殖，最终获得市场需要的农产品。农产品与生物资产密不可分。与制造企业相比较，农业企业的存货核算有其自身的特点。

一、《企业会计准则第 5 号——生物资产》对生物资产的分类

《企业会计准则第 5 号——生物资产》将农业企业生产经营的动植物等生物划分为生物资产，具体又分为消耗性生物资产、生产性生物资产和公益性生物资产。

（一）消耗性生物资产

消耗性生物资产是指为出售而持有的，或在将来收获为农产品的生物资产。消耗性生

物资产是劳动对象，包括生产中的大田作物、蔬菜、用材林、存栏待售的牲畜及养殖待售的水产品等。消耗性生物资产通常被一次性消耗，在一定程度上具有存货的特征，在资产负债表中按"存货"列报。

（二）生产性生物资产

生产性生物资产是指以产出农产品、提供劳务或出租等为目的而持有的生物资产，如产奶的牲畜、产蛋的禽类、种畜、役畜以及果树等。生产性生物资产具有自我成长性，能够在一段时间内保持其服务能力或产出经济利益。生产性生物资产与消耗性生物资产的最大不同之处在于，生产性生物资产具有能够在生产经营中长期、反复使用，从而不断产出农产品或者长期役用的特征。消耗性生物资产收获农产品后，该资产就不复存在了；而生产性生物资产产出农产品之后，该资产仍然保留，并可以在未来一段时间内继续产出农产品，如奶牛每年产奶、果树每年结果等。因此，通常认为，生产性生物资产在一定程度上具有固定资产的特征。

以是否具备生产能力为标准，生产性生物资产还可进一步划分为未成熟生产性生物资产和成熟生产性生物资产。未成熟生产性生物资产是指未进入正常生产周期，不能多年连续提供劳动服务或不能连续产出农产品的生产性生物资产，如尚未下蛋的鸡鸭、尚未产奶的奶牛、尚未挂果的果树等；成熟生产性生物资产是指已进入正常生产周期，能够多年连续提供劳动服务或可以连续产出产品的生产性生物资产。

（三）公益性生物资产

公益性生物资产是指以保护环境为主要目的的生物资产，如防风固沙林、水土保持林、水源涵养林等。公益性生物资产不能直接给企业带来经济利益，但其具有保护环境的功能，具有潜在的服务作用，有助于企业从相关资产中获得经济利益，如防风固沙林和水土保持林能有效改善企业的经营环境，还能延伸出美化环境的效能，为企业开拓新的经营收入创造条件，所以符合生物资产的确认条件。

农业企业生物资产成本模式下的账户设置和计量方法如表7-1所示。

表7-1　农业企业生物资产成本模式下的账户设置和计量方法

生物资产类别	核算账户			报表列示	账面净值（根据账户余额计算）
	取得时的实际成本	持有期间价值变动			
		计提折旧	计提减值准备		
消耗性生物资产	消耗性生物资产	不计提	"存货跌价准备——消耗性生物资产"	"存货"	"消耗性生物资产"－"存货跌价准备——消耗性生物资产"
生产性生物资产	生产性生物资产	"生产性生物资产累计折旧"	"生产性生物资产减值准备"	"生产性生物资产"	"生产性生物资产"－"生产性生物资产累计折旧"－"生产性生物资产减值准备"

生物资产类别	核算账户				账面净值 （根据账户余额计算）
	取得时的 实际成本	持有期间价值变动		报表列示	
		计提折旧	计提减值准备		
公益性生物资产	公益性生物 资产	不计提	不计提	"其他非流动资产"，或单设"公益性生物资产"科目	"公益性生物资产"

二、农业企业存货的内容

农业企业的存货包括原材料、燃料、包装物、低值易耗品、农用材料、在产品及产成品等，其中，原材料、燃料、包装物、低值易耗品等的核算与工业企业基本相同。

（一）农用材料

农用材料是指农业企业外购或自制的用于农业生产的种子、饲料、肥料及各种农药等。与原材料（主要材料、辅助材料、包装材料、修理用备用件等）不同，农用材料是通过生物化学的途径作用于农产品的，并不构成农产品的实体。

（二）在产品

在产品是指农业企业还没有完成全部生产过程，或虽已完成全部生产过程，但未验收入库、不能对外销售的产品，如玉米和小麦等庄稼，养殖的尚未成龄的鱼虾等。

（三）产成品

产成品是指农业企业自身从事农业活动的收获，以及家庭农场上交的已经完成全部生产过程并已验收入库可供销售的产品，如各种种植业产品、林产品、畜牧养殖业产品以及渔业产品等。

三、农用材料的核算

（一）账户设置

"农用材料"科目属于资产类会计科目，用来核算农业企业库存的各种农用材料（种子、饲料、肥料和农药等）的实际成本或计划成本。本科目应按农用材料的类别、名称、保管地点等设置明细账，进行明细分类核算。

（二）核算方法

"农用材料"科目的使用方法与"原材料"账户相类似，但又有自己的特点。

（1）购入农用材料时，一般要借记"农用材料——××材料"，根据适用的增值税税率计算增值税进项税额，如果增值税进项税额可以抵扣，借记"应交税费——应交增值税（进项税额）"，如果不能抵扣，则直接计入农用材料实际成本。根据应当支付给对方的价税合计数，贷记"银行存款"等相关科目。

（2）在领用农用材料用于农业生产时，一般要按材料的成本借记"消耗性生物资产"

"农业生产成本"等科目，贷记"农用材料——××材料"。

（3）如果将农产品留作自用，应当视同销售处理，借记"农用材料——××材料"，按市价贷记"主营业务收入"，同时结转成本，按材料的生产成本，借记"主营业务成本"，贷记"农业生产成本"等科目。

处理种子的费用，如种子精选、消毒等费用，不记入农用材料成本，而应记入农业生产费用，借记"农业生产成本"科目，贷记"库存现金""银行存款"等科目。

【例7-1】荣华农场销售自产农产品，免征增值税。2023年发生部分经济业务如下：

（1）8月10日，购入化肥一批，价款为10 000元，增值税税率为9%。运杂费为500元，款项均已通过银行付讫，化肥已验收入库。

（2）9月18日，领用种子1 000千克，每千克成本为8元。

（3）10月5日，将自产的玉米200千克入库留作种子，市价为每千克8元，该玉米生产成本为每千克6元。

要求：分别计算购入材料、领用材料的实际成本，并进行相应的账务处理。

（1）购入农用材料的实际成本：

$$10\ 000\times(1+9\%)+500=11\ 400（元）$$

借：农用材料——化肥	11 400
贷：银行存款	11 400

（2）领用种子的实际成本：

$$1\ 000\times8=8\ 000（元）$$

借：农业生产成本	8 000
贷：农用材料——种子	8 000

（3）农场自己留作种子的玉米按市价确认收入：

$$200\times8=1\ 600（元）$$

借：农用材料——种子	1 600
贷：主营业务收入	1 600

留作种子的玉米的实际成本：

$$200\times6=1\ 200（元）$$

借：主营业务成本	1 200
贷：农业生产成本	1 200

四、在产品的核算

农业企业的在产品成本保留在"农业生产成本"或"消耗性生物资产"账户中。

对农业企业的在产品应当设置"消耗性生物资产"科目进行核算。"消耗性生物资产"是资产类会计科目，用来核算企业为出售而持有的或在将来收获为农产品的生物资产，包括生长中的大田作物、蔬菜，以及存栏代售的牲畜等。

（1）外购的消耗性生物资产，按应计入消耗性生物资产成本的金额，借记"消耗性生物资产"科目，贷记"银行存款""应付账款"等科目。

（2）自行栽培的大田作物和蔬菜，应按收获前发生的必要支出，借记"消耗性生物资产"科目，贷记"银行存款"等科目。自行营造的林木类消耗性生物资产，应按郁闭前发生的必要支出，借记"消耗性生物资产"科目，贷记"银行存款"等科目。自行繁殖的育肥畜、水产养殖的动植物，应按出售前发生的必要支出，借记"消耗性生物资产"科目，贷记"银行存款"等科目。

（3）取得天然起源的消耗性生物资产，应按名义金额，借记"消耗性生物资产"科目，贷记"营业外收入"科目。

（4）产畜或役畜淘汰转为育肥畜的，按转群时的账面价值，借记"消耗性生物资产"科目，按已计提的累计折旧，借记"生产性生物资产累计折旧"科目，按其账面余额，贷记"生产性生物资产"科目。已计提减值准备的，还应同时结转减值准备。育肥畜转为产畜或役畜的，应按其账面余额，借记"生产性生物资产"科目，贷记"消耗性生物资产"。已计提跌价准备的，还应同时结转跌价准备。

（5）择伐、间伐或抚育更新性质采伐而补植林木类消耗性生物资产发生的后续支出，借记"消耗性生物资产"科目，贷记"银行存款"等科目。林木类消耗性生物资产达到郁闭后发生的管护费用等后续支出，借记"管理费用"科目，贷记"银行存款"等科目。

（6）农业生产过程中发生的应归属于消耗性生物资产的费用，按应分配的金额，借记"消耗性生物资产"科目，贷记"农业生产成本"科目。

（7）消耗性生物资产收获为农产品时，应按其账面余额，借记"农产品"科目，贷记"消耗性生物资产"科目。已计提跌价准备的，还应同时结转跌价准备。

（8）出售消耗性生物资产，应按实际收到的金额，借记"银行存款"等科目，贷记"主营业务收入"等科目。按其账面余额，借记"主营业务成本"等科目，贷记"消耗性生物资产"科目。已计提跌价准备的，还应同时结转跌价准备。

五、产成品的核算

（一）账户设置

对农业企业的产成品应当设置"农产品"或"库存商品"账户进行核算。"农产品"是资产类科目，用来核算企业从事农业活动所收获的农产品和家庭农场上交的农产品的实际成本，包括种植业产品、畜牧业产品、水产品和林产品。"农产品"一般按农产品的类别、品种和保管地点等来设置明细账，进行明细分类核算。

企业应根据各类农产品的实际情况，确定发出农产品的实际成本，可以采用的方法有个别计价法、先进先出法、加权平均法、移动平均法等。企业的各种农产品，应当定期清查盘点，每年至少清查盘点一次。盘点结果如果与账面记录不符，应于期末前查明原因，并根据企业的管理权限，经股东大会或董事会或经理（场长）会议或类似机构批准后，在期末结账前处理完毕。

（二）核算方法

1. 农产品的计价

企业应根据各类农产品的实际情况，确定发出农产品的实际成本。可以采用的方法有个别计价法、先进先出法、加权平均法和移动平均法等。

（1）收获的农产品验收入库时，按其实际成本借记"农产品"科目，贷记"农业生产成本"等科目。

（2）家庭农场上交的农产品验收入库时，按结算价格借记"农产品"科目，贷记"应付家庭农场款"等科目。

（3）将农产品出售，按选定的发出农产品计价方法计算确定的实际成本结转成本时，借记"主营业务成本"科目，贷记"农产品"科目。

2. 农产品的清查

企业的各种农产品，应当定期清查盘点，每年至少清查盘点一次。盘点结果如与账面记录不符，应当于期末前查明原因，并根据企业的管理权限，经股东大会或董事会或经理（场长）会议或类似机构批准后，在期末结账前处理完毕。

清查盘点，农产品盘亏和毁损时借记"待处理财产损溢"科目，贷记"农产品"科目；经批准的农产品盘亏和毁损，在减去过失人或者保险公司等赔款和残余价值之后，计入当期管理费用，借记"管理费用"科目，贷记"待处理财产损溢"科目；属于自然灾害等非常损失的，计入当期营业外支出，借记"营业外支出——非常损失"科目，贷记"待处理财产损溢"科目。农产品盘盈时，借记"农产品"科目，贷记"待处理财产损溢"科目；经批准的农产品盘盈，冲减当期管理费用，借记"待处理财产损溢"科目，贷记"管理费用"科目。

第三节　农业企业生产成本的核算

一、种植业生产成本的核算

（一）生产成本计算对象

种植业是指从事农作物栽培而获得各种农作物产品的物质生产部门。农作物主要包括粮食作物、豆类作物、经济作物、饲料作物、蔬菜。种植业农作物多是为出售而持有的，或是会在将来收获为农产品的生物资产，一般应通过"消耗性生物资产"账户核算其实际成本。该账户可按消耗性生物资产的品种、种类等设置明细账目核算。

由于农作物的种类繁多，应根据种植业生产的特点和管理的要求，按照"主要从细、次要从简"的原则确定成本计算对象。通常的做法是：将小麦、水稻、大豆、玉米、棉花、糖料、烟叶等作为主要农作物产品，将其品种作为成本计算对象，单独核算其产品生产成本；其他农作物产品以产品类别为成本计算对象，合并核算其产品的生产成本。需要说明的是，有些同种作物又分为早、晚不同品种，其播种期、生产期、成熟收获期均不一致，对其则应视为不同品种并以其分别为不同成本计算对象进行核算。消耗性生物资产通常一次性消耗并终止其服务能力或未来的经济利益，因此在一定程度上具有存货的特征，应当作为存货在资产负债表中列报。

某种作物的生产总成本，是指该种作物在生产过程中发生的生产费用总额，一般包括收获前耗用的种子、肥料、农药等材料费，以及人工费和应分摊的间接费用等必要支出。这一成本指标可由农业生产成本明细账直接提供。农产品除计算总成本与单位成本外，一般还要计算单位土地面积的农产品生产成本。

农产品成本计算一般没有完工产品与在产品之间费用分配问题，当年播种当年收获的农产品，年终其借方归集的费用全部为完工产品成本；当年播种以后年收获的农作物，其归集的费用全部为在产品成本。

（二）生产成本计算期

种植业生产具有生产周期长、季节性强、经济再生产与自然再生产相交织的特点，人工费用和间接费用发生的数额在各个月份很不均衡，因此，种植业产品的成本计算期应与其生产周期相一致。由于农作物一般一年只收获一次，因此农产品的生产成本可一年计算一次，并应在农产品的产出月份计算。不同农产品的生产成本计算的截止日期并不完全相同，其成本并不一定计算到验收入库为止。农产品的成本通常应分阶段计算：

第一，粮豆的成本算至入仓、入库或场上能够销售为止。从出库至场上交售发生的包装费、运杂费等作销售费用处理。

第二，不入库不入窖的鲜活产品的成本，算至销售为止；入库入窖的鲜活产品的成本，算至入库入窖为止。

第三，棉花的成本算至加工成皮棉为止，打包上交过程中发生的包装费、运输费等作销售费用处理。

第四，纤维作物、香料作物和水参的成本，算至纤维等初级产品加工完成时为止。

第五，年底尚未脱粒作物的成本，应当包括预提脱粒费用。下一年度实际发生的脱粒费与预提数之间的差额，由下一年度同一作物负担。

（三）生产成本项目

根据种植业生产的特点和成本管理的要求，一般应设置以下成本项目：

第一，直接材料，即种植业生产过程中耗用的种子、种苗、肥料、农药等费用。

第二，直接人工，即直接从事种植业生产人员的工资、工资性津贴和奖金等。

第三，其他直接费用，即为农作物生产直接支付的不属于以上各项目的费用，如机械作业费、灌溉费、田间运输费等。

第四，制造费用，即种植业生产过程中发生的管理人员工资、固定资产折旧费、修理费，以及各作物应分配的其他共同生产费用。

对于以上成本项目，企业可结合自身生产经营特点和管理要求，做必要的增减合并。

（四）种植业生产成本计算方法

种植业主要产品生产成本的计算一般采用品种法，即以主要产品的品种为成本计算对象，设置生产成本明细账，汇集各项生产费用，成本计算期与产品的生产周期一致，在产品产出的月份计算成本。农产品生产过程中发生的各项直接费用，在费用发生时，应直接计入有关成本核算对象内，借记"消耗性生物资产——××农产品"账户，贷记"银行存款""农用材料""应付职工薪酬"等账户。

生产中发生的应由多种农产品共同负担的间接费用，在发生时应先记入"制造费用"账户，再按一定的方法分配计入有关成本对象的生产成本账户。在农产品收获时，根据"消耗性生物资产——××农产品"账户归集的该农产品的完工成本，对完工后直接销售的农产品，应将其成本直接结转到"主营业务成本"账户；对完工后验收入库的农产品，应将其成本结转到"农产品"账户。

消耗性生物资产核算过程如图 7-1 所示。

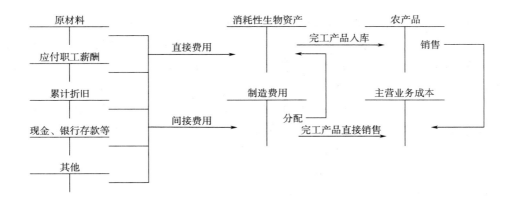

图 7-1　消耗性生物资产核算流程

1. 大田作物生产成本的计算

大田作物一般是当年播种、当年收获，生长期不超过一年的农作物，也有少部分作物跨年度收获，属于消耗性生物资产，需要计算其生产总成本、单位面积成本和主要产品单位产量成本。

某种作物的单位面积成本即公顷成本（或亩成本），就是 1 公顷农作物的平均成本。其计算公式如下：

$$某种农作物单位面积（公顷）成本 = 该种作物生产总成本 \div 该种作物播种面积（公顷）$$

某种作物的主要产品单位产量成本，也称每千克成本。

农作物在完成生产过程时，一般可以产出主要产品和副产品两种产品。主要产品是进行生产的主要目的，如小麦、水稻等，副产品是生产主要产品的同时附带获得的产品，如麦秸、稻草等。必须将生产费用在两种产品之间进行分配。

由于主、副产品是同一生产过程的成果，因此一种作物的全部生产费用，应由主、副产品共同负担。为了正确计算主要产品单位生产成本，需从全部生产费用中扣除副产品的价值。其计算公式如下：

$$某种作物主要产品单位产量（千克）成本 = \frac{该种作物生产总成本 - 副产品价值}{该种作物主要产品产量（千克）}$$

公式中的副产品价值又称副产品成本，可以采用以下两种方法予以确定：

第一种，估价法。该法是按以一定的方法确定的价格（如计划价或市场价等）进行估价后，将其从全部生产总成本中扣除的一种计算方法。

第二种，比率法。该法是以、主副产品的实际成本与计划成本的比率为分配率，再分别乘以主、副产品的计划成本的一种计算方法。

现举例说明种植业生产费用归集和成本计算的方法。

【例 7-2】某农业企业 2023 年种植小麦 800 标准亩，玉米 500 标准亩，小麦上年费用为 30 000 元。本年发生的有关种植业的经济业务如下：

（1）玉米耗用种子费 10 000 元。

（2）施肥费：小麦 30 000 元，玉米 17 000 元。

（3）农药费：小麦 5 000 元，玉米 3 000 元。

（4）按日工资 50 元分配工资费用，小麦 2 000 工日，玉米 800 工日。

（5）分配灌溉费，小麦 55 000 元，玉米 35 000 元。灌溉费以银行存款支付。

（6）租用农用机械，费用以银行存款支付。按机械作业量分配农用机械作业费，小麦 60 000 元，玉米 40 000 元。

（7）本月共同间接费用 60 000 元，已通过"制造费用"账户归集，按计划生产工人工资比例分配。小麦生产工人计划工资 90 000 元，玉米生产工人计划工资 30 000 元。

（8）预提玉米脱粒费用 4 000 元。

（9）收获小麦 323 000 千克，同时取得麦秸 200 000 千克；收获玉米 200 000 千克，同时取得棒秸 100 000 千克。

编制会计分录如下：

（1）玉米耗用种子费 10 000 元。

借：消耗性生物资产——玉米	10 000	
贷：原材料——种子		10 000

（2）施肥，小麦 30 000 元，玉米 17 000 元。

借：消耗性生物资产——小麦	30 000	
——玉米	17 000	
贷：原材料——肥料		47 000

（3）农药费，小麦 5 000 元，玉米 3 000 元。

借：消耗性生物资产——小麦	5 000	
——玉米	3 000	
贷：原材料——农药		8 000

（4）按日工资 50 元分配工资费用，小麦 2 000 工日，玉米 800 工日。

借：消耗性生物资产——小麦	100 000	
——玉米	40 000	
贷：应付职工薪酬		140 000

（5）分配灌溉费，小麦 55 000 元，玉米 35 000 元。

借：消耗性生物资产——小麦	55 000	
——玉米	35 000	
贷：银行存款		90 000

（6）按机械作业量分配农机作业费，小麦 60 000 元，玉米 40 000 元。

借：消耗性生物资产——小麦　　　　　　　　　　　　　　　　　60 000

　　　　　　　　——玉米　　　　　　　　　　　　　　　　　40 000

　　贷：银行存款　　　　　　　　　　　　　　　　　　　　　　100 000

（7）本月共同间接费用 60 000 元，已通过"制造费用"账户归集，按计划生产工人工资比例分配。

借：消耗性生物资产——小麦　　　　　　　　　　　　　　　　　45 000

　　　　　　　　——玉米　　　　　　　　　　　　　　　　　15 000

　　贷：制造费用　　　　　　　　　　　　　　　　　　　　　　60 000

$$分配率 = 60\ 000 \div (90\ 000 + 30\ 000) = 0.5$$

小麦应分配的制造费用：

$$90\ 000 \times 0.5 = 45\ 000（元）$$

玉米应分配的制造费用：

$$30\ 000 \times 0.5 = 15\ 000（元）$$

（8）预提玉米脱粒费用 4 000 元。

借：消耗性生物资产——玉米　　　　　　　　　　　　　　　　　4 000

　　贷：其他应付款——预提费费用　　　　　　　　　　　　　　4 000

（9）收获小麦 323 000 千克，同时取得麦秸 200 000 千克；收获玉米 200 000 千克，同时取得棒秸 100 000 千克。

下面分别计算各种主、副产品成本。

（1）采用估价法计算。

假设麦秸按市场价 0.01 元/千克估价，棒秸按市场价 0.05 元/千克估价。

$$小麦种植总成本 = 30\ 000 + 30\ 000 + 5\ 000 + 100\ 000 + 55\ 000 + 60\ 000 + 45\ 000 = 325\ 000（元）$$

$$副产品麦秸价值 = 200\ 000 \times 0.01 = 2\ 000（元）$$

$$主产品小麦成本 = 30\ 000 + 30\ 000 + 5\ 000 + 100\ 000 + 55\ 000 + 60\ 000 + 45\ 000 - 2\ 000 = 323\ 000（元）$$

$$玉米种植总成本 = 10\ 000 + 17\ 000 + 3\ 000 + 40\ 000 + 35\ 000 + 40\ 000 + 15\ 000 + 4\ 000 = 164\ 000（元）$$

$$副产品棒秸价值 = 100\ 000 \times 0.05 = 5\ 000（元）$$

$$主产品玉米成本 = 10\ 000 + 17\ 000 + 3\ 000 + 40\ 000 + 35\ 000 + 40\ 000 + 15\ 000 + 4\ 000 - 5\ 000 = 159\ 000（元）$$

主、副产品验收入库时：

借：库存商品——小麦　　　　　　　　　　　　　　　　　　　323 000

　　　　　　——玉米　　　　　　　　　　　　　　　　　　　159 000

　　　　　　——麦秸　　　　　　　　　　　　　　　　　　　　2 000

　　　　　　——棒秸　　　　　　　　　　　　　　　　　　　　5 000

　　贷：消耗性生物资产——小麦　　　　　　　　　　　　　　　325 000

　　　　　　　　　　——玉米　　　　　　　　　　　　　　　164 000

（2）采用比率法计算。

假设小麦计划价格为 1.00 元/千克，玉米计划价格为 2.00 元/千克，麦秸计划价格为

0.01 元/千克，棒秸计划价格为 0.10 元/千克。

$$分配率 = 主、副产品实际成本 ÷ 主、副产品计划成本 × 100\%$$
$$小麦分配率 = 325\ 000 ÷ (323\ 000 × 1.00 + 200\ 000 × 0.01) × 100\% = 100\%$$
$$玉米分配率 = 164\ 000 ÷ (200\ 000 × 2.00 + 100\ 000 × 0.10) × 100\% = 40\%$$
$$主产品总成本 = 主产品计划成本 × 分配率$$
$$小麦总成本 = 323\ 000 × 1.00 × 100\% = 323\ 000\ (元)$$
$$玉米总成本 = 200\ 000 × 2.00 × 40\% = 160\ 000\ (元)$$
$$副产品总成本 = 副产品计划成本 × 分配率$$
$$麦秸总成本 = 200\ 000 × 0.01 × 100\% = 2\ 000\ (元)$$
$$棒秸总成本 = 100\ 000 × 0.10 × 40\% = 4\ 000\ (元)$$

主、副产品验收入库时：

借：农产品——小麦	323 000
——玉米	160 000
——麦秸	2 000
——棒秸	4 000
贷：消耗性生物资产——小麦	325 000
——玉米	164 000

大田作物除计算农作物的总生产成本外，还需计算单位生产成本和单位面积成本（又称公顷成本或亩成本）。其计算公式如下：

$$主产品单位成本 = 主产品总成本 ÷ 主产品总产量$$
$$亩成本 = 某种作物的生产总成本 ÷ 某种作物的播种亩数$$

以估价法计算的资料为例：

$$小麦单位成本 = 323\ 000 ÷ 323\ 000 = 1.00\ (元/千克)$$
$$玉米单位成本 = 160\ 000 ÷ 200\ 000 = 0.80\ (元/千克)$$
$$小麦亩成本 = 323\ 000 ÷ 800 = 403.75\ (元/亩)$$
$$玉米亩成本 = 160\ 000 ÷ 500 = 320.00\ (元/亩)$$

2. 蔬菜产品生产成本的计算

蔬菜栽培可分为露天栽培和温床、温室栽培两种，因其栽培的特点不同，生产成本的计算方法也有差异。

（1）露天蔬菜栽培成本的计算。在土地上露天种植蔬菜是蔬菜生产的主要方式。对大宗的、主要的露天栽培蔬菜，应按每种蔬菜设置明细账，单独核算每种蔬菜的生产成本，其费用的归集方法、成本计算指标与大田作物相同；对于小量的、次要的露天栽培蔬菜，可按蔬菜类别设置明细账，先计算每类蔬菜的总成本，再按一定的方法计算每种蔬菜的总成本和单位成本。

【例 7-3】某农场将萝卜、黄瓜、茄子三种蔬菜合并为一个成本计算对象，成本明细账户归集的生产费用总和为 42 000 元。萝卜产量为 10 000 千克，每千克平均售价为 0.3元；黄瓜产量为 20 000 千克，每千克平均售价为 0.6 元；茄子产量为 15 000 千克，每千克平均售价为 0.4 元。要求以销售额为标准分配成本费用。

编制蔬菜生产成本计算表，如表 7-2 所示。

表 7-2　蔬菜成本计算表

项目	产量（千克）	单价（元）	销售额（元）	分配率	总成本（元）	单位成本（元）
栏次	①	②	③=①×②	④=42 000÷③合计	⑤=③×④	⑥=⑤÷①
萝卜	10 000	0.3	3 000	2.00	6 000	0.60
黄瓜	20 000	0.6	12 000	2.00	24 000	1.20
茄子	15 000	0.4	6 000	2.00	12 000	0.80
合计	—	—	21 000	—	42 000	—

（2）温床、温室蔬菜栽培成本的计算。在寒冷季节可利用温床、温室（包括塑料大棚）进行蔬菜栽培，一般先在温床育苗，然后移至温室。这种蔬菜作物的生产总成本包括：直接计入蔬菜生产成本的费用，如耗用的种子、肥料、农药、生产工人的工资等；需分配的温床和温室费用，如温床和温室的发热材料费、管理温床和温室的工人工资，温床和温室的折旧费、修理费等；其他间接费用。

温床和温室费用应按照各种蔬菜占用的温床格日数或温室平方米日数，分配计入各种蔬菜的生产成本。温床格日数是指某种蔬菜占用温床格数和在温床生长日数的乘积；温室平方米日数是指某种蔬菜占用温室的平方米和在温室生长日数的乘积。按温床格日数或温室平方米日数分配温床、温室费用的计算公式如下：

分配率＝温床（温室）费用总额÷实际使用的格日（平方米日）总数

某种蔬菜应分配的温床（温室）费用＝该种蔬菜占用的格日（平方米日）数×分配率

【例 7-4】某蔬菜队利用温床培育番茄和茄子两种秧苗，温床费用为 2 000 元。其中：番茄占用 30 格，生长期为 20 天；茄子占用 10 格，生长期为 40 天。秧苗移栽温室后，发生温室费用 4 500 元，其中：番茄占用温室 1 500 平方米，生长期为 60 天；茄子占用温室 1 200 平方米，生长期为 50 天。番茄发生的直接生产费用为 2 600 元，茄子发生的直接生产费用为 1 400 元。应负担的制造费用为 1 000 元，按直接费用比例分配。两种蔬菜的产量分别为：番茄 20 000 千克，茄子 13 000 千克。

温床费用分配率＝2 000÷（30×20+10×40）＝2

番茄应分配的温床费用＝20×30×2＝1 200（元）

茄子应分配的温床费用＝10×40×2＝800（元）

温室分配率＝4 500÷（1 500×60+1 200×50）＝0.03

番茄应分配温室费用＝1 500×60×0.03＝2 700（元）

茄子应分配温室费用＝1 200×50×0.03＝1 800（元）

制造费用分配率＝1 000÷（2 600+1 400）＝0.25

番茄应分配制造费用＝2 600×0.25＝650（元）

茄子应分配制造费用＝1 400×0.25＝350（元）

根据以上资料编制蔬菜生产成本计算表，如表 7-3 所示。

表 7-3　蔬菜成本计算表

产品	产量（千克）	直接费用	温床费用	温室费用	制造费用	总成本	单位成本（元）
番茄	20 000	2 600	1 200	2 700	650	7 150	0.36
茄子	13 000	1 400	800	1 800	350	4 350	0.33
合计	—	4 000	2 000	4 500	1 000	11 500	—

3. 种植业生产成本计算的特殊问题

（1）多年生作物生产成本的计算。多年生作物是指一次种植、生长期多达数年的农作物，包括剑麻、香茅、甘蔗、人参等。多年生作物分为连续培育几年、一次收获产品的作物和连续培育几年、多次收获产品的作物。前者属于消耗性生物资产，后者属于生产性生物资产。

第一，多年生一次收获作物。多年生一次收获作物的成本计算，应按各年累计的生产费用计算农产品成本。一次收获的多年生作物，如人参等，应按种植年限设置生产成本明细账，发生的各项直接费用，在费用发生时，应直接计入有关成本核算对象内，借记"消耗性生物资产——××农产品"账户，贷记"银行存款""农用材料""应付职工薪酬"等账户。待该作物收获后，再按其生产成本明细账中累计的生产费用计算其总成本和单位成本。其计算公式如下：

一次收获多年生作物主产品总成本＝以前年度累计生产费用+本年生产费用−副产品价值

一次收获多年生作物主产品单位成本＝该作物主产品总成本÷该作物主产品总产量

第二，多年生多次收获作物。多年生多次收获作物，如剑麻、香茅、甘蔗、胡椒等，属于生产性生物资产，在"生产性生物资产"账户核算。"生产性生物资产"应进一步划分为"成熟生产性生物资产"和"未成熟生产性生物资产"。这类作物在达到预定的生产经营目的、可以连续产生农产品之前所发生的成本，应在"生产性生物资产——未成熟生产性生物资产"科目中进行归集，并按成本计算对象设置明细账，在明细账中还应按规定的成本项目设置专栏。

当作物在达到预定的生产经营目的并连续产生农产品时，其成本从"生产性生物资产——未成熟生产性生物资产"科目的贷方转入"生产性生物资产——成熟生产性生物资产"科目的借方，并按存续期的年数计提折旧，在成熟生产性生物资产连续生产农产品的期间摊销。

多年生多次收获作物主产品总成本＝本年发生的全部生产费用+往年费用本年摊销额−
副产品价值

往年费用本年摊销额＝往年费用总额÷整个收获期内计划总产量×本年计划收获产量

多年生多次收获作物主产品单位成本＝该作物主产品总成本÷该作物主产品总产量

（2）间种、套种作物生产成本的计算。间种是指在同一块地上间隔种植两种或多种生育期相近的农作物，如玉米和大豆间种。套种是指一种作物收获前，又在行间套种另一种作物，如小麦在收获前一个月套种玉米或棉花等。农作物间种、套种时，凡在费用发生时能直接确定其成本核算对象的，应直接计入该成本核算对象的有关成本项目中，如种子费等；费用发生时不能明确其成本核算对象的，如灌溉费等，应经过分配后计入各成本计算对象的有关成本项目内。这些共同性的费用一般可按各种作物的播种面积比例进行分配。

其计算公式如下：

$$分配率＝共同性费用总额÷各种农作物播种面积之和$$
$$某农作物应分摊的共同性费用＝该农作物播种面积×分配率$$
$$某农作物的播种面积＝该农作物的实际播种量÷该农作物的每亩定额播种量$$

将共同性费用分摊后，可根据下列公式计算出间种、套种农作物主产品的总成本和单位成本。

$$某农作物主产品总成本＝该农作物的直接费用＋分摊的共同性费用－副产品价值$$
$$某农作物主产品单位成本＝该农作物主产品总成本÷该农作物主产品产量$$

（3）受灾作物费用的处理。农作物因遭受自然灾害而绝产或严重减产时，其已发生的费用报经上级批准后，可不计入生产成本，而转作非常损失。作物损失之后，重新补种作物时，其灾害损失只计算受灾作物的种子费、播种费以及播种后发生的费用，而耕地、施肥等其他费用可列入重播作物的成本。企业每年年末应对消耗性生物资产和生产性生物资产进行检查，因受灾或市场变化等原因而发生减值的，应计提减值准备。

二、畜牧业生产成本的核算

（一）畜牧业生产成本的计算对象和成本计算期

按照科学管理的要求，畜禽饲养应分群饲养，分群核算，即以某类畜禽的不同群别为成本计算对象，按群别设置畜牧业生产成本明细账，汇集生产费用，计算各群别产品的生产总成本和单位成本。但如果条件不具备，也可按畜禽类别混群核算，即以各种畜禽为成本计算对象，按畜禽种类设置生产成本明细账，采用品种法计算各种畜禽产品的生产总成本和单位成本。

畜牧业的生产成本计算期一般应与其生产周期一致，经常有产品产出的，应每月或每季计算一次成本。

（二）畜牧业生产成本项目

1. 饲料

饲料是指饲养中耗用的自产和外购的植物、动物、矿物饲料等。

2. 直接人工

直接人工是指直接从事饲养工作人员的工资、奖金、津贴等。

3. 其他直接费用

其他直接费用是指为进行畜禽饲养直接支付的不属于以上各项的费用，如燃料和动力费、畜禽医药费、畜禽折旧费等。

4. 制造费用

制造费用是指企业的畜禽生产单位为组织和管理畜禽生产所发生的间接费用，如管理人员的工资，房屋及设备的折旧费、修理费等。

（三）畜牧业生产成本的核算方法

1. 分群核算下生产成本的计算

分群核算，是"混群核算"的对称，对各类畜禽按不同齿龄或提供产品或劳务的不同实行分群饲养、分群核算生产费用、分群计算成本。畜禽群别的划分要以饲养管理要求为基础，同时考虑简化核算工作的需要。一般可分为基本畜（禽）群、幼畜（禽）群和育肥畜（禽）群。下面以养猪、养牛、养禽业为例说明群别的划分方法。

养猪业：①基本猪群（包括母猪、种公猪和2个月以内未断奶仔猪）；②2~4个月幼猪；③4个月以上幼猪及育肥猪。

养牛业：①基本牛群（包括母牛和种公牛）；②6个月以内的犊牛群；③6个月以上的幼牛群。

养禽业：①基本禽群（包括成龄群）；②幼禽及育肥禽群；③人工孵化群。

企业应设置不同的农业生产成本明细账，以归集各群别在生长发育中的饲养费用；同时应增设不同群别的幼畜及育肥畜明细账，分别核算各群别畜禽的价值变动情况。

现以养猪业为例，说明畜牧业的成本计算方法。

不同群别猪的主要生产目的是不同的，具体核算也有差别，下面分别说明其成本核算方法。

（1）基本猪群生产成本核算。基本猪群包括母猪、种公猪与2个月以内未断奶仔猪（因2个月以内的仔猪尚未断乳，一般不能单独饲养，只能与母猪、种公猪一起饲养）。

母猪、种公猪主要是用来繁殖仔猪的，属于生产性生物资产，具有固定资产的性质，在"生产性生物资产"账户下设置"产畜和役畜——猪"明细账户核算。企业通常并不在"消耗性生物资产"账户下设置"0~2个月仔猪"明细账户，而将其实际成本直接在"农业生产成本——畜牧业生产成本——基本猪群"账户内核算。

基本猪群的完工产品是满2个月的断乳仔猪（或称2~4个月幼猪），在产品是未满2个月的未断乳仔猪。月末，基本猪群本期发生的饲养费及期初未满2个月的仔猪成本应一起在完工产品和在产品之间分配，以计算期末已满2个月仔猪的活重成本，并将其由"农业生产成本——畜牧业生产成本——基本猪群"账户转入"消耗性生物资产——2~4个月幼猪"账户。分配后，"农业生产成本——畜牧业生产成本——基本猪群"账户如有借方余额，则反映存栏仔猪的实际成本。

由于母猪和种公猪的价值较低，一般采用一次摊销法。当产畜被淘汰时，将损耗的价值一次计入当期产品成本。基本猪群的主要产品是母猪繁育的仔猪和出生后仔猪的增重，副产品是粪肥与猪鬃、死猪残值等。

有关计算公式如下：

仔猪活重单位（千克）成本=（期初结存2个月以内仔猪价值+基本猪群全部饲养费用-
副产品成本+死亡产畜价值）÷［期末存栏活重+期内离群活重
（不包括死亡仔猪活重）］

离群仔猪实际成本=本期离群仔猪活重×仔猪活重单位成本

存栏仔猪实际成本=期末存栏仔猪活重×仔猪活重单位成本

基本猪群饲养日成本=基本猪群全部饲养费用÷基本猪群饲养日头数

【例7-5】华生养殖场2023年10月的"农业生产成本——基本猪群"明细账户资料如下：期初在产品成本1 300元，本期发生的饲养费用为25 980元，产畜折旧费为1 150元，本期副产品价值为500元。本期"畜禽动态报告表"提供的资料为：期初未断乳仔猪60头，活重280千克，本期转出已满2个月断乳仔猪1 200头，活重7 000千克，期末存栏未满2个月未断乳仔猪70头，活重350千克。

要求：根据上述资料，按照活重比例计算仔猪成本，并进行账务处理。

仔猪活重单位成本=（1 300+25 980+1 150-500）÷（7 000+350）=3.8（元）

断乳仔猪总成本=7 000×3.8=26 600（元）

未断乳仔猪总成本=350×3.8=1 330（元）

借：消耗性生物资产——2~4个月幼猪　　　　　　　　　　　26 600

　　贷：农业生产成本——畜牧业生产成本——基本猪群　　　　　　　26 600

（2）2~4个月幼猪和4个月以上幼猪及育肥猪成本的核算。这两个猪群的成本核算方法基本相同。猪群的主要产品是其自身的增重量，副产品是粪肥、猪鬃和死猪残值收入。具体核算可分四步：

第一步，归集本群别发生的饲养费用等，借记"农业生产成本——畜牧业生产成本——2~4个月幼猪或4个月以上幼猪及育肥猪"账户，贷记"原材料""应付职工薪酬""银行存款"等账户。

第二步，月末，计算该群别增重总成本（即该群别本期增加的总价值），并将其转到"消耗性生物资产——2~4个月幼猪或4个月以上幼猪及育肥猪"账户，借记"消耗性生物资产——2~4个月幼猪或4个月以上幼猪及育肥猪"账户，贷记"农业生产成本——畜牧业生产成本——2~4个月幼猪或4个月以上幼猪及育肥猪"账户。其有关计算公式如下：

幼猪及育肥猪群增重单位（千克）成本=（该群该月饲养费用-副产品成本）÷

该群该月增重量（千克）

幼猪及育肥猪群本月增重量=月末存栏活重+本月离群活重（含死猪重量）-

月初存栏活重-月内购入和转入活重

第三步：根据"消耗性生物资产——2~4个月幼猪"账户计算该群别本期单位活重成本。对于转群的，借记"消耗性生物资产——4个月以上幼猪及育肥猪"账户，贷记"消耗性生物资产——2~4个月幼猪"账户；对于直接销售的，借记"主营业务成本"账户，贷记"消耗性生物资产——2~4个月幼猪或4个月以上幼猪及育肥猪"账户。有关计算公式如下：

幼猪及育肥猪活重单位（千克）成本=（月初存栏价值+购入、转入价值+该群本月饲养

费用-副产品成本）÷［月末存栏活重+月内离群活重

（不含死猪重量）］

某猪群转出总成本=该群本期转出活重量×该群活重单位成本

某猪群销售总成本=该群本期销售活重量×该群活重单位成本

第四步：计算饲养日成本。饲养日成本是指每头畜禽饲养一日的平均成本。它是考核

饲养费水平的重要指标和制定饲养费用计划的重要依据。饲养日成本应按不同群别分别计算。其计算公式如下：

$$某畜群饲养日成本 = 该畜禽本期饲养日费用总额 \div 该畜禽本期饲养日头数$$

【例7-6】某养猪场4月—6月各猪群的变动情况如表7-4所示。该养猪场同期内畜牧业生产明细账、幼畜及育肥畜明细账登记的饲养费用、期初存栏价值、副产品成本等资料如表7-5所示。

表7-4　畜禽变动表

项目	项目	产猪 头数	重量（千克）	2个月以内仔猪 头数	重量（千克）	2~4个月幼猪 头数	重量（千克）	4个月以上幼猪及育肥猪 头数	重量（千克）
期初存栏		38		30	144	240	36 00	300	18 000
本期增加	繁殖			500	600				
	转入					400	5 160	360	10 800
	购入								
	其他								
	增重				5 492		11 600		11 200
	合计			500	6 092	400	16 760	360	22 000
本期减少	转出			400	5 700	360	13 000		
	出售					200	6 000	420	38 400
	淘汰								
	死亡	1		20	236		360		
	其他								
	合计	1		420	5 936	560	19 360	420	38 400
期末存栏		37		110	300	80	1 000	240	1 600

表7-5　饲养费用及期初存栏价值

群　别		饲养费用	期初存档 头数	活重（千克）	价值（元）	副产品成本（元）	备　注
基本猪群	产猪	6 000	38		12 600	400	产猪死亡1头，账面价值300元
	0~2个月仔猪		30	144	100		
2~4个月仔猪		13 000	240	3 600	3 600	300	
4个月以上幼猪及育肥猪		13 920	300	18 000	16 200	420	

（1）2个月以内仔猪成本计算。本期基本猪群饲养费用中：饲料4 300元，饲养人员工资1 700元。

借：农业生产成本——畜牧业生产成本——基本猪群　　　　　　　　　6 000

　　　贷：原材料　　　　　　　　　　　　　　　　　　　　　　　　　　4 300
　　　　　应付职工薪酬　　　　　　　　　　　　　　　　　　　　　　　1 700

结转基本猪群副产品价值400元，该副产品粪肥在产出时直接用于种植业生产。

借：农业生产成本——种植业生产成本　　　　　　　　　　　　　　　　　400

　　　贷：农业生产成本——畜牧业生产成本——基本猪群　　　　　　　　　400

基本猪群产猪死亡一头，原值800元，已提折旧500元，一次摊入成本。

借：农业生产成本——畜牧业生产成本——基本猪群　　　　　　　　　　　300

　　生产性生物资产累计折旧　　　　　　　　　　　　　　　　　　　　　500

　　　贷：生产性生物资产——产畜和役畜　　　　　　　　　　　　　　　800

仔猪活重单位（千克）成本＝（100+6 000+300−400）÷（300+5 700）＝1（元/千克）

离群仔猪实际成本＝5 700×1＝5 700（元）

存栏仔猪实际成本＝300×1＝300（元）

结转离群仔猪活重成本：

借：消耗性生物资产——2~4个月幼畜　　　　　　　　　　　　　　　　5 700

　　　贷：农业生产成本——畜牧业生产成本——基本猪群　　　　　　　5 700

（2）2~4个月仔猪成本计算。本期2~4个月仔猪饲养费用中，饲料费为11 000元，饲养人员工资为2 000元。

借：农业生产成本——畜牧业生产成本——2~4个月幼猪　　　　　　　13 000

　　　贷：原材料　　　　　　　　　　　　　　　　　　　　　　　　11 000

　　　　　应付职工薪酬　　　　　　　　　　　　　　　　　　　　　2 000

结转幼猪副产品价值300元：

借：农业生产成本——种植业生产成本　　　　　　　　　　　　　　　　300

　　　贷：农业生产成本——畜牧业生产成本——2~4个月幼猪　　　　　　300

结转本期幼畜增重总成本：

借：消耗性生物资产——2~4个月幼猪　　　　　　　　　　　　　　　12 700

　　　贷：农业生产成本——畜牧业生产成本——2~4个月幼猪　　　　12 700

幼猪活重单位（千克）成本＝（3 600+5 700+13 000−300）÷

（1 000+13 000+6 000）＝1.1（元/千克）

转群幼猪实际成本＝13 000×1.1＝14 300（元）

出售幼猪实际成本＝6 000×1.1＝6 600（元）

存栏幼猪实际成本＝1 000×1.1＝1100（元）

结转转入4个月以上幼猪及育肥猪活重成本：

借：消耗性生物资产——4个月以上幼猪及育肥猪　　　　　　　　　　14 300

　　　贷：消耗性生物资产——2~4个月幼猪　　　　　　　　　　　　14 300

结转售出2~4个月幼猪的活重成本：

借：主营业务成本　　　　　　　　　　　　　　　　　　　　　　　　6 600

　　　贷：消耗性生物资产——2~4个月幼猪　　　　　　　　　　　　6 600

（3）4个月以上幼猪及育肥猪成本计算。本期4个月以上幼猪及育肥猪饲养费用中，饲料费为15 184元，饲养人员工资为2 736元。

借：农业生产成本——畜牧业生产成本——4个月以上幼猪及育肥猪　　　17 920

　　贷：原材料　　　15 184

　　　　应付职工薪酬　　　2 736

结转4个月以上幼猪及育肥猪副产品价值：

借：农业生产成本——种植业生产成本　　　420

　　贷：农业生产成本——畜牧业生产成本——4个月以上幼猪及育肥猪　　　420

结转本期幼畜增重总成本：

借：消耗性生物资产——4个月以上幼猪及育肥猪　　　17 500

　　贷：农业生产成本——畜牧业生产成本——4个月以上幼猪及育肥猪　　　17 500

4个月以上幼猪及育肥猪活重单位（千克）成本 = (16 200+14 300+17 920−420)÷

(1 600+38 400) = 1.2（元/千克）

出售幼猪及育肥猪实际成本 = 38 400×1.2 = 46 080（元）

存栏幼猪及育肥猪实际成本 = 1 600×1.2 = 1 920（元）

结转出售幼猪及育肥猪活重成本：

借：主营业务成本　　　46 080

　　贷：消耗性生物资产——4个月以上幼猪及育肥猪　　　46 080

2. 混群核算下生产成本的核算

有些畜牧业生产单位由于规模较小等原因，不具备分群核算的条件，可以采用分群饲料管理、混群核算成本的办法。

与分群核算相比，混群核算主要有以下特点：

（1）只使用"农业生产成本——畜牧业生产成本"账户，且只按畜禽种类设置明细账，不按群别设置账户。

（2）"农业生产成本——畜牧业生产成本"账户不仅核算各种畜禽的饲养费用，还核算存栏幼畜及育肥畜本身的成本。各类畜禽明细账户的期初、期末余额均按实际存栏头数乘以固定价格列入；年内购进幼畜禽及育肥畜禽，按实际成本计价，借记"农业生产成本——畜牧业生产成本"账户，贷记"银行存款"等账户。

（3）期内购进的幼畜禽及育肥畜禽的价值直接作为畜牧业生产费用的增加，期内繁殖、死亡、淘汰、转群等不作账务处理，只在畜禽动态登记簿上登记。淘汰畜禽的残值收入和畜禽副产品价值冲减饲养费用。出售畜禽取得的收入，借记"银行存款"等账户，贷记"主营业务收入"账户；同时结转已售畜禽的生产成本，借记"主营业务成本"账户，贷记"农业生产成本——畜牧业生产成本"账户。

（4）实行混群核算的，一般只计算一种主产品的生产成本，其余产品视为副产品。

由于繁殖畜禽价值本身已反映在饲养费用中，死亡畜禽的价值由活畜禽承担，期末对存栏畜禽进行实地盘点，并按固定价格计价，作为期末在产品成本结转下期，因而混群核算成本可按下列公式计算：

$$畜禽类别生产总成本=期初存栏价值+本期购入、调入畜禽价值+本期饲养费用-$$
$$调出畜禽价值-期末存栏价值$$
$$畜禽主产品总成本=畜禽类别生产总成本-副产品价值$$
$$畜禽主产品单位成本=主产品总成本÷主产品总产量$$

【例7-7】华生养殖场喂养奶牛，期初存栏仔牛和幼牛的价值共计15 000元，期末盘点存栏幼牛和仔牛头数，按固定价格计算价值共计16 000元，本期产奶9 000千克，已全部销售。本期支付各种费用共计18 000元，其中饲料费9 500元、工资5 500元、畜禽医疗费3 000元；本期母牛折旧费为2 000元；本期应分配负担的制造费用为3 000元；本期购入仔牛和幼牛共计7 000元；幼牛两头转为产畜，每头市场价格为2 500元，固定价格为1 800元；本期销售粪肥收入现金700元。

要求：根据上述资料，计算奶牛成本并进行会计处理。

奶牛总成本=15 000+18 000+2 000+3 000+7 000-16 000-1 800×2-700=24 700（元）

会计分录：

核算本期支付的各种费用、折旧费和制造费用：

借：农业生产成本——奶牛	23 000
贷：银行存款	18 000
生产性生物资产累计折旧	2 000
制造费用	3 000

核算本期购入奶牛的成本：

借：农业生产成本——奶牛	7 000
贷：银行存款	7 000

幼牛转为产畜视同销售，确认收入并结转成本：

借：生产性生物资产——产畜	5 000
贷：主营业务收入	5 000
借：主营业务成本	3 600
贷：农业生产成本——奶牛	3 600

结转本期销售奶牛的成本：

借：主营业务成本	24 700
贷：农业生产成本——奶牛	24 700

销售粪肥收入冲减成本：

借：库存现金	700
贷：农业生产成本——奶牛	700

混群核算虽然可以简化核算手续，但不能全面反映幼畜及育肥畜增减变动的情况，不利于对畜禽生产加强管理，且成本受幼畜及育肥畜估价高低影响较大，因此规模较大、管理水平较高的农业企业不宜采用混群核算方法。

三、林木生产成本的核算

林木生产和种植业生产一样，都属于植物栽培。林木资产是生物资产的一种，按照经营目的，林木资产也分为消耗性林木资产、生产性林木资产和公益性林木资产。消耗性林木资产是指为出售而持有的或在将来收获为木材的林木资产，如已经成熟待售和正处于生长中的用材林。生产性林木资产是指为产出农产品、提供劳务或出租等目的而持有的林木资产，如经济林等。生产性林木资产能够在生产经营中反复、长期使用，不断产出林产品，能够直接为企业带来经济利益。与消耗性林木资产相比，生产性林木资产在产出林产品后可以继续保留，并能够在未来期间继续产出林产品，而消耗性林木资产在收获林产品之后就不复存在了。公益性林木资产是指以防护、环境保护为主要目的的林木资产，它提供的主要是生态效益，而不是经济效益。

（一）成本计算对象

林木是多年生植物，生长期较长，其生产过程一般要经过苗圃育苗、幼林抚育和成林采割三个阶段，各个阶段的生产特点和所生产的产品不同，因而各阶段的成本计算对象不同。

苗圃育苗阶段的产品就是培育出的树苗。树苗可以自用或外售，因而其成本核算对象为各种树苗。幼林抚育阶段的产品主要是林木，其自身的某部分是产品或可以进一步加工为产品。在这两个阶段进行成本核算时，一般以树木的品种为成本计算对象。种植树木品种较多的单位，也可采用分类法计算产品生产成本。成林采割阶段的产品是林产品。林产品是指利用林木生产出来的产品，如各种果品、食用油料、工业原料、茶叶和药材等。林产品与其他农产品相同，一般以产品的品种为成本核算对象。

（二）林业成本计算期

林木一般生产周期比较长。不同的林产品，其生产成本计算期不完全相同。

苗圃育苗阶段，从整地播种开始，到起苗移植为止，其成本计算期与树苗生长期相同，在产品产出即起苗时计算产品生产成本。幼林抚育阶段，从移苗定植开始，到林木交付使用为止，其成本计算期与幼林生长期相同，在成林投产后计算成本。成林采割阶段林产品的成本可根据实际收获情况，一年计算一次成本，也可每月计算一次成本。

（三）成本计算方法

1. 消耗性林木资产成本计算方法

自行培育消耗性林木资产的成本为其生长过程中发生的必要支出，包括直接材料、直接人工、其他直接费用和应分摊的间接费用等。为归集林业生产发生的生产费用和计算产品的生产成本，应设"消耗性生物资产"账户，并按树种设置产品成本明细账。

自行营造林木的郁闭是林木类生物资产是否成熟的分界点，也是消耗性生物资产成本确定的一个重要界限。将消耗性生物资产郁闭前所发生的各项费用予以资本化，计入"消耗性生物资产"账户；郁闭后所发生的各项费用计入当期损益"管理费用"账户。郁闭通常是指一块林地上林木的树干、树冠生长达到一定标准，林木成活率和保持率达到一定的技术规程要求。郁闭度是反映森林中乔木树冠遮蔽地面程度的指标，该指标用于反映林分密度，用林地树冠垂直投影面积与林地面积之比表示，采用十分制。

不同林种、不同林分等对郁闭度指标的要求有所不同，企业应当结合历史经验数据和自身实际情况，确定林木类消耗性生物资产的郁闭度及是否达到郁闭。各类林木类消耗性生物资产的郁闭度一经确定，不得随意变更。

2. 生产性林木资产成本计算方法

生产性林木资产的成本，一般以其达到预定生产经营目的前发生的必要支出确定，包括直接材料费、直接人工费、其他直接费用和应分摊的间接费用等，如达到预定生产经营目的前发生的造林费、抚育费、营林设施费和应分摊的间接费用等必要支出。"达到预定生产经营目的"是生产性生物资产成熟和未成熟的分界点，同时也是判断其相关费用是否停止资本化的时点，是区分其是否具备生产能力，从而是否计提折旧的分界点。企业应当根据具体情况，结合正常生产期的确定，对生产性生物资产是否达到预定生产经营目的进行判断。

生产性生物资产在达到预定生产经营目的之前发生的必要支出在"生产性生物资产——未成熟生产性生物资产"账户归集；未成熟生产性生物资产达到预定生产经营目的时，按其账面余额，从"生产性生物资产——未成熟生产性生物资产"账户转入"生产性生物资产——成熟生产性生物资产"账户，未成熟生产性生物资产已计提减值准备的，还应同时结转已计提的减值准备。

对于成熟的生产性林木资产，应按期计提折旧，并根据用途分别计入有关林产品的成本。企业应根据生产性林木资产的性质、使用情况、经济利益的预期实现方式，来确定其使用寿命、折旧方法、预计净残值。企业在对按期计提的成熟生产性林木资产折旧进行账务处理时，应借记"农业生产成本——林业生产成本"等科目，贷记"生产性林木资产累计折旧"科目。

企业每年年度终了都应对生产性林木资产进行检查，因自然灾害侵袭、病虫害、市场需求变化等因素，致使生产性林木资产的可收回金额低于其账面价值的，应当计提生产性林木资产的减值准备，借记"资产减值损失"科目，贷记"生产性生物资产累计折旧"科目。生产性林木资产减值准备一经计提，则不允许转回。

3. 公益性林木资产成本计算方法

自行营造的公益性生物资产，一般为林木类生物资产，其成本一般按照郁闭前发生的造林费、抚育费、良种试验费、调查设计费和应分摊的间接费用等必要支出确定。其账务处理方法与前述消耗性林木资产和生产性林木资产类似，这里不再赘述。

天然取得的公益性生物资产按名义金额（1元）入账。

【例7-8】某农场种植富士、烟台、津轻三个品种的苹果，生产费用总额为32 000 元，副产品价值为2 000 元，苹果及副产品已全部验收入库。富士、烟台、津轻的产量分别为7 000 千克、12 000 千克和6 000 千克，单价分别为3 元、2.5 元和1.5 元。

果品的生产成本可按下列公式分配：

$$分配率 = \frac{生产费用总额 - 副产品价值}{\sum（某果品产量 \times 该果品单价）}$$

某果品应负担的生产成本 = （该果品产量 × 该果品单价）× 分配率

根据上面公式计算的结果如表7-6所示。

表 7-6　苹果成本计算表

项目	产量（千克）	售价		分配率	时间成本	
		单价	金额		总成本（元）	单位成本（元）
栏次	①	②	③=①×②	④=(32 000-2 000)÷③合计	⑤=③×④	⑥=⑤÷①
富士	7 000	3	21 000	0.50	10 500	1.50
烟台	12 000	2.5	30 000	0.50	15 000	1.25
津轻	6 000	1.5	9 000	0.50	4 500	0.75
合计	25 000	—	60 000	—	30 000	—

编制会计分录如下：

借：农产品——富士　　　　　　　　　　　　　　　　　　　　　10 500
　　　　　——烟台　　　　　　　　　　　　　　　　　　　　　15 000
　　　　　——津轻　　　　　　　　　　　　　　　　　　　　　 4 500
　　　　　——副产品　　　　　　　　　　　　　　　　　　　　 2 000
　　贷：农业生产成本——林业生产成本——苹果　　　　　　　　32 000

四、渔业生产成本的核算

（一）渔业生产成本核算对象和成本核算期

渔业生产包括水生动植物的育苗、养殖和天然捕捞。渔业生产主要是各种水生动物、植物产品的生产，如鱼类、虾类、贝类、藻类等。渔业产品的获取方式主要有两种：一种是利用天然江、河、湖、海捕捞；另一种是利用池塘、水库、滩涂等养殖。

1. 成本核算对象

渔业生产品种很多，为简化核算，不同的产品生产过程各不相同，因此，渔业产品成本核算应按不同产品品种或种类、不同生产方式设置成本核算对象，分别归集生产费用。

同一个渔场多种鱼混养的，可合并计算一个混养成本，再分摊各个产品成本。可以分山塘、水库、河道养殖核算成本，也可以按产品类型、养殖方式和生产过程，实行分水面、分品种核算。

2. 成本计算期

成本计算期一般应与生产周期一致，在产品产出月份计算产品成本。鱼类产品中不入库、不入窖的鲜活鱼产品成本算至销售为止，入库、入窖的算至入库入窖为止；贝类可算至加工成干品为止。

（二）渔业生产成本项目

设置"消耗性生物资产"账户，归集养鱼的生产费用和计算产品成本。其借方登记已发生或分配转来的生产费用，贷方登记转出的产品生产成本，期末借方余额反映在产品生产成本。养鱼业成本项目一般包括以下各项。

1. 直接材料

直接材料是指购入的和本单位人工繁殖的鱼苗、鱼种的价值，以及耗用的各种饲料费用等。

2. 直接人工

直接人工是指直接从事养鱼生产的工人的工资、津贴、奖金等。

3. 制造费用

制造费用是指技术人员及管理人员的工资、清塘费、鱼池修理费、固定资产折旧及其他共同性生产费用。

（三）产品生产成本的计算方法

淡水养鱼一般分为培育鱼苗、培育鱼种和培育成鱼三个连续的生产阶段。鱼苗、鱼种的生产一般以该阶段的不同鱼苗、鱼种的品种或类别为成本计算对象。发生的生产费用在按该品种设置的成本明细账中归集，即为该产品的生产总成本，用其除以产量即为单位成本。鱼苗、鱼种通常是以万尾计算单位成本的。其计算公式如下：

$$每万尾鱼苗（或鱼种）成本 = \frac{育苗（育种）期全部生产费用}{育成鱼苗（或鱼种）万尾数}$$

鱼苗和鱼种转入下一生产阶段或对外销售时，结转本期生产或销售成本，公式如下：

$$鱼苗（或鱼种）销售成本 = 鱼苗（或鱼种）销售数量 \times 鱼苗（或鱼种）单位成本$$
$$转入鱼种（或成鱼）的成本 = 转入鱼种（或成鱼）的鱼苗（或鱼种）数量 \times 鱼苗（或鱼种）单位成本$$

成鱼的生产方式有两种：一种是年头放养或多年放养、一次捕捞；另一种是逐年放养、逐年捕捞。

年头放养或多年放养、一次捕捞的成鱼成本包括捕捞前各年作为在产品结转的历年养殖费用和当年发生的费用。其计算公式如下：

$$成鱼单位（千克）成本 = （捕捞前各年结转的费用 + 本年生产费用）\div 成鱼总产量（千克）$$

逐年放养、逐年捕捞的成鱼成本一般只包括当年发生的生产费用，即当年发生的全部费用由当年捕捞的成鱼负担，不计算在产品成本。其计算公式如下：

$$成鱼单位（千克）成本 = 本年成鱼全部养殖费用 \div 本年成鱼产量（千克）$$
$$成鱼销售总成本 = 成鱼销售量（千克）\times 成鱼单位（千克）成本$$

养鱼业生产一般在同一水域都饲养若干种鱼类，因此在计算产品生产成本时，应以水域内全部鱼类为成本归集的对象，计算该水域内全部鱼类的生产总成本。如果需要计算每种成鱼的生产成本，可采用产值比例法或者销售额比例法将总成本在不同品种或类别的产品之间分配。

如果养鱼业的产品在捕捞后立即出售，则无须通过"农产品"账户进行核算。结转出售成本时，借记"主营业务成本"账户，贷记"农业生产成本——渔业生产成本"账户。

【例7-9】渔场养殖鱼苗、鱼种和成鱼，资料如表7-7所示。

表 7-7　渔场养殖鱼苗、鱼种和成鱼资料

产品	生产费用总额（元）	产量（万尾）		
		总产量	自产自用	对外销售
鱼苗	600	60	20	40
鱼种	550	100	30	70
成鱼	150 000	1.5		70 000

（1）鱼苗成本的计算与结转。

$$每万尾鱼苗成本=600÷60=10（元）$$

$$转入鱼种成本=20×10=200（元）$$

$$对外销售成本=40×10=400（元）$$

借：消耗性生物资产——鱼种　　　　　　　　　　　　　　200

　　主营业务成本　　　　　　　　　　　　　　　　　　　400

　　　贷：消耗性生物资产——鱼苗　　　　　　　　　　　600

（2）鱼种成本的计算与结转。

$$每千克（万尾）鱼种成本=（200+550）÷100=7.5（元）$$

$$转入成鱼成本=30×7.5=225（元）$$

$$对外销售成本=70×7.5=525（元）$$

借：消耗性生物资产——成鱼　　　　　　　　　　　　　225

　　主营业务成本　　　　　　　　　　　　　　　　　　525

　　　贷：消耗性生物资产——鱼种　　　　　　　　　　　750

（3）成鱼成本的计算与结转。

$$成鱼销售总成本=225+150\ 000=150\ 225（元）$$

借：主营业务成本　　　　　　　　　　　　　　　　150 225

　　贷：消耗性生物资产——成鱼　　　　　　　　　　150 225

第四节　农业企业损益的核算

一、收入

（一）主营业务收入

农业企业的主营业务收入包括农业生产收入、林业生产收入、畜牧养殖业生产收入、渔业生产收入等。农业企业的一些产品入库或转移用途，虽未发生销售行为，仍应视同销售，按市场价格计入主营业务收入中。

（二）其他业务收入

农业企业的其他业务收入包括材料销售收入、技术转让收入、代购代销收入取得的手

续费、固定资产和包装物的租金收入等。

二、成本费用

（一）主营业务成本

主营业务成本是农业企业为取得各项主营业务收入而发生的营业成本，如销售或自用的粮食成本，不入库直接销售的鲜活产品成本，转作产役畜的畜产品成本等。

（二）税金及附加

税金及附加是农业企业经营活动发生的各项税金及附加，包括耕地占用税、城市维护建设税、资源税、教育费附加等。

（三）其他业务成本

其他业务成本是农业企业为取得其他业务收入而发生的成本、费用、税金等支出。

（四）期间费用

期间费用是指农业企业为组织和管理生产经营活动而发生的管理费用、销售费用以及财务费用。其会计处理与工业企业一致。

三、利润

（一）利润的构成项目

按项目构成，农业企业的利润总额包括营业利润、投资净收益、家庭农场实际上缴利润、社会性收支差额、营业外收支净额五部分。

1. 家庭农场实际上缴利润

家庭农场实际上缴利润，是指家庭农场等承包经营单位按照合同规定，实际上缴当年和补缴上年欠缴的利润。

家庭农场是农业企业内部对职工实行"自主经营、单独核算、定额上缴、自负盈亏"的政策而建立的承包经营组织。这种承包经营组织一般以职工家庭为单位，故称家庭农场。家庭农场与农业企业之间在行政上是隶属关系，在经济上是承包关系。二者之间的权利责任在签订承包经营合同时应加以明确规定，合同一经签订，双方均应遵照执行合同规定的条款。

按照承包经营合同的规定，家庭农场应在合同规定的期限内，按合同中确定的数额上交管理费、劳动保险费以及利润。农业企业对家庭农场上交的管理费、劳动保险费应冲减企业的管理费用，对家庭农场上交的利润应确认为企业利润总额的组成部分。

2. 社会性收支差额

根据《农业企业会计核算办法——社会性收支》的规定，在计算利润总额时，应增设"社会性收支差额"项目，反映农业企业"社会性收入"与"社会性支出"的差额。

（1）社会性收入。社会性收入是指企业取得的用于支付社会性支出的资金来源，主要包括财政补助收入、规费收入、事业收入、福利费转入、其他收入等。财政补助收入是指财政部门根据核定的预算拨入的用于企业社会性支出的款项。规费收入是指企业承担社会管理服务职能，按规定收取的用于企业社会性支出的款项。事业收入是指企业从事事业活动取得的用于企业社会性支出的款项。福利费转入是指企业从提取的福利费中结转用于企业社会性支出的款项。其他收入是指企业取得的除以上四项以外的其他用于社会性支出的款项，如无偿调入社会性固定资产、接受捐赠和社会性固定资产清理净收入等。

（2）社会性支出。社会性支出是指企业承担社会管理服务职能而发生的与企业生产经营活动无关的各项支出，主要包括公检法司、中小学教育、公共卫生防疫等各项支出。

（3）社会性固定资产。社会性固定资产是指企业明确用于承担社会管理服务职能的固定资产。社会性固定资产的初始入账价值应当按照《企业会计制度》和《企业会计准则第 4 号——固定资产》的规定确定。初始确认后发生的后续支出，均应在发生当期确认为社会性支出，不计入社会性固定资产账面价值。在社会性固定资产达到预定可使用状态时，将其初始入账价值一次性确认为当期社会性支出，并增加社会性固定资产累计折旧。

因调出、出售、报废、毁损、盘亏等原因而减少社会性固定资产时，应同时冲销社会性固定资产和社会性固定资产累计折旧。减少社会性固定资产过程中发生的相关费用或取得的收入，分别确认为当期社会性支出或社会性收入。

（二）利润的核算

1. 家庭农场实际上缴利润的核算

为了反映农业企业与家庭农场之间债权、债务的结算关系，农业企业应设置"应收家庭农场款"和"应付家庭农场款"两个账户进行核算。

"应收家庭农场款"账户核算农业企业对家庭农场所拥有的债权。其借方登记发生的各项应收、暂付家庭农场的款项，贷方登记收回家庭农场的各项应收、暂付款项，期末借方余额反映尚未收回的家庭农场的各项款项。核算时，按家庭农场名称设置明细账，进行明细分类核算。具体核算方法如下：

（1）企业与家庭农场签订的承包合同生效时，按当年应收款项金额，借记本账户，贷记"待转家庭农场上缴款"账户。

（2）为家庭农场垫付资金时，按垫付资金数额，借记本账户，贷记"库存现金""银行存款"等账户。

（3）将成熟生产性生物资产作价转让给家庭农场，价款未收回时，按应收价款金额，借记本账户，贷记"固定资产清理"账户。

（4）将未成熟生产性生物资产作价转让给家庭农场，价款未收回时，按应收价款金额，借记本账户，贷记"其他业务收入"账户。按未成熟生产性生物资产账面价值，借记"其他业务成本"账户，贷记"生产性生物资产——未成熟生产性生物资产"账户。已计提减值准备的，还应同时结转减值准备。

（5）将消耗性生物资产作价转让给家庭农场，价款未收回时，按应收价款金额，借记本账户，贷记"其他业务收入"账户。按消耗性生物资产账面价值，借记"其他业务成本"账户，贷记"消耗性生物资产"账户。已计提减值准备的，还应同时结转减值准备。

（6）收到家庭农场上交的款项或以农产品抵顶上交款时，按收到款项金额或农产品结算价格，借记"库存现金""银行存款""农产品"等账户，贷记本账户。该账户期末借方余额，反映尚未收回的家庭农场欠款。

2. 社会性收支差额的核算

根据《农业企业会计核算办法——社会性收支》的规定，在计算利润总额时，应增设"社会性收支差额"项目，反映农业企业"社会性收入"与"社会性支出"的差额。

（1）社会性收入的核算。为管理和核算社会性收入，设置"社会性收入"账户，用于核算企业获得的用于支付社会性支出的资金来源。"社会性收入"的二级账户按资金来源设置，包括财政补助收入、规费收入、事业收入、福利费转入、其他收入等。

期末，应将"社会性收入"各明细账户的余额转入"本年利润"账户，借记"社会性收入——××"账户，贷记"本年利润"账户。结转后"社会性收入"账户应无余额。

（2）社会性支出的核算。《农业企业会计核算办法》增设"社会性支出"一级账户，用于核算企业因承担社会管理服务职能而发生的与企业生产经营活动无关的各项支出。企业应按社会性支出的类别或项目设置明细账，进行明细分类核算。

如果农业企业使用财政拨款购建社会性固定资产，企业应在购建的社会性固定资产达到预定可使用状态时，按该项社会性固定资产的初始入账价值，借记"社会性支出"账户，贷记"社会性固定资产累计折旧"账户；农业企业使用财政拨款支付除社会性固定资产以外的其他社会性支出时，应按实际发生额，借记"社会性支出"账户，贷记"库存现金""银行存款""应付职工薪酬"等账户，同时，借记"专项应付款"账户，贷记"社会性收入——财政补助收入"账户。

"社会性支出"账户的期末结转为：期末，应将"社会性支出"各明细账户的余额转入"本年利润"，借记"本年利润"账户，贷记"社会性支出"账户；结转后，"社会性支出"账户无余额。

3. 农业企业社会性收支明细表的编制

农业企业社会性收支明细表是综合反映企业年度社会性收入、社会性支出及其差额情况的报表。它是利润表的附表，也是一张年度报表。

本章小结

农业企业会计核算的特点有：会计核算层次多，核算体制较为复杂；成本计算期受自然再生产过程制约，成本核算具有阶段性；劳动对象、劳动产品与劳动资料相互转化。

农业企业存货的核算包括农用材料的核算、在产品的核算和产成品的核算。

农业企业生产成本的核算包括种植业生产成本的核算、畜牧业生产成本的核算、林木生产成本的核算和渔业生产成本的核算。

思考与练习

一、单项选择题

1. 农民专业合作社在企业组织形式上属于（　　）。

A. 企业法人
B. 合伙企业
C. 个体工商户
D. 独资企业

2. 我国将生物资产分为（　　）。

A. 幼畜、育肥畜、产畜和役畜
B. 牲畜类资产、林木类资产和水产类资产
C. 未成熟生产性生物资产和已成熟生产性生物资产
D. 消耗性生物资产、生产性生物资产和公益性生物资产

3. 以下属于农业企业存货的是（　　）。

A. 公益性生物资产
B. 消耗性生物资产
C. 生产性生物资产
D. 固定资产

4. 下列（　　）是农业企业特有的存货。

A. 原材料
B. 包装物
C. 农用材料
D. 低值易耗品

5. 下列（　　）不属于畜禽提供的产品。

A. 羊毛
B. 牛奶
C. 鸡蛋
D. 饲料

6. 下列（　　）不是在产品。

A. 尚未收割的玉米、小麦
B. 养殖的尚未成龄的鱼虾
C. 生长中的玉米、小麦
D. 成龄的鱼虾

7. 消耗性生物资产发生减值损失时，应借记"资产减值损失——消耗性生物资产"，贷记（　　）。

A. 存货跌价准备——消耗性生物资产
B. 生产性生物资产减值准备
C. 资产减值损失——生产性生物资产
D. 消耗性生物资产减值准备

二、多项选择题

1. 以下属于种植业生产的产品有（　　）。

A. 茶叶
B. 香菇
C. 苹果
D. 烟叶

2. 以下属于经济作物的是（　　）。

A. 棉花
B. 小麦
C. 果树
D. 烟叶

3. 以下属于农业企业会计核算特点的是（　　）。

A. 核算的内容一般具有多样性
B. 一般以年为周期进行成本核算
C. 核算方法相对简单
D. 生物资产之间具有较强的转换性

4. 农业企业发出存货的计价方法有（　　）。

A. 加权平均法　　　B. 先进先出法　　　C. 后进先出法　　　D. 个别计价法

5. 农业企业的存货与制造业的不同点有（　　）。

A. 存货发出的计价方法不同

B. 部分存货可以和固定资产类项目相互转换

C. 存货的盘存制度不同

D. 存货具有较强的自产自用性

6. 农业企业需计提折旧的资产有（　　）。

A. 固定资产　　　　　　　　　　　B. 消耗性生物资产

C. 生产性生物资产　　　　　　　　D. 公益性生物资产

7. 消耗性生物资产发生减值损失时，应借记"资产减值损失——消耗性生物资产"，贷记（　　）。

A. 存货跌价准备——消耗性生物资产

B. 生产性生物资产减值准备

C. 资产减值损失——生产性生物资产

D. 消耗性生物资产减值准备

8. 在移动加权平均法下结转消耗性生物资产成本，以（　　）为依据计算单位平均成本。

A. 资产期初数与本期增加数之和减去本期减少数

B. 资产期初数与本期增加数之和

C. 本期收入数

D. 资产期初数

三、判断题

1. 农民专业合作社是农民自发形成的经济协作组织。（　　）

2. 渔业主要养殖或捕捞各类水生的动物。（　　）

3. 公益性生物资产是指以保护环境为主要目的生物资产，不能直接给企业带来经济利益。（　　）

4. 收获截止时点后发生的仓储费用应计入收获的农产品成本。（　　）

5. 当月增加的成熟生产性生物资产需要计提折旧。（　　）

四、业务核算题

1. 某企业于年初播种水稻与和玉米，面积分别有 50 公顷与 30 公顷。共播种水稻种子 5 000 千克，每千克价格为 2 元；共播种玉米种子 1 000 千克，每千克价格为 5 元。使用拖拉机翻耕土地，拖拉机原值为 41 000，预计残值为 1 000 元，按照工作量法计提折旧，预计可翻耕土地 4 000 公顷，租用水稻播种机租金为 400 元，租用玉米播种机租金为 500 元，播种水稻支付工人工资 1 000 元，播种玉米支付工人工资 800 元。

当年 8 月收获水稻时，"消耗性生物资产——水稻"账户的借方金额为 40 000 元，收获的农副产品稻草的价值为 5 000 元。

要求：编制以上业务的会计分录。

2. 甲、乙养殖场 2023 年发生以下业务：

（1）甲养殖企业于本年 3 月从市场上一次性购入 80 头肉牛仔牛，单位价格为 1 200 元，共支付价款 96 000 元；另外，发生运输费 3 200 元、保险费 2 000 元、装卸费 1 500 元，所有款项均以银行存款支付。

（2）乙奶牛养殖企业从本年开始自行繁殖奶牛共计 600 头，当年发生的饲料费为 800 500 元，人员工资为 439 000 元，以银行存款支付场地整理费 18 000 元、医疗防疫费 6 000 元。

（3）丙奶牛厂本年 4 月接受某农业集团公司对其投资的已经进入产奶期的 20 头奶牛，合同协议确定奶牛（泌乳牛）的价格为每头 9 000 元，另外以银行存款支付运输费 1 000 元。确认的资本份额为 150 000 元。

要求：编制以上业务的会计分录。

3. 某农业种植企业 2019 年发生如下经济业务：

（1）2018 年年初自行营造 200 亩柑橘树。当年发生种苗费 200 000 元，平整土地所需机械作业费 5 000 元，领用化肥 10 000 元，领用农药 1 000 元，应付人工费 100 000 元，支付的其他费用共计 5 000 元。

（2）2019 年及 2020 年，柑橘树处于生长期，每年发生化肥费用 12 000 元、农药费用 5 000 元、人工费 150 000 元、其他管护费 5 000 元。

（3）2021 年，柑橘树进入结果期。该柑橘树结果期为 15 年，净残值率为 4%。当年发生化肥费用 80 000 元、农药费用 10 000 元、人工费 200 000 元、其他管护费 5 000 元。

（4）2022 年，产出柑橘的销售收入为 450 000 元，货款已存入银行，进行当年柑橘的收入和成本核算。

（5）2023 年 6 月，森林火灾使柑橘树受损，计提 50 000 元减值准备。

（6）火灾后幸存的柑橘树结果期不变，净残值率为重估价值的 4%，计提 2024 年的柑橘树折旧。

要求：编制以上业务的会计分录。